幼儿园园本教研活动设计与实例

主　　编　茅　茵
副 主 编　邵日芳　薛媛媛
编委会　　茅　茵　邵日芳　薛媛媛　徐铭泽　朱　璟　潘玥含
　　　　　滕世波　邢　囡　李　征　尹晓杰　宋　军　王清华
　　　　　张　媛　杨　玲　于　红　于立新　董　跃　李　霞
　　　　　周　韦　宋红刚
编　者　　（按姓氏笔画排序）
　　　　　丁　欣　丁　萍　于　宏　王　美　王秀波　王春晓
　　　　　王晓丹　王晓薇　王雪霜　王淑华　尹晓杰　毕雪琴
　　　　　曲晓彤　朱靓琳　刘　波　刘志宏　刘国齐　刘鹏程
　　　　　刘慧玉　安育红　杜　晶　李　华　李　征　李　霞
　　　　　李红霖　吴　垒　宋　军　宋晓颖　陈思佳　陈姝均
　　　　　邵晓晨　金小寒　周珺晖　孟繁玉　赵　磊　郝　艳
　　　　　聂小玲　徐孝霞　徐雯婷　章慧平　梁　晶　梁琳琳
　　　　　隋　丽　董　跃　潘丽新

辽宁师范大学出版社
·大连·

前言

幼儿园园本教研活动是提高幼儿园保教工作质量和效率，促进幼儿园教师专业化成长和队伍整体发展的一种重要实施途径和手段，是提升幼儿园教育质量的有力抓手。在深耕幼儿园课程改革，开展自主游戏研究和幼小科学衔接实践探索的过程中，园本教研同样发挥着重要的作用。本书汇编了31个优秀的园本教研活动案例，案例主题聚焦幼儿园自主游戏研究和幼小科学衔接实践中的热点、焦点和难点问题，每篇案例由活动背景、活动方案、活动纪实和活动反思四个部分组成，真实、鲜活地呈现了幼儿园园本教研活动设计与实施的全过程。

本书编写团队由大连市市、区两级学前教育教研员及诸多优秀的幼儿园一线园长和幼儿教师组成。大家结合自身教育实践研究的经验，从各自专业的视角，集思广益，智慧共生，从最初的筛选到最后的汇编，每个案例都经过了多轮的审校和反复的修改。当前，市面上聚焦自主游戏和幼小衔接的园本教研书籍较少，这也是我们编写此书的初衷，希望能基于实践的需要，带给每一个从事和关注学前教育事业发展的人启迪和帮助。

通过此书，一是希望能引领广大学前教育工作者，特别是一线幼儿教师反思日常教育实践中的不足，深入领会自主游戏的精神内涵和幼小衔接的核心要义，丰富专业认知，赋能专业成长；二是希望能给更多的幼儿园以借鉴，汲取案例中教研活动设计和实施的有效做法和经验，更加科学、规范、有效地开展园本教研活动，提升园本教研的质量，让园本教研更好地服务并推动幼儿园课程的有效实施；三是希望教研案例中梳理出的有效教育策略和方法能被适宜地吸纳并有效地运用到更多幼儿园的教育实践探索中，提升游戏质量，助力幼小科学衔接。

教以潜心，研以致远。让我们翻开书，一起走进幼儿园的园本教研，学习幼儿园践行游戏精神，蓄力幼小衔接的"研"途故事，感受幼儿园深化学前教育课程改革路上的思与行！

目录

1. 幼儿游戏故事表征解读与支持策略 /1

2. 自主游戏中教师支持策略的研究——以经验唤醒为例 /13

3. 绘本自主表演游戏中的深度学习路径 /29

4. 基于幼小科学衔接背景下语言活动开展策略的研讨 /44

5. 儿童视角下生成课程价值点的捕捉与实施策略 /56

6. 支持幼儿运用思维导图的有效策略 /67

7. 幼儿园班本课程阶段性审议 /80

8. 基于观察记录的自主游戏中的有效性支持 /89

9. 户外自主游戏中幼儿与新材料互动存在的问题及支持策略 /101

10. 儿童视角下班本课程资源对幼儿发展的价值 /111

11. 基于游戏观察探讨回顾环节的有效组织与实施策略 /120

12. 基于幼儿需求的自主游戏区域创设调整策略 /128

13. 幼儿自主游戏分享交流环节的组织策略研讨 /139

14. 基于学习准备培养幼儿倾听与表达能力的策略研究 /147

15. "我会整理书包"集体教学活动的设计与实施策略 /160

16. 如何科学调整大班下学期一日生活作息安排 /173

17. 以"有趣的形体"为例的集体教学活动组织实施策略 /179

18. 基于一日生活探索适宜幼儿参与的劳动内容 /187

19. 幼小衔接背景下开展值日生活动的策略 /199

20. 节气主题课程中幼儿"好奇好问"学习品质的捕捉与支持 /214

21. 幼儿园生成活动的来源及实施策略 /226

22. 户外自主游戏中教师有效介入的策略 /236

23. 幼儿与环境互动的支持性策略 /250

24. 如何实施有针对性的入学准备教育 /263

25. 自主游戏中低结构材料有效运用的组织与指导 /271

26. 自主游戏中幼儿游戏计划制订的支持策略 /277

27. 指向深度学习的自主游戏分享环节的支持策略 /285

28. 室内自主游戏中环境创设和材料投放的策略 /294

29. 师幼互动中教师的支持性表现——以自主游戏为例 /305

30. 如何帮助幼儿做好入学前的身心准备 /319

31. 旨在提升游戏质量的自主游戏师幼互动策略 /330

幼儿游戏故事表征解读与支持策略

大连市金州区第二幼儿园　聂小玲

基于对《幼儿园入学准备教育指导要点》（以下简称《指导要点》）的深入研读，立足游戏是幼儿学习的主要方式，我园将幼儿游戏故事表征作为引导幼儿做好学习准备的重要途径，并围绕其开展了大量的实践探索和理论研究。教师们充分认识到游戏故事表征对幼儿学习和发展的重要价值，但对如何科学解读和有效支持幼儿的表征存在很多的困惑和问题，亟需找到适切的策略。为此，我们开展了本次教研活动。

活动方案

教研主题	幼儿游戏故事表征解读与支持策略		
教研时间	2023年5月12日 （星期五 14:00—16:00）	教研地点	幼儿园小会议室
主持人	聂小玲	参加对象	幼儿园全体教师
教研背景	通过深入研读《指导要点》，理解了幼小衔接中"学习准备"的核心是激发幼儿的学习兴趣，帮助其养成良好的学习习惯，积淀必备的学习能力。游戏是幼儿学习的重要载体，幼儿游戏故事表征又整合了幼儿学习准备的一些核心要素，如"用图画、符号等方式记录自己的想法和发现""围绕生活和游戏中感兴趣的事情进行讨论，分享自己的发现以及探究过程、方法"等，更符合幼儿学习方式的转变过程。基于以上考量，我园教师围绕"幼儿游戏故事表征"开展了大量的实践研究。 我们发现，教师能充分认识到幼儿游戏故事表征的重要价值，但实践行为始终停留在定时画画、随意说说、表格填填的状态，活动的实效性不足。教师不能充分解读一幅幅表征所传递的信息，不能很好地理解不同年龄班幼儿表征发展的特点，更不能给予幼儿科学而有效的理解与支持。为此，我们确定本次教研主题为"幼儿游戏故事表征解读与支持策略"。		
教研目标	1.通过对一组幼儿游戏故事表征记录的解读与分析，归纳总结不同年龄班幼儿的表征特点，形成基于幼儿游戏故事表征的几点支持策略。 2.提高教师观察、解读、支持幼儿游戏的能力，不断积淀良好师幼互动的能力。		
教研准备	1.查阅资料进行理论学习，深入了解自主游戏教师支持策略。 2.个人观察记录表、小组记录单、白板、白纸、幼儿游戏故事表征解读视频。		
教研形式	观察分析、小组研讨、经验分享、总结提炼		
教研过程	一、介绍背景，引出主题（14:00—14:05） 介绍"萌娃趣玩小集"游戏大买卖活动，引出教研主题。		

教研过程	**二、观察表征，故事解读**（14:05—14:30） ★依次出示六幅幼儿游戏故事表征图，教师在纸上写下自己的解读。 ★播放幼儿解读自己表征图的视频。 **三、小组研讨，分析特点**（14:30—15:20） ★以年龄组为单位进行对比分析研讨。 研讨问题： 对比教师视角对幼儿游戏故事表征的解读和幼儿自己的说法，各组有哪些发现？ ★各年龄组选派代表阐述本组观点。 ★从表征符号、表征内容、表征分享三个方面分析幼儿游戏故事表征的特点。 **四、分享交流，策略生成**（15:20—15:50） ★围绕主持人提出的问题，教师自由发表观点，将关键词记录在白板上。 研讨问题： 了解到各年龄班幼儿游戏故事表征的幼儿视角，那么教师怎样组织和引导幼儿表征呢？有哪些支持策略呢？ ★根据大家意见，归纳整理形成教师支持策略。 **五、研讨小结，实践检验**（15:50—16:00） 主持人做活动总结，提示教师将梳理的经验张贴在教研活动室，鼓励大家持续不断研究，随时把实践中的发现补充在表格上。

活动纪实

教研过程

一、介绍背景，引出主题——关注幼儿画中"话"（5分钟）

主持人：在上次"萌娃趣玩小集"游戏大买卖活动中，基于对幼儿游戏故事表征的分析和解读，我们根据幼儿的兴趣重新调整了小集买卖材料，增设了"神秘盲盒洞洞乐""艾莎魔法小镇""彩虹精灵魔法屋""风车转转转""魔幻水精灵""陀螺旋转乐园"等小铺。本周五全园开展大买卖活动之后，各班级组织幼儿进行了游戏故事表征，今天我们就以其中部分表征为例，探讨幼儿游戏故事表征的解读和支持策略。

二、观察表征，故事解读——画中有"话"我来猜（25分钟）

主持人：我分别从三个年龄段的游戏表征记录单中各挑选了两个表征案例，我们先分三组研讨这六个表征案例，尝试从教师视角解读幼儿要表达的是什么，再观看视频，倾听一下幼儿自己的解读，看看有哪些发现。

教师视角：我来到超市，先去逛了逛戳戳乐柜台，1元钱可以戳一次。我又去看了看盲盒，10元1个。在里面逛完，我来到外面看见××小朋友，看见他买的陀螺很好玩，我又回到超市里，买了和他一样的陀螺。

幼儿视角：我先进超市转了一圈，买了一个1元的戳戳乐，又去买了一个大盲盒，10元钱。我一共就11元钱，钱用光了，就走出去了。我遇见了孙老师，孙老师借给我10元钱，等我挣到钱再还给孙老师。我有钱了又回到超市里面，转了一圈以后买了一个陀螺，10元钱，我的钱又花没了。

大班组幼儿游戏故事表征案例1

教师视角：我是水晶球柜台的售货员，一个小女孩问我："水晶球是20元吗？"我说："是。"她嫌贵，没有买。我和老师商量便宜一点儿，大的卖15元，小的卖10元。一个小男孩来问，我告诉他价钱，他看了看还是嫌贵，也没买。

幼儿视角：我在不倒翁柜台卖水晶，一个小女孩问我："这个不倒翁多少钱？"我说："20元。"小女孩说："太贵了，不买。"我担心水晶卖不出去，去问老师："咱们的水晶可以卖便宜一点儿吗？"老师说："可以的。"

于是，我改写了价签，大的 15 元，小的 10 元。一个小男孩买了一个小的，还没拿走就弄坏了，最后没挣到钱，不开心。

大班组幼儿游戏故事表征案例 2

教师视角：今天我是装饰品柜台的售货员，我们班级的发卡、头花很受小朋友们欢迎，小姐姐们都拿着钱排队来买。

幼儿视角：我是卖戒指的售货员，有几个小姐姐穿着爱莎公主裙很漂亮，我招呼哥哥姐姐到我这儿来买戒指。

中班组幼儿游戏故事表征案例 1

教师视角："你好，请问这个风车怎么卖？""炫彩风车 4 元钱。""可我就只有 1 元钱怎么办呢？""你去大哥哥那边买，他那边有 1 元钱的风车。""卖掉一个风车，我要记录一下。"

幼儿视角：我在卖风车的时候总有小朋友给我钱。我跟他们说："我这儿不收银，在那边收银。"他们听不懂，一直要给我钱，我只好把我收到的钱送给铭铭。卖完一个风车赶紧做好记录。

中班组幼儿游戏故事表征案例 2

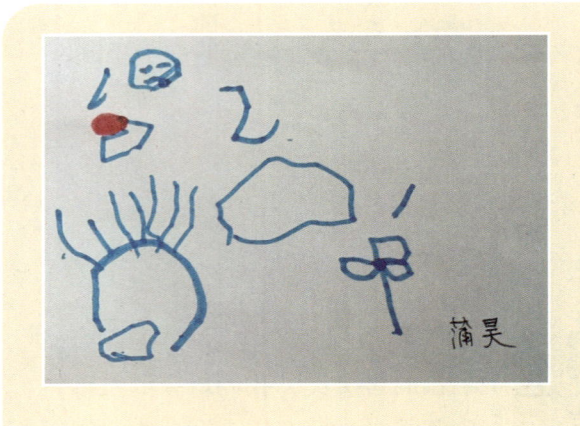

教师视角： 我今天买了一个1元钱的扇子，一个2元钱的发卡，还买了一个1元钱的风车。

幼儿视角： 我买了一个风车花了1元钱，买了一块香皂花了2元钱，买了一个戒指花了1元钱。发卡没花钱，因为我刚买的戒指坏了，售货员赔给我一个发卡。我还挺高兴的！

小班组幼儿游戏故事表征案例1

教师视角： 我今天很开心，买了一个戒指花了1元钱，还买了仙女棒和发卡，仙女棒和发卡不记得是几元钱了。

幼儿视角： 我买了风车，它转得很快！我还买了戒指和发卡，我要送给我妈妈！

小班组幼儿游戏故事表征案例2

三、小组研讨，分析特点——倾听童"话"析特点（50分钟）

主持人：对比教师视角和幼儿视角对游戏故事表征的解读，各组有哪些发现？

大班组：大班幼儿对事物观察特别仔细，他们能准确抓住事物的主要特征，还原场景环境，并能综合运用数字、汉字、线格、符号等讲述购物故事。比如：图1场景和超市空间结构、物品摆放完全吻合，幼儿用箭头表示自己的行动路线；图2中幼儿运用"√""×""、""？"等符号简明直观地呈现了交流的过程，幼儿的人物表情绘画也非常细致。因此，教师通过观察幼儿表征基本能了解故事发展的过程，教师视角的解读和幼儿视角的解读差距不大。通过幼儿视角我们还发现，大班幼儿特别愿意购买神秘、有挑战的游戏玩具，如戳戳乐、盲盒、陀螺等。

他们有明确的购买计划，了解商品价格后会进行比较取舍，与他人沟通顺畅，且灵活变通，解决问题的能力越来越强。

中班组：中班幼儿的表征逐渐抓住事物的主要特点，比如：从图3能看出画面上半部分画的是柜台，柜台上的物品接近实物，下半部分画的是一群高兴的孩子，服装一样，手里拿着黄色的物品；从图4能看出幼儿手里拿着钱在交流，最后一幅图能很明显地看出幼儿在做记录。教师不能完全猜到幼儿想表现的内容，一是因为中班幼儿对于事物细节的表征还不到位，二是因为教师对幼儿年龄特点的把握还不深刻。通过幼儿解读，我们会发现他们做事有一定计划，但常常被新奇事物所吸引，如"穿着爱莎公主裙子的小姐姐"，游戏中的突发状况引起了他们的注意，他们在努力寻求解决方法，这些方法时而有效，时而无效。

小班组：小班幼儿通常只会简单记录自己买了什么、做了什么，他们的表征一般是简单的形状、图形、数字的罗列，不讲究构图和顺序，因此，很难通过绘画猜到他们想表达的是什么，教师的解读和幼儿的解读也就完全不同。小班幼儿很容易被风车、发卡、戒指等五颜六色、形态独特、能转会动的物品吸引注意力，但不会关注它们的价格。

主持人：通过比较我们了解到教师视角和幼儿视角存在差异，也发现了不同年龄班幼儿游戏故事表征有很多不同之处。接下来，我们分别从表征符号、表征内容、表征分享三个方面对幼儿的表征特点进行总结和归纳。

	表征符号	表征内容	表征分享
小班	★主要以涂鸦形式来呈现。小班初期以长短不一的线条、圆点、圆圈等简单的符号象征性地进行记录，小班末期会用简单形状、线条勾画记录事物外在的整体性特征。	★简单、零碎，主要表达"是什么、做了什么"等问题。 ★需要配合言语的解读才能够让大家明白表征的意思。	★能够初步表达自己的需要和想法，表述上会出现断断续续描述的情况，表征需要教师进行辅助解读，如指着问："这是什么？" ★说、画经常不统一。画得出，说不出；说得出，画不出。 ★语言表征较弱，经常运用身体动作辅助演示。

（续表）

	表征符号	表征内容	表征分享
中班	★可以用简单的线描画来记录整体性的细节特征。 ★开始出现多元化的符号组合与图形组合。 ★会使用替代物，想象力更加丰富。	★表征内容开始具象化和完整化，但仍显单一。 ★表征内容越来越丰富、详细，但还并不能完全独立地、有意识地、有目的地运用绘画语言表征自己对外部世界的认识、想法与观念。 ★主要表示喜欢什么、疑惑什么、发生了什么。	★中班幼儿能将表征内容进行语言碎片化整合，比较连贯地分享自己记录的内容。 ★愿意接受同伴建议和意见。 ★游戏故事表征逐渐从片段式过渡到连续式。
大班	★细致观察事物细节，用图形概括事物细节。如数字（顺序、序号、钱数、价格、运算）；箭头（购物时的行走路线和方向，下一步要做什么，如何离开）；简单的汉字（大、小、元等）；常见的基础符号（√ × ？）。 ★出现丰富多彩的合作式表征。 ★游戏故事布局合理、画面整洁、内容丰富。会运用多画面记录，运用分割线进行画面布局，表现出故事的发展性、延续性。	★思维有逻辑性，会对事物进行一段时间的连续性观察，按事情的发展顺序和前因后果等去表征。 ★从记录直观的事物到抽象内容，如思考过程、内心想法、游戏体验、情绪感受、解决问题的过程等。	★语言表达连贯、思路清晰。 ★分享内容与表征相符，说、画统一。 ★敢于表达、分享，自信感强。

四、分享交流，策略生成——师幼对"话"寻策略（30分钟）

主持人：结合各年龄班幼儿游戏故事表征的特点，教师应该怎样组织和引导幼儿表征？有哪些支持策略？

教师A："绘画表征"是游戏，更是自由表达。绘画是儿童一百种语言中的一种，是幼儿探索周围世界并建立有意义的情感联系，从而表达自己思想的一种途径。我们需要理解绘画表征不是某一种技能学习，对于幼儿来说不是附加任务，而是自由表达。幼儿可以通过绘画表达开心、喜欢等正面情绪，也可以表达伤心、讨厌等负面情绪，这个过程会让幼儿感受到被理解和接纳，学会正确看待和处理情绪。

教师B："绘画表征"能够更好地实现教师对幼儿的"倾听"！在游戏过程中，我们仅通过观察去了解幼儿，很容易存在主观判断，但如果能结合访谈、对话，就很容易了解幼儿真实的想法。"绘画表征"的意义就在于让幼儿在不受外界干扰的情况下先进行独立的自我表达，这为其后续与他人进行分享交流做好了充分准备。在这个过程中，我们要避免过多的干预和引导，这样能够"倾听"到幼儿更多的真实体验和感受。

教师C：幼儿的表征来源于丰富充实的生活经验，他们会不断通过游戏等方式将已有经历和经验表征出来。教师要创设适宜的环境，提供充足的材料，充分放手，支持幼儿绘画出自己一日生活和游戏中的猜想、问题和发现，从中发现幼儿的兴趣，引导幼儿表征。

教师D：接纳个体差异。在实践过程中，我们会发现幼儿的"不一样"，并不是所有幼儿都善于用绘画方式来进行表达，我们要接纳幼儿绘画表征能力水平的差异，不做过多的绘画水平的评价和要求，要给予更多鼓励和支持。尊重个体差异并不等于不让幼儿去尝试自己不擅长的，而是不做横向比较，更珍视和重视其付出的努力！

教师E：幼儿在"绘画表征"之前，可以通过提问引出有意义的话题，比如爱、冒险、喜悦、投入、反思、兴奋、观察、挑战、超越……巧妙地引导幼儿思维方向，引发有意义的故事表征。

教师F：活动后集体表征时间有限，可以根据幼儿表征能力水平，将不同能力水平的幼儿结为小组，分组利用同伴间的示范影响，帮助幼儿走向过程式记录和问题式记录。

教师G：在幼儿游戏前后，教师通过有针对性的提问与引导，帮助幼儿把握游戏中所面临问题的关键，排除其他无关因素，表征关键内容，指引自身游戏突破。

通过总结提炼，大家认为针对幼儿游戏故事表征，运用支持策略去推动幼儿成长点，可分为三个方面，分别是"物、人、境"。

★物——材料
* 解读、发现并投入幼儿感兴趣的材料，推动幼儿持续探索。
* 寻找幼儿可能需要的材料，推动幼儿游戏多元发展。
* 有意增加或删减游戏材料，引发幼儿深度学习。

★人——师幼互动
* 运用提问引出有意义的话题，引发有意义的游戏故事表征。（帮助幼儿梳理出真正的问题，了解他们真实经历了什么、说了什么、想了什么、有什么问题、有什么计划、有什么愿望。）
* 通过同伴的榜样示范、同伴互助，提升幼儿社会性发展。
* 鼓励幼儿自由表达各种不同情绪，"倾听"幼儿更多真实体验和感受。
* 不做横向比较，接纳幼儿绘画表征能力水平的差异性。

★境——情境
* 对幼儿日常活动偶发性游戏情境进行有意记录，从中筛选幼儿特别感兴趣的游戏情境，根据不同年龄幼儿的发展可能，和幼儿共同努力创设情境。
* 运用幼儿作品创设展示情境，搭建学习平台，激发幼儿成就感。

五、研讨小结，实践检验——再添画中"话"内涵（10分钟）

主持人：通过今天的教研，我们梳理出了幼儿游戏故事表征的各年龄班特点及支持幼儿表征的有效策略，大家要把这些研讨成果运用到接下来的教育教学实践中。我们会将今天的研讨结果记录单张贴在教研活动室，希望大家能把实践中的研究发现及时记录在这张记录单上，不断扩充我们对幼儿游戏故事表征的知识和经验！

附录

附录1：各年龄组梳理记录

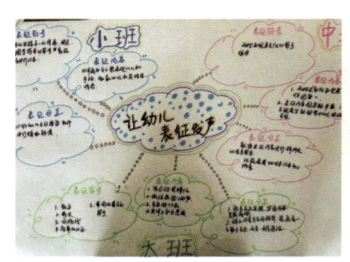

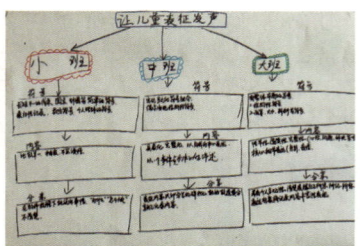

附录2："让儿童表征发声"个人记录单（样例）

日期	2023.5.10	班级	大一班	教师	×××

一、幼儿"萌娃趣玩小集"活动后的一组故事表征记录。

图一　　　　　　　　　　　　　图二

二、观察、倾听、解析在本组幼儿表征中你的发现。

图一：

　　3、4图描述了事物外在特征，如好看、有趣；2、3、6图描述了性价比、消费金额。可以看出幼儿对超市中新颖、有趣、好看的东西更感兴趣，大班的幼儿会在此基础上考虑实用性以及价格，物品的实用性和性价比是幼儿关注的核心问题。

图二：

　　六幅图描述了幼儿从卖水晶球到卖陀螺从而大赚一笔的故事。在这个过程中能看出该幼儿游戏目的明确，能结合实际情况解决问题。该幼儿的游戏目的就是在自己的摊位大赚一笔，可当幼儿发现自己所在的摊位并不赚钱，也不够吸引顾客时，她便选择转战其他摊位，并达成自己的游戏目的。

　　幼儿的表征内容变得越来越丰富。从开始单一的表征，如用数字、符号或者图画来表征一件事情，用来表示喜欢什么、疑惑什么、发生了什么等，到现在变成用多幅图、多种表征模式，这其中有幼儿的经历、思考的过程、内心的想法、游戏体验、情绪感受等。

活动反思

一、活动亮点

（一）找准问题，确立教研活动的行动起点

"寻""研""用"是教研的完整流程，教研不仅发生在会议室里，它延伸于教师实践之困惑、思考，落地于教学实践、创新探索。园本教研的开端在于发现教师教育教学实践中真实而具体的问题，本次教研问题来源于幼儿游戏后的故事表征，游戏故事背后隐含着容易被忽略的丰厚的教育价值，找准问题的"眼"，才能保证教研实效性。

（二）做好"功课"，夯实教研活动的理论基础

教研活动需要充足的理论做基础，教师理论功底薄弱很容易导致反思低效、讨论低质的情况出现。因此，活动前我们发出教研通知，告知主题、内容、准备与要求，教师自行学习《指导要点》《幼儿园保育教育质量评估指南》（以下简称《评估指南》），寻求理论支持，教研过程中，自然而然地将理论所学与观察所思相融合，侃侃而谈，研讨氛围浓烈。

（三）厘清思路，助力教研过程的层层推进

本次教研我们筛选出三个年龄班六张故事表征，以这六幅故事表征为线索，通过画中有"话"我来猜——倾听童"话"析特点——师幼对"话"寻策略三个环节，层层递进猜想、验证、辨识、剖析、寻策，以小见大，直达问题核心。

（四）变化形式，营造教研活动的浓厚氛围

教研过程中综合运用了多种教研形式，如"猜一猜"引发教师对表征的解读、"听一听"进行现场验证、"比一比"进行对比分析、"理一理"归纳表征特点，"说一说"运用关键词记录和补充……变化多样的形式极大调动了教师们的参与热情，大家敞开心扉、畅所欲言。通过主持人的有效点拨，整个教研过程呈现出对话的过程与氛围，教师的观察分析、表达陈述、互动交流体现了专业的自主与自信。

（五）聚合经验，推进教学研究螺旋提升

本次教研经历了"发散—聚合—发散—聚合"的思考过程，发散思维后聚合的关键经验，一是各年龄班不同表征特点，二是幼儿游戏故事表征支持策略，这就是本次教研活动的"策略果"。我们将"策略果"应用到日后的教育工作中，由此发现更多需要解决的问题，在循环往复研究中水平得到螺旋式的提升，帮助教师养成深度思考的习惯，使教师教育理念和专业水平得到不断提升。

二、不足之处及下一步打算

支持策略的归纳整理还可以再细化。下一步我们将针对年龄班表征特点深入分析各年龄班支持策略，形成更加具体且有针对性的幼儿自主游戏支持策略。

自主游戏中教师支持策略的研究
——以经验唤醒为例

大连市甘井子区教育局春田幼儿园　丁萍　王雪霜

有效的师幼互动是保障幼儿园自主游戏质量的关键要素，但是在观摩自主游戏活动以及开展《评估指南》贯彻落实专题座谈中发现，教师不知道如何有效地回应和支持幼儿。基于此，我园以游戏前经验唤醒为例，聚焦自主游戏中教师支持策略组织开展专题教研。着力通过"真问题""真行动""真成长"的体验式教研，提升教师在游戏中观察、解读、支持幼儿的能力，助推幼儿深度学习。

活动方案

教研主题	自主游戏中教师支持策略的研究——以经验唤醒为例
教研时间	2023年5月9日（星期二 13:00—14:10）
教研地点	幼儿园多功能厅
主持人	丁萍
参加对象	园长、幼儿园全体教师
教研背景	为推进安吉游戏园本化实践取得实效，我园以《评估指南》精神为指引，将师幼互动作为提升幼儿园自主游戏质量的主要抓手，持续开展"自主游戏教师组织实施及师幼互动有效策略的实践研究"。通过观摩自主游戏活动以及开展《评估指南》专题座谈，发现教师在自主游戏中普遍存在"不能有效回应和支持幼儿"的问题，导致幼儿自主游戏的质量不高。为切实解决教师教育实践中的问题，我园拟聚焦自主游戏前的"经验唤醒"，围绕自主游戏中教师的策略展开专题教研，提炼自主游戏中教师唤醒幼儿游戏经验的支持策略，助推自主游戏的高质量开展和幼儿的深度学习。
教研目标	1. 总结归纳游戏中唤醒经验的策略，明确自主游戏中教师如何落实唤醒经验的语言和行为。 2. 通过游戏破冰、案例分享、交流研讨、总结提升等教研形式，引发教师对经验唤醒这一环节的思考，从自主游戏状态、互动方式等方面梳理自主游戏前经验唤醒的有效性。 3. 发挥领衔提问、体验式教研的优势，相互交流提升，激发教师参与教研活动的兴趣，提高教师的反思、分析、提炼能力。
教研准备	1. 教师自主学习《评估指南》师幼互动相关内容。 2. 案例视频、签到表、教研活动PPT（演示文稿）、参研教师个人学习单、小组研讨交流记录单、小组汇报汇总记录单、多媒体设备。
教研形式	热身游戏、案例分享、互动研讨、总结提炼
教研过程	**一、热身游戏，交流主题（13:00—13:05）** 1. 主持人组织开展"趣玩扑克"热身游戏，在体验游戏唤醒的过程中激发教师的参研兴趣。 2. 主持人与教师们自由交流，引导教师们理解游戏前唤醒幼儿经验的重要性。

教研过程	**二、聚焦问题，观摩案例**（13:05—13:13） 观摩教师自主游戏前的组织案例，过程中思考以下三个问题： 1. 视频中，教师唤醒经验的策略、唤醒的语言与行为是什么？ 2. 唤醒经验的策略可以有哪些？请举例说明语言及行为。 3. 您在游戏前唤醒经验方面有什么困惑？ **三、分组讨论，汇报交流**（13:13—13:43） 以教研组为单位，大家围绕自主游戏中唤醒经验支持策略、唤醒经验的组织语言与行为、游戏前唤醒经验的困惑三个方面进行研讨交流，梳理并汇报研讨结果。 **四、梳理观点，总结提升**（13:43—13:58） 梳理各组汇报内容，总结提炼自主游戏中教师唤醒经验的支持策略。 **五、活动小结，园长点评**（13:58—14:10） 1. 主持人对本次活动内容进行梳理总结。 2. 园长对本次教研活动进行点评指导。
预期效果	帮助教师深层次了解经验唤醒的多种策略以及适宜的语言和行为，理解基于观察有效提问、深度追问，支持幼儿深度学习，建立新型师幼关系，在交流与学习中分析问题、寻找策略、改进自主游戏中教师支持策略的有效性，在积极和谐的师幼互动中实现共同成长。

活动纪实

教研过程

一、热身游戏，交流主题（5分钟）

主持人：老师们下午好，通过访谈以及观摩自主游戏，我发现教师在游戏中的支持策略仅限于围绕"你想玩什么？""你想和谁玩？"这样的问题与幼儿进行互动，对幼儿的回应缺少观察了解幼儿兴趣后的积极追问，支持策略相对单一，对幼儿的游戏经验唤醒不足。我们该如何支持幼儿进行深度学习呢？《评估指南》中明确指出："要发现和支持幼儿有意义的学习，采用小组或集体的形式讨论幼儿感兴趣的话题，鼓励幼儿表达自己的观点，提出问题，分析解决问题，拓展提升幼儿日常生活和游戏中的经验；尊重并回应幼儿的想法与问题，通过开放性提问、推测、讨论等方式，支持和拓展每一个幼儿的学习。"可见教师的支持性策略对自主游戏的组织与实施有着重要影响。

今天的教研活动，我们以经验唤醒环节为例，研讨自主游戏中教师的支持策略。

（一）趣玩扑克，激活思维（3分钟）

主持人：首先，我们先来热身，唤醒对扑克的游戏经验。请大家说一说，扑克牌可以怎样玩？

教师1：扑克牌可以找相同的牌。

教师2：扑克牌可以比大小。

……

主持人：还有哪些玩法？玩法规则是什么？你是怎样进行排序的？按照什么模式进行？

热身游戏

主持人：扑克牌是生活中常见的材料，不仅可以玩趣味拼图、趣味排序，还可以搭建等。在刚刚的游戏中我通过提问、追问的形式和老师们一起回顾了扑克的游戏玩法，在互动中我们个体的经验变成集体的智慧。通过讨论互动我们知道了怎样运用简单的游戏材料设计出丰富多样的游戏玩法，游戏前的交流讨论可以帮助我们唤醒生活中的已有经验，拓展新的经验。

（二）聚焦主题，畅所欲言（2分钟）

主持人：自主游戏开展前的经验唤醒的意义是什么？

教师1：回顾上次游戏，发现问题并解决问题。

教师2：了解幼儿的游戏计划，并通过不断的提问与追问让幼儿思考，让游戏富有挑战性。

……

教师研讨

主持人：几位教师阐述了自己的观点与想法，经验唤醒能够带领幼儿回顾游戏，梳理思路与问题；帮助幼儿找到新的挑战和兴趣点；引发游戏经验的持续和迁移；迁移幼儿生活经验并拓展新经验。

二、聚焦问题，观摩案例（8分钟）

主持人：我们一起观摩王老师自主游戏前的组织环节。大家带着几个问题观看思考：

1. 视频中，教师唤醒经验的策略、唤醒的语言与行为是什么？

2. 唤醒经验的策略有哪些？请举例说明语言及行为。

3. 您在游戏前唤醒经验方面有什么困惑？

案例观摩

三、分组讨论，汇报交流（30分钟）

（一）分组研讨（15分钟）

主持人：请大家以教研组为单位，围绕自主游戏中教师唤醒经验支持策略、唤醒经验的组织语言与行为、游戏前唤醒经验的困惑三个方面进行研讨交流。组内自行选好记录员和汇报员，做好研讨结果的梳理记录以及稍后发言汇报的准备。

（二）小组汇报（15分钟）

小班组：

问题一：

1. 谈话回忆——上次游戏我们讨论出的材料是……

2. 实物唤醒——出示机器人

3. 计划展示

问题二：

多媒体形式——还有哪些机器人？……

启发式提问——机器人可以做什么？……

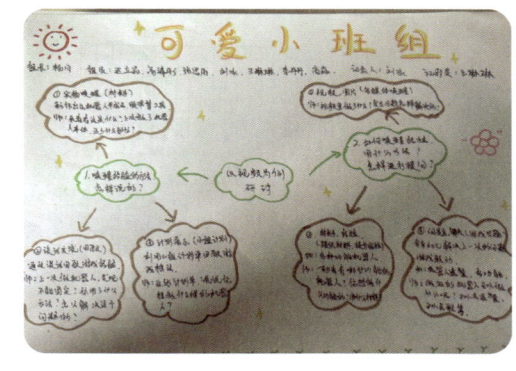

小班组研讨结果

问题三：

教师介绍新材料、新玩法时，小班幼儿大部分会被吸引过来，从而忽略了自己原来的游戏计划。

主持人：小班组教师提出了两种策略。针对小班幼儿的年龄特点，教师通过具体形象的照片、视频回顾游戏的内容，启发式的提问引发幼儿思考，拓展新想法，在这个游戏中，结合视频的内容应如何启发式提问呢？幼儿游戏前的计划是幼儿经验建构的过程，小班的幼儿进行简单的口头计划即可，幼儿在游戏时不一定按照计划一成不变地执行，小班幼儿从众心理使然，出现这样的情况是可以接受的，教师需要重点关注幼儿与材料的互动。

可爱小班组

教师唤醒经验的策略、唤醒的语言与行为是什么？

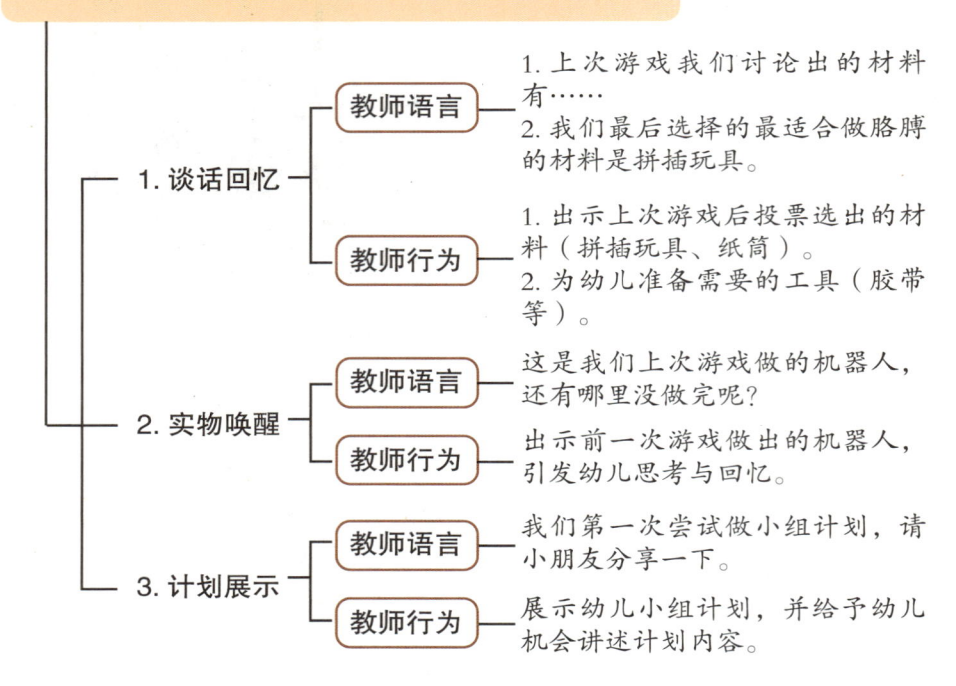

1. 谈话回忆
- 教师语言：
  1. 上次游戏我们讨论出的材料有……
  2. 我们最后选择的最适合做胳膊的材料是拼插玩具。
- 教师行为：
  1. 出示上次游戏后投票选出的材料（拼插玩具、纸筒）。
  2. 为幼儿准备需要的工具（胶带等）。

2. 实物唤醒
- 教师语言：这是我们上次游戏做的机器人，还有哪里没做完呢？
- 教师行为：出示前一次游戏做出的机器人，引发幼儿思考与回忆。

3. 计划展示
- 教师语言：我们第一次尝试做小组计划，请小朋友分享一下。
- 教师行为：展示幼儿小组计划，并给予幼儿机会讲述计划内容。

唤醒经验的策略有哪些？

1. 多媒体形式
- 教师语言：还有什么样的机器人呢？它们长什么样？可以做什么？
- 教师行为：可以通过多媒体的形式，展示更多的机器人，以及它们的作用、特点等。

2. 启发式提问
- 教师语言：机器人可以帮助我们做什么？它们都有什么本领呢？
- 教师行为：肯定幼儿的回答，激发幼儿对机器人游戏的兴趣，丰富幼儿的游戏内容和游戏想法。

你在游戏前唤醒经验有什么困惑？

教师介绍新材料、新玩法时，小班幼儿大部分会被吸引过来，从而忽略了自己原来的游戏计划。

主持人领衔式提问

在视频案例中，教师的策略是否能够起到支持、推进幼儿游戏的作用呢？

中班组：

问题一：

1. 回顾游戏，材料支持——教师可以通过多媒体的形式，展示更多的机器人以及它们的作用、特点等，给予幼儿更多的游戏经验。

2. 作品展示——激发幼儿对机器人游戏的兴趣，丰富幼儿的游戏内容和游戏想法，有针对性地引导幼儿游戏。

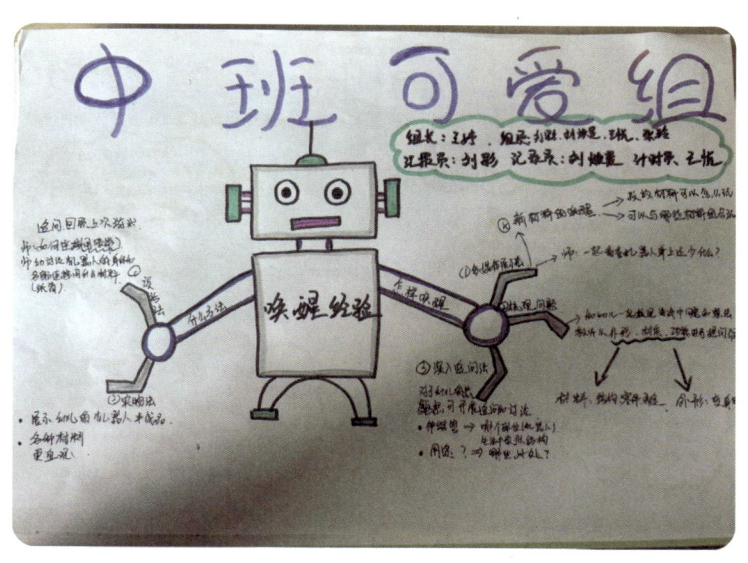

中班组研讨结果

问题二：

1. 启发式提问与追问——教师可以追问，如机器人由什么构成？怎样制作？用什么来做？需要哪些材料和工具？

2. 新材料的唤醒——与幼儿共同讨论新投放材料的玩法，如新投放的伸缩管可以怎么玩呢？它可以与哪些材料组合玩呢？

问题三：

经验唤醒环节中一定要利用实物来唤醒吗？口头讲述是否可以？

主持人：经验唤醒环节，最形象具体的肯定是实物，例如新材料的介绍、作品的介绍等，依据幼儿具体形象思维的特点，实物是最直观的展示方式。我们如何去发现幼儿的游戏兴趣和游戏需要？教师如何更好地提供支持，引发幼儿深度游戏？

```
                              ┌─ 教师语言 ─ 上一次游戏我们投票选择了……等材
                   ┌─ 回顾游戏 ─┤           料，今天老师为大家准备好了，可以
                   │          │           在今天的游戏中尝试使用。
                   │          └─ 教师行为 ─ 点头肯定幼儿回答并给予幼儿充分表
   教师唤醒经验的策略、│                     达机会。
   唤醒的语言与行为是 ─┤
   什么？            │          ┌─ 教师语言 ─ 第一次尝试小组计划，请小朋友介绍
                   └─ 计划展示 ─┤           一下你们组计划的内容吧！
                              └─ 教师行为 ─ 为幼儿提供展示计划的机会，让幼儿
                                          更直观地进行计划的分享。

                              ┌─ 教师语言 ─ 机器人由什么构成？怎样制作？用
                   ┌─ 启发式提 ─┤           什么来做？需要哪些材料和工具？
                   │  问与追问 └─ 教师行为 ─ 给予幼儿思考的时间并有充足的机
   唤醒经验的策略有  │                     会进行回答，分享自己的想法。
   哪些？          ─┤
                   │          ┌─ 教师语言 ─ 新投放的伸缩管可以怎么玩呢？可
                   └─ 新材料唤 ─┤           以与哪些材料组合玩呢？
                      醒经验   └─ 教师行为 ─ 出示新投放的材料，并与幼儿讨论
                                          新材料可以怎样玩。

   你在游戏前唤醒经验有什么困惑？
                              ─ 经验唤醒环节中一定要利用实物来唤醒吗？口头讲
                                述是否可以？

   主持人领衔式提问
                              ─ 经验唤醒环节有效支持幼儿游戏的基础是什么？
```

可爱中班组

大班组：

问题一：

1. 实物展示——回顾游戏的时候更具直观性。
2. 谈话——胶带怎么用？……
3. 多媒体——这些机器人都可以做什么？……

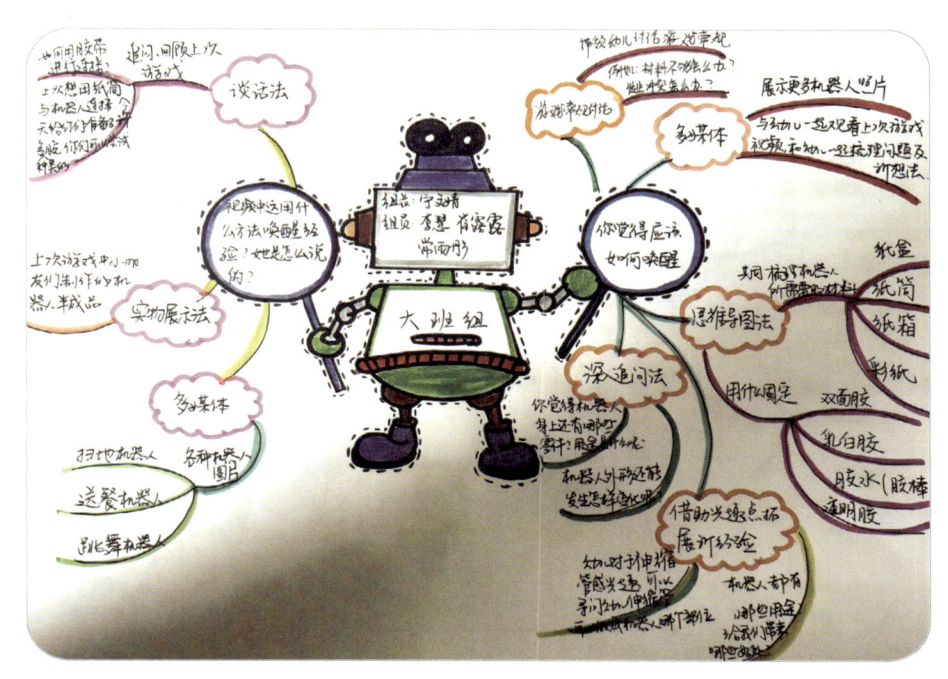

大班组研讨结果

问题二：

1. 思维导图记录——与幼儿共同梳理游戏内容和想法，如胳膊用什么来做？
2. 提问与追问——你觉得机器人还有哪些部位？……
3. 游戏常规讨论——材料不够用怎么办？发生冲突时怎么办？……

问题三：

自主游戏中，幼儿游戏内容不一。了解幼儿游戏计划后，是唤醒其中一个游戏内容还是多个游戏内容？唤醒经验的时间总是很长，怎么能把控好时间？

主持人：大班教师提出的问题更具有挑战性。教师在经验唤醒的环节可以依据幼儿实际，选择集体或小组进行唤醒经验。在视频案例中，教师的策略是否能够起到支持、推进幼儿游戏的作用呢？如：小组幼儿游戏中出现的问题，可以在游戏前与组内的幼儿进行讨论；而全班集体共性的问题或是介绍新的材料等集体行为时，教师可以采用集体分享的形式。

可爱大班组

教师唤醒经验的策略、唤醒的语言与行为是什么?

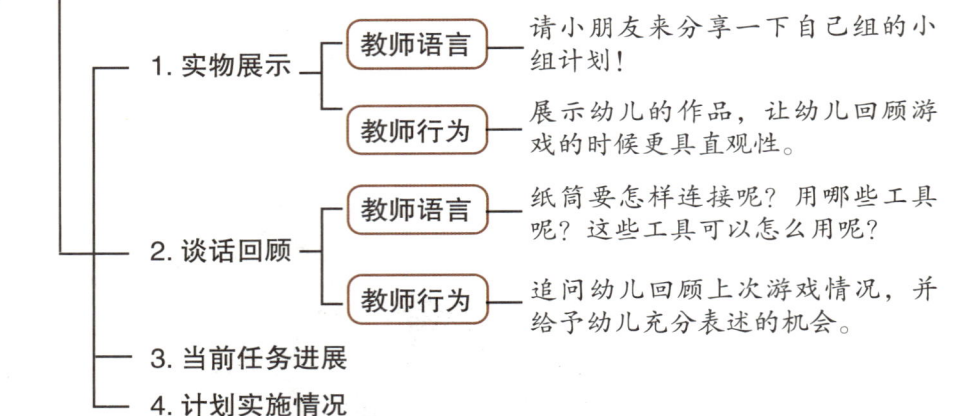

1. 实物展示
   - 教师语言：请小朋友来分享一下自己组的小组计划！
   - 教师行为：展示幼儿的作品，让幼儿回顾游戏的时候更具直观性。

2. 谈话回顾
   - 教师语言：纸筒要怎样连接呢？用哪些工具呢？这些工具可以怎么用呢？
   - 教师行为：追问幼儿回顾上次游戏情况，并给予幼儿充分表述的机会。

3. 当前任务进展

4. 计划实施情况

唤醒经验的策略有哪些？

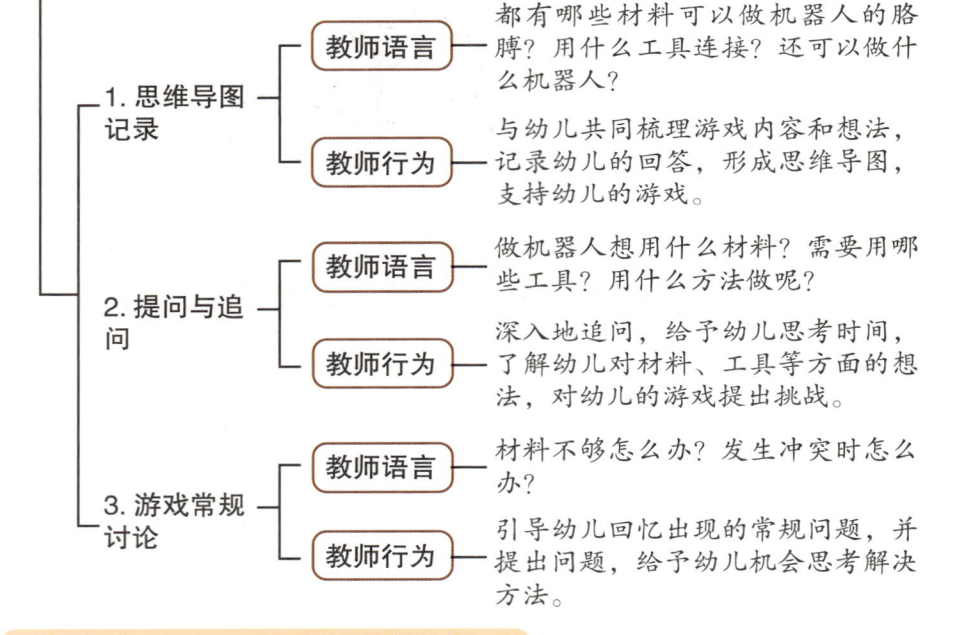

1. 思维导图记录
   - 教师语言：都有哪些材料可以做机器人的胳膊？用什么工具连接？还可以做什么机器人？
   - 教师行为：与幼儿共同梳理游戏内容和想法，记录幼儿的回答，形成思维导图，支持幼儿的游戏。

2. 提问与追问
   - 教师语言：做机器人想用什么材料？需要用哪些工具？用什么方法做呢？
   - 教师行为：深入地追问，给予幼儿思考时间，了解幼儿对材料、工具等方面的想法，对幼儿的游戏提出挑战。

3. 游戏常规讨论
   - 教师语言：材料不够怎么办？发生冲突时怎么办？
   - 教师行为：引导幼儿回忆出现的常规问题，并提出问题，给予幼儿机会思考解决方法。

你在游戏前唤醒经验有什么困惑？

自主游戏中，幼儿游戏内容不一。了解幼儿游戏计划后，是唤醒其中一个游戏内容还是多个游戏内容？唤醒经验的时间总是会很长，怎么能把控好时间？

主持人领衔式提问

怎样去发现幼儿的游戏兴趣和游戏需要？作为教师如何更好地提供支持，引发幼儿深度游戏？

四、梳理观点 总结提升（15分钟）

主持人：通过刚才三个教研组汇报及相互之间的补充可以发现，在幼儿游戏的过程中，教师的支持策略应建立在对幼儿细致观察的基础上、尊重幼儿游戏意愿的前提下，遵循促进幼儿自主发展的原则去实施。在游戏前，通过唤醒和拓展幼儿经验、讨论游戏玩法等给幼儿提供支持。下面，我们共同提炼一下自主游戏中教师唤醒经验的支持策略。

（一）再现游戏场景，续接游戏经验

游戏前，教师可以采取集体或小组的方式，与幼儿交流、讨论之前的游戏，内容包括游戏的主题、情节、他们最感兴趣的部分、遇到的问题等。一方面能帮助幼儿回顾之前的游戏，梳理思路与问题；另一方面能够启发和推动幼儿在原有游戏经验的基础上找到新的挑战和兴趣点继续游戏。但是，需要注意的是，如果讨论后幼儿想要开展新的游戏，教师应该支持而不是强迫幼儿继续玩之前的游戏。

（二）运用游戏材料

幼儿游戏的主题单一并不是因为他们缺少生活经验，而是因为他们原有的经验尚未被唤醒。所以，教师可以通过投放相关的游戏材料来唤醒幼儿原有的生活经验，以丰富幼儿的游戏。

（三）善于发现幼儿的兴趣，拓展新经验

教师可以根据幼儿的兴趣和需要适当地丰富幼儿的新经验。比如，在前期的游戏中幼儿生成了烧烤的游戏主题，教师观察到幼儿只是用小棒穿起树叶架到桌子上就玩了起来，没有更丰富的游戏情节，于是就找来烧烤摊烤肉串的视频，请幼儿一起观看。在接下来的游戏中，幼儿用积木搭起了烧烤炉，用纸板当扇子，一边吆喝一边不停地扇着肉串，另一只手还不停地转动着肉串……新的经验拓展丰富了游戏内容和情节，起到了有效的支持作用。

（四）讨论游戏材料新玩法

在游戏前，教师可以有目的地引导幼儿开展玩具材料新玩法的讨论。如投放了很久的布料，请幼儿来说说用它们玩过什么游戏，还可以怎样玩，引发幼儿之间经验和方法的相互激发。对于新游戏材料，教师可以给幼儿一段时间去熟悉和探索玩法，先观察幼儿怎样使用，过一段时间再根据情况有针对性地组织幼儿交流与讨论。

（五）讨论游戏常规

当幼儿的游戏常规出现问题，或游戏环境发生了变化，在游戏前可以开展关于游戏规则的讨论，用比较直观的方式给予提示，以保障游戏活动顺利开展。

自主游戏中教师唤醒经验的策略

1. 再现游戏场景，续接游戏经验。
2. 运用游戏材料。
3. 善于发现幼儿的兴趣，拓展新经验。
4. 讨论游戏材料新玩法。
5. 讨论游戏常规。

梳理提升

五、活动小结，园长点评（12分钟）

（一）活动小结（2分钟）

主持人：今天园本教研活动"自主游戏中教师支持策略的研究——以经验唤醒为例"专题研究，我们共同梳理了自主游戏中唤醒经验的策略。在游戏过程中，我们要静下心来观察幼儿在游戏中的表情、行为、语言，以及游戏持续的时间、游戏情节的发展、幼儿游戏兴趣的持续与转移，还应该通过游戏后幼儿记录的游戏故事以及关于游戏的交流分享等方式来倾听幼儿，了解他们的所思所想所需。只有通过用心的观察和倾听我们才能真正看见幼儿、发现幼儿，逐渐读懂他们、理解他们。

（二）园长点评（10分钟）

园长：通过大家的讨论，能看到自主游戏中教师支持引导的重要价值。因此，我们要基于观察学会根据不同年龄阶段、不同游戏活动、不同游戏问题灵活运用多种唤醒经验的方式，比如再现场景、问题讨论、讨论发现兴趣、常规讨论、材料玩法，在尊重、倾听、理解、表达的过程中，在放手游戏、看懂游戏、回应游戏中去发现儿童、理解儿童，从而改变我们的儿童观、教育观、课程观，为落实安吉游戏推广研究做好坚实的基础。

主持人：感谢园长的专业点评，让我们更加明确在安吉游戏精神引领下的有效师幼互动是基于尊重、理解、倾听、陪伴关注幼儿自主游戏中的发展水平。所以，在自由宽松的氛围中，在有表达欲望的环境中，在带着教育温度准备的自主游戏中，我们通过唤醒经验的多种形式了解幼儿游戏意愿，看到幼儿需要支持的"点"，通过问题对话帮助幼儿聚焦游戏主题，引发幼儿思考，有效推动幼儿游戏情节的发展。希望各班教师能将研究的唤醒经验策略付诸实践，为幼儿在自主游戏中的自主成长打下坚实的基础。

附录

小组研讨记录汇总

问题一：视频中，教师唤醒经验的策略、唤醒的语言与行为是什么？

策略		语言及行为
1. 谈话回忆	教师语言	1. 上次游戏我们讨论出的材料有…… 2. 我们最后选择的最适合做胳膊的材料是拼插玩具。 3. 纸筒要怎样连接呢？用哪些工具呢？这些工具可以怎么用呢？
	教师行为	1. 出示上次游戏后投票选出的材料（拼插玩具、纸筒）。 2. 为幼儿准备需要的工具（胶带等）。 3. 追问幼儿，回顾上次游戏情况，给予幼儿充分的表述机会。
2. 实物唤醒	教师语言	这是我们上次游戏做的机器人，还有哪里没做完呢？
	教师行为	出示上一次游戏做的机器人，引发幼儿思考与回忆。
3. 计划展示	教师语言	我们第一次做小组计划，请你分享一下你们组的计划。
	教师行为	展示幼儿的小组计划，并给予幼儿机会讲述计划内容，能让幼儿更直观地进行计划分享。
4. 材料支持	教师语言	上一次游戏我们投票选择了……等材料，今天老师为大家准备好了，可以在今天的游戏中尝试使用。
	教师行为	点头肯定幼儿的回答并给予幼儿充分的表达机会。

问题二：唤醒经验的策略有哪些？请举例说明语言及行为。

策略		语言及行为
1. 多媒体形式	教师语言	还有什么样的机器人呢？它们长什么样？可以做什么？
	教师行为	通过多媒体的形式，展示更多的机器人以及它们的作用、特点等，给予幼儿更多的游戏经验。
2. 启发式提问	教师语言	1. 还有什么样的机器人呢？它们长什么样？可以做什么？ 2. 机器人由什么构成？怎样制作？用什么来做？需要哪些材料和工具？ 3. 你想用什么材料做机器人？需要用哪些工具？用什么方法做呢？
	教师行为	1. 肯定幼儿的回答，激发幼儿对机器人游戏的兴趣，拓展幼儿的游戏内容和游戏想法。 2. 给予幼儿思考的时间以及充足的机会进行回答，分享自己的想法。 3. 深入追问，给予幼儿思考时间，了解幼儿对材料、工具等方面的想法，对幼儿的游戏提出挑战。
3. 新材料的唤醒	教师语言	新投放的伸缩管可以怎么玩呢？可以与哪些材料组合玩呢？
	教师行为	出示新投放的材料，并与幼儿讨论新材料可以怎样玩。
4. 游戏常规讨论	教师语言	材料不够用怎么办？发生冲突时怎么办？
	教师行为	引导幼儿回忆出现的常规问题，并提出问题，给予幼儿机会思考解决方法。

问题三：你在游戏前唤醒经验有什么困惑？

困惑	解决方法
1. 教师介绍新材料、新玩法时，小班幼儿大部分会被吸引过来，从而忽略了自己原来的游戏计划。	计划只是幼儿经验建构的一个过程，小班的幼儿进行简单的口头计划即可，且在游戏时不一定会按照计划一成不变地执行，小班幼儿从众心理使然，出现这样的情况是可以接受的，教师需要重点关注幼儿与材料的互动。
2. 经验唤醒环节中一定要利用实物来唤醒吗？口头讲述是否也可以？	经验唤醒环节，最形象具体的肯定是实物，例如新材料的介绍、作品的介绍等，依据幼儿具体形象思维的特点，实物是最直观的展示方式。当然教师也要根据不同的介绍内容，选择不同的介绍形式，如采用视频介绍新玩法。
3. 自主游戏中，幼儿游戏内容不一，了解幼儿游戏计划后，是唤醒其中一个游戏内容还是多个游戏内容？唤醒经验的时间总是很长，怎么能把控好时间？	教师在经验唤醒环节可以选择集体或小组进行经验唤醒。如：在前一次游戏中，小组幼儿游戏中出现的问题，可以以小组的形式在幼儿游戏前与组内的幼儿进行讨论；而全班集体共性的问题或介绍新的材料时，教师可以采用集体分享的形式。

活动反思

一、教研亮点

（一）主题明确，问题聚焦

教研活动前，通过开展自主游戏观摩和《评估指南》落实座谈，主持人深入了解了教师组织开展自主游戏过程中存在的问题和困惑，认识到了教师的支持策略对自主游戏深入开展和幼儿深度学习的重要性，进而将之锁定为教研主题。整个教研过程中，主持人带领全体教师围绕"经验唤醒的策略""经验唤醒的语言和行为""经验唤醒过程中的困惑"等展开深入细致的研讨交流，研讨问题紧扣教研主题，教研成果符合教师的实际工作需要。

（二）准备充分，实效显著

为确保教师能充分参与到教研活动中，实现预期的教研效果，达成预设的教研目标，教研活动前，主持人将研讨问题提前告知教师们，提示教师们自主学习《评估指南》，重点对其中师幼互动方面的内容进行梳理，强化认知，深入理解，引导教师做好理论和经验储备，有准备地参与教研活动。本次教研活动为教师们总结出了若干唤醒经验的有效策略，以及策略对应的典型语言和行为，具有很强的操作性，对教师深化幼儿自主游戏实践有很大的指导作用。

（三）形式多样，过程扎实

教研过程中，聚焦研讨问题，主持人通过破冰游戏、视频案例分析、小组讨论、集中交流、领衔提问、经验分享等形式，引领教师们层层深入展开研讨。为了持续激发教师的参研兴趣，在整个教研活动中，主持人始终秉承"发现问题—提出问题—思考问题—解决问题"的教研思路，不断捕捉教师研讨交流的重点、难点和疑点，适时巧妙地抛出问题，灵活精准地追问引导，引发教师积极思考，鼓励教师大胆表达，让教师在问题中找答案，在交流中获取经验，教研各环节扎实有效。

二、教研不足与下一步改进

教师对于游戏前唤醒经验的语言与行为思考得还不够深入，特别是追问的语言还比较肤浅，不能引发幼儿深度思考和学习。因此，在下一次的园本教研活动中，我们将深入研究自主游戏中教师唤醒经验的支持语言与行为，深入解决教师在唤醒经验过程中的困惑和问题。

绘本自主表演游戏中的深度学习路径

大连市人民政府机关幼儿园 邵晓晨 王春晓

我园在开展以绘本为载体的自主表演游戏研究与实践中,发现教师对于深度学习的捕捉、游戏中教师的有效性支持与指导不够深入,无法及时、有效推进幼儿的深度学习与发展。因此,我们本次专题教研聚焦"绘本自主表演游戏中的深度学习路径",挖掘幼儿游戏中的深度学习,梳理凝练教师深度支持与指导策略。

活动方案

教研主题	绘本自主表演游戏中的深度学习路径		
教研时间	2023年4月4日 （星期二 13:00—14:30）	教研地点	幼儿园二楼会议室
主持人	王春晓	参加对象	幼儿园全体教师
教研背景	《辽宁省幼儿园游戏活动十项建议（试行）》（以下简称《游戏活动十项建议》）强调："持续观察解读幼儿游戏行为，支持和推动幼儿游戏的持续开展和深度探究。"在安吉游戏本土化推进实践研究过程中，教师通过观察、分析、支持与指导支持幼儿的深度学习，但教师对于深度学习的捕捉、游戏中教师的有效性支持与指导不够深入，很多时候无法及时、有效推进幼儿的深度学习与发展。因此，通过聚焦化、主题化的园本教研活动"绘本自主表演游戏中的深度学习路径"解决绘本自主表演游戏中教师的实践困惑，挖掘幼儿游戏中的深度学习，提升教师深度指导能力，推进游戏深度进阶。		
教研目标	1.通过头脑风暴与交流研讨，明确自主表演游戏中幼儿的深度学习与发展典型特征，把握深度学习内涵与表现。 2.通过案例观摩与研讨，捕捉、分析绘本自主表演游戏中幼儿的深度学习与教师的支持、指导策略。 3.通过案例分析与交流分享，梳理、凝练自主表演游戏中教师的有效性支持与指导策略，挖掘自主表演游戏中的深度学习路径，推进幼儿学习与发展以及下一阶段游戏的持续深入。		
教研准备	1.教师对幼儿游戏中的深度学习进行理论学习、经验积累与前期思考。 2.绘本自主表演游戏中的深度学习研讨表、园本教研方案、记录白板、记录笔、绘本自主表演游戏视频案例、电脑、教研PPT与文本等。		
教研形式	头脑风暴、经验回溯、分组研讨、汇报交流、梳理分析		
教研过程	一、介绍背景，引出主题（13:00—13:02） 主持人介绍本次教研活动的主题及由来，掌握教研基本方向。 二、共话内涵，共研特征（13:02—13:10） 通过头脑风暴，深化教师对深度学习的认识和理解，主持人梳理、提炼深度学习的典型特征。		

（续表）

教研过程	三、小组研讨，凝聚共识（13:10—13:40） 观摩三个班级自主表演游戏案例视频，以年龄组为单位，围绕三个问题展开分组研讨，汇总研讨结果。 研讨问题： 1. 绘本自主表演游戏中捕捉到的幼儿深度学习有哪些？ 2. 教师如何进行支持与引导以推进游戏进阶？ 3. 绘本自主表演游戏中的深度学习路径有哪些？ 四、总结梳理，重点提升（13:40—14:00） 主持人结合小组汇报内容，重点梳理绘本自主表演游戏中的深度学习路径。 五、专题培训，赋能成长（14:00—14:20） 开展《绘本自主表演游戏中的深度学习路径》专题培训，明晰自主游戏中的深度学习路径，进一步支持幼儿深度学习。 六、点评指导，提炼小结（14:20—14:30） 园长点评指导，主持人做活动小结。

活动纪实

教研过程

一、介绍背景，引出主题（2分钟）

主持人：随着自主游戏研究的深入，我们能够看到游戏环境、游戏时间、游戏材料、游戏理念与支持指导发生着变化，而游戏中幼儿的深度学习则是提升其游戏力、培养其核心素养的关键。在日常工作中，我们老师也发现，很多时候我们不能及时捕捉幼儿的深度学习，对于幼儿的即时性、适宜性的支持与指导不够深入，这是我们现阶段主要面临的困惑和问题。什么样的学习是深度学习？教师该通过怎样的支持与指导推进幼儿的深度学习？在绘本自主表演游戏中深度学习路径有哪些呢？为了解决我们在自主游戏实践中的困惑，明晰深度学习的内涵和典型特征，推动教师通过适宜性策略有效支持与指导幼儿深度学习，今天我们围绕"绘本自主表演游戏中幼儿的深度学习"这一主题开展深度互动式园本教研活动。

二、共话内涵，共研特征（8分钟）

主持人：苏霍姆林斯基曾言："学习如果具有思想、感情、创造、美和游戏的鲜艳色彩，那它就能成为孩子们深感兴趣的和富有吸引力的事情。"学习是美的、富有创造力、有思想的一件事，更是有深度的一件事。怎样理解深度学习呢？其有哪些显性特征？于教师而言又该如何支持与指导？

（一）参研教师分享对"深度学习"的认识和理解

主持人：请大家谈一谈，你认为幼儿的深度学习是什么。

要求：各位老师按座位顺序依次分享自己的观点，前面老师已经提到的内容无需再重复，Z老师进行关键词记录。

研讨关键词梳理

（二）主持人总结与提炼"深度学习"的特征

主持人：关于深度学习，大家提到了很多关键词：专注、兴趣、自主、问题解决、合作……这些都是幼儿在游戏中所迸发出来的游戏品质，也是我们认为的幼儿深度学习的表现。可以明确的是，深度学习是在真实的问题情境中才会发生的，是以问题为导向，提升幼儿解决问题的能力，促进幼儿高阶思维的发展，提升幼儿自主学习意识。什么样的学习是深度学习呢？结合大家的观点，我们梳理一下基于游戏视角的幼儿深度学习的特征。

基于游戏视角的幼儿深度学习的特征

维度	内容
游戏主体	以幼儿为主体。
游戏态度	专注的、感兴趣的、主动的、探究的、积极的、自主的、激发内在的学习动机。
游戏目标	幼儿发展高阶认知能力，问题解决过程中迁移新旧经验，解决现实生活中的真实问题。
游戏内容	自主选择、自主择定。
游戏过程	具有批判性思维，主动进行问题解决，探究性学习与发展，游戏中生发新的游戏内容。
游戏效果	多元发展（认知、情感、个性、社会性高阶认知、思维品质和学习品质）。

（续表）

维度	内容
游戏发展	经历"玩—记—说—展"基本路径，在想象、探究、表征、表达、表现与表演中，自我提升、解决问题。

三、小组研讨，凝聚共识（30分钟）

主持人：明确了深度学习的内涵和典型特征，接下来我们一起复盘，捕捉幼儿的深度学习。请大家以年龄组为单位，聚焦三个班级自主表演游戏案例，围绕以下三个问题展开研讨，并将研讨结果汇总记录在表格中。

研讨问题：

1. 绘本自主表演游戏中捕捉到的幼儿深度学习有哪些？
2. 教师如何进行支持与引导以推进游戏进阶？
3. 绘本自主表演游戏中的深度学习路径有哪些？

小班组研讨结果记录单

游戏名称	老鼠嫁女
研讨1：绘本自主表演游戏中捕捉到的幼儿深度学习有哪些？	**观察到了什么：** 轿子里的新娘太多了，幼儿自己发现并解决问题：石头剪刀布，谁有小花谁进去。 **解读到了什么：** 1. 游戏中发现问题，能够想办法解决问题。 2. 解决问题时，幼儿中有主导者，能共同协商，愿意服从他人。 **分析到了什么：** 1. 材料：添加材料供幼儿自制轿子。 2. 经验：运用生活中的猜拳经验解决角色重叠的问题，将生活中新娘手捧花的经验迁移到游戏中。 3. 行为：在解决问题上体现了幼儿的社会交往能力。
研讨2：教师如何进行支持与引导以推进游戏进阶？	1. 教师捕捉到了幼儿的深度学习，幼儿在想出解决问题的办法时，教师可以进行推动性提问：谁赢了？谁进去？大家手里都有花怎么办？ 2. 为幼儿提供制作轿子的低结构材料；游戏回顾时共同总结解决方法，并鼓励幼儿计划、实施具体步骤。 3. 解决角色重叠与缺失的问题，引导幼儿更好地进行合作表演。

(续表)

游戏名称	老鼠嫁女
	4. 肯定幼儿协商解决问题的能力，评价幼儿装扮，教师引导幼儿回答：你的问题是否解决了？
研讨3：绘本自主表演游戏中的深度学习路径有哪些？	**小一班：** 1. 材料、环境方面的互动与学习。 2. 同伴之间的交流与学习。 3. 师幼互动中的追问、引导、回应、支持。 4. 游戏中问题的解决。 **小二班：** 1. 已有经验引发游戏动机。 2. 学习环境创设。 3. 教师观察与评价。 4. 计划与实施。 5. 回顾与评价。 **小三班：** 1. 绘画游戏计划，捕捉幼儿的学习兴趣，及时记录他们的想法。 2. 录制幼儿游戏视频，在游戏回顾时共同讨论、交流游戏中遇到的困难和问题以及成功解决的方法。讨论更多的解决办法，拓展思维。 **小四班：** 1. 幼儿与环境、材料之间的互动。 2. 教师在活动中的追问、引导。 3. 幼儿在游戏中解决问题。 4. 幼儿之间相互学习。

中班组研讨结果记录单

游戏名称	猪八戒吃西瓜
研讨1：绘本自主表演游戏中捕捉到的幼儿深度学习有哪些？	**观察到了什么：** 1. 幼儿互相帮助，尝试用夹子固定小裙子。 2. 有的幼儿记不住词，重新说词。 **解读到了什么：** 1. 将使用夹子的经验迁移到游戏中。 2. 演员不仅要表演还要说词。

（续表）

游戏名称	猪八戒吃西瓜
	分析到了什么： 1. 把生活经验迁移到游戏中。 2. 合作、帮助他人。 3. 发现并解决问题。 4. 几个幼儿都有绘本基础，能力不同，对猪八戒表现力不同。
研讨2： 教师如何进行支持与引导以推进游戏进阶？	1. 驱动性问题、个别指导。 （1）使用夹子，你的方法真好，还有什么其他方法？（教师的肯定） （2）幼幼互助。 （3）幕布剧本回应引导。 2. 材料、经验的支持，提供适宜材料，例如别针、不同的夹子。 3. 问题的追问、鼓励式回应。 （1）你今天遇到了什么困难？是怎么解决的？有什么收获？ （2）你在游戏中发现谁的游戏方法好？你学到了什么？发现了什么问题？怎样帮助他？ （3）学习品质：你完成游戏计划了吗？是如何完成计划的？例如：一直坚持做这件事，遇到问题想办法解决。
研讨3： 绘本自主表演游戏中的深度学习路径有哪些？	中一班： 1. 根据观察发现的问题引发幼儿思考和讨论，使幼儿在解决问题中进行深度学习。 2. 根据幼儿感兴趣的某一点引发深度学习。 中二班： 1. 捕捉幼儿的兴趣点，激发幼儿深度学习的欲望。 2. 观察发现问题，引导幼儿参与讨论、经验分享或有效提问，引发幼儿的深度学习。 中三班： 1. 绘本内容与真实体验相结合，游戏前期对幼儿进行生活经验的铺垫，从绘本中挖掘迁移线索，帮助幼儿打破时空限制，完善新经验。 2. 尊重幼儿多元化兴趣，提前收集或及时捕捉幼儿的兴趣点，引发探究动机。 3. 游戏中出现问题，根据不同情况采用灵活策略，适时提问和引导，促进幼儿思考和探究。 4. 图文表征游戏计划，在反思与回顾中总结游戏过程，分析优劣及解决方法。

大班组研讨结果记录单

游戏名称	泡泡猪的餐厅
研讨1：绘本自主表演游戏中捕捉到的幼儿深度学习有哪些？	**观察到了什么：** 1. 幼儿合作进行围合搭建：用纸碗搭菜园。 2. 行为习惯：倒了捡起再搭。 3. 思考并解决问题。 4. 交往：大胆邀请同伴。 **解读到了什么：** 1. 幼儿积极思考，解决问题。 2. 社会交往能力得到发展。 3. 行为习惯较好。 4. 围合搭建技能得到发展。 **分析到了什么：** 1. 认知经验：菜园形状封闭（圆形）。 2. 技能：搭建垒高、围合、叠叠高。 3. 水平：动作发展，手眼协调，小手控制（肌肉）。 4. 语言：大胆表达、积极回应、交流。 5. 品质：坚持、积极主动、认真专注、不怕困难。
研讨2：教师如何进行支持与引导以推进游戏进阶？	1. 驱动性提问：倒了怎么办？为什么总倒？ 鼓励式回应：没关系。 追问性提问：你想让谁来帮忙？ 2. 问题回应：追问（方法）怎么能让它更稳固？ 肯定式回应：（情绪情感）你搭得很认真，你搭得很好。 3. 照片、视频的记录（为回放梳理环节做铺垫）。 4. 语言引导：为什么总倒？进行情绪安抚。 5. 回顾与梳理、视频回放、问题迁移、追问（为什么会倒，如何搭建更牢固），提供多种搭建材料，搭建方法图片、视频，拓展经验。 6. 教师肯定性评价。 品质方面：你搭得很认真，你能坚持搭建，不怕困难。 搭建技能技巧方面：你使用了围合、垒高的搭建方法，搭成了菜园子。 社会交往方面：你们能够一起搭建菜园子，有合作精神。

（续表）

游戏名称	泡泡猪的餐厅
研讨3：绘本自主表演游戏中的深度学习路径有哪些？	**大一班：** 1. 问题解决：当幼儿遇到问题，先鼓励幼儿自己想办法解决。问题解决了，在梳理环节请幼儿分享解决的办法和经验。同时引发全体幼儿思考讨论：还有其他的方法吗？游戏中如果问题没得到解决，先用推动性提问或情景式介入的方法促进幼儿问题解决，然后再集体讨论更好的办法。 2. 作品评价：通过幼儿互评、师幼评价的方式，提出作品（服装、道具、头饰）修改建议，促使幼儿再次创造，进行深入学习。 **大二班：** 1. 抓住幼儿的兴趣点，及时发现幼儿在游戏中出现的问题，录制成视频，幼儿间进行讨论，提高幼儿表演能力。 2. 抓住评价环节幼儿相互学习，共同提高。 **大三班：** 1. 捕捉幼儿兴趣、问题或者游戏中的困难，即时提问，激发幼儿继续游戏欲望。 2. 明确幼儿现有游戏经验和需要持续获得的游戏经验。 3. 设计追问，注重幼儿的参与和讨论，支持幼儿的深度探究。 4. 经验分享，有效提问，实现幼儿的思维拓展和多维认知。

四、总结梳理，重点提升（20分钟）

主持人：在头脑风暴、案例观摩与分析中，大家捕捉到了很多自主表演游戏中幼儿的深度学习路径，我们发现幼儿的学习是一个从浅层学习到深层学习、从基础性学习到创造性学习的过程。下面，我们共同聚焦案例，结合大家的汇报，重点梳理一下绘本自主表演游戏中的深度学习路径。

序号	游戏名称	绘本自主表演游戏中的深度学习路径有哪些？
小班组	小班表演游戏"老鼠嫁女"	1. 材料、环境方面的互动与学习。 2. 同伴之间的交流与学习。 3. 师幼互动中的追问、引导、回应、支持。 4. 游戏中问题的解决。 5. 已有经验引发游戏动机。

(续表)

序号	游戏名称	绘本自主表演游戏中的深度学习路径有哪些？
小班组	小班表演游戏"老鼠嫁女"	6. 教师观察、回顾与评价。 7. 游戏过程三阶段的组织与实施。 8. 绘画游戏计划，捕捉幼儿的学习兴趣，及时记录他们的想法。 9. 录制幼儿游戏视频，在游戏回顾中共同讨论、交流游戏中遇到的困难和问题，成功解决的方法。讨论更多的解决办法，拓展思维。
中班组	中班表演游戏"猪八戒吃西瓜"	1. 根据观察发现的问题引发幼儿思考和讨论，使幼儿在解决问题中深度学习。 2. 捕捉幼儿的兴趣点，激发幼儿深度学习的欲望。 3. 观察发现问题，引导幼儿参与讨论、经验分享或有效提问，引发幼儿的深度学习。 4. 绘本内容与真实体验相结合，游戏前期对幼儿进行生活经验的铺垫，从绘本中挖掘迁移线索，帮助幼儿打破时空限制，完善新经验。 5. 游戏中出现问题，根据不同情况采用灵活策略，适时提问和引导，促进幼儿思考和探究。 6. 图文表征游戏计划，在反思与回顾中总结游戏过程，分析优劣及解决方法。
大班组	大班表演游戏"泡泡猪的餐厅"	1. 问题解决：当幼儿遇到问题，先鼓励幼儿自己想办法解决，问题解决了，在梳理环节请幼儿分享解决的办法和经验。 2. 引发全体幼儿思考讨论，还有其他的方法吗？游戏中如果问题没得到解决，先以推动性提问或情景式介入的方法促进幼儿问题解决，然后再集体讨论更好的办法。 3. 多元评价：通过幼儿互评、师幼评价的方式，提出作品（服装、道具、头饰）修改建议，促使幼儿再次创造，进行深入学习。 4. 抓住幼儿的兴趣点，及时发现幼儿在游戏中的问题，录制视频，幼儿间进行讨论，提高幼儿表演能力。捕捉幼儿兴趣、问题或者游戏困难，即时提问，激发幼儿继续游戏欲望。 5. 明确幼儿现有游戏经验和需要持续获得的游戏经验。 6. 设计追问，注重幼儿的参与和讨论，支持幼儿的深度探究。 7. 经验分享，有效提问，实现幼儿的思维拓展和多维认知。

五、专题培训，赋能成长（20分钟）

主持人：刚才我们基于案例，从实践层面梳理了自主游戏中的深度学习路径。为帮助大家从理论层面更系统地理解和把握深度学习路径，下面，我们开展《绘本自主表演游戏中的深度学习路径》专题培训。

专题培训

（一）有准备的教师——提高教师指导深度

1. 教师的游戏课程准备

从绘本到绘本自主表演游戏需要历经漫长的游戏实践过程，而前期我们的教师需要通过大量的思考、师幼谈话、家园分享等多种途径了解幼儿需求，捕捉幼儿兴趣点，确定绘本；对绘本进行解构与分析，从内容、元素、情节、人物、对话等多方面形成绘本延伸游戏，基于幼儿需求提供多样化适宜性材料生成戏剧表演游戏与自主表演游戏。

例如：绘本戏剧表演游戏月，日常绘本自主游戏，阶段式凝练与梳理，形成典型案例并推广，让绘本自主表演游戏在循环往复中推进、深入。

2. 教师自身专业素养储备

我们指导和支持幼儿，素养、认知储备、能力储备是前提。没有这些前提和基础，幼儿的游戏只是平行水平基础上的普通游戏而已，没有提升也没有能力获得，更没有创造性的学习和表现。

教师自身专业素养储备

（二）有准备的环境——提升幼儿问题解决能力

皮亚杰在《游戏·梦·模仿》中将游戏分为两个阶段：第一个阶段叫探索阶段；第二个阶段叫符号表征阶段，是幼儿从动作思维到概念思维发展的过渡阶段。幼儿用自己的方式将学习表达出来，对游戏进行想象和表征。教师应为幼儿提供一个有准备的环境，通过有效的支架支持幼儿的游戏行为。

以大三班的"老鼠娶新娘"游戏为例。我们的环境该如何准备呢？我们的老师就游戏环境和孩子开始了新的讨论和分享。"老鼠娶新娘"设置什么游戏场地？每个游戏场地是什么？可以做什么？游戏区域材料提供什么？区域标志怎么设计？从无到有，从思考、计划、行动到游戏实践，幼儿在自己设计的游戏环境中游戏、互动，当然环境与材料也随着游戏的推进而不断变化着。

（三）有准备的游戏过程——推动自主表演游戏深入

幼儿深度学习的过程"玩（探究）—说（分享）—记（记录）—展（策展）"我们非常熟悉，幼儿通过"直接感知与亲身体验—独白语言与对话语言—符号表征与抽象思维—分享、展示，反思、回顾"系列过程发展认知、能力、情绪情感、个性、社会性，并不是单一学习和获得，我们更加强调在自主表演游戏过程中幼儿的全面学习和综合发展。

游戏中深度学习过程

（四）有准备的家园互动——助推自主游戏拓展

将家长纳入评价体系之中，课程反馈。例如："想吃苹果的鼠小弟"，从绘本自主表演游戏主题确定、内容选择到游戏过程分享与反馈，再到和家长共同制订游戏计划、游戏故事的家园分享，让家长成为我们游戏课程的参与者和合作者。家长更加明白幼儿每天在进行的自主表演游戏是什么，一步步的变化又在哪里，游戏计划与故事中的表达，游戏过程中幼儿的学习等，都在双向互动中得到课程衔接。

有准备的家园互动

（五）有准备的支持与指导——推进自主游戏进阶

游戏中思考三个方面问题：幼儿已有的发展水平怎样，现在正在获得什么发展，未来在我的指导下还能够获得哪些新的发展。这样我们更加明确如何支持。

首先，了解幼儿的已有表演能力水平，把握学习发展的阶段性特征，在活动中细致观察幼儿，分析游戏内容是否合理、活动难度是否适当，及时作出相应指引。

例如：在幼儿准备"鼠小弟的派对"游戏过程中，老师时刻关注幼儿的游戏进程、游戏经验获得，适时创设"鼠小弟的派对上还会有谁？""你们还为鼠小弟准备了什么惊喜？""派对参会的人太多了该怎么办？"等问题情境，引导幼儿将已有生活经验运用到游戏中，解决游戏问题。

其次，运用驱动性问题、引导性问题引导幼儿自主思考和表达。

例如，在蚂蚁和西瓜案例中，可以提出以下问题：你们搬来的西瓜要做什么呢？（搬回去做吃的）西瓜还可以做什么呢？（西瓜汁、西瓜冰激凌、西瓜饼……）有了这么多西瓜食物，我们可以做什么呢？（开一家西瓜甜品店）在幼儿游戏过程中，基于绘本角色情境、游戏兴趣点，生发新的游戏内容，提升自主游戏的情境性和趣味性，让我们小班的绘本主题式自主区域游戏逐步向自主表演游戏过渡。

最后，角色代入与陪伴观察，激发幼儿在游戏中主动探究与解决问题。

例如，在"小老鼠过生日"游戏中，发现了一个特别现象：幼儿都在专注地准备小老鼠的生日惊喜，可是发现今天没有小老鼠。于是老师引发幼儿思考"没有小老鼠该怎么办？"（老师来当小老鼠、寻找小老鼠……）在这样的问题解决情境中，教师往往不需要用过多的话语，角色代入与陪伴就能启发幼儿发现问题、推进游戏。

六、点评指导，提炼小结（10分钟）

园长点评提升：本次园本教研活动聚焦研讨主题层层推进。从头脑风暴，明确什么是深度学习，到聚焦案例，捕捉绘本自主表演游戏中幼儿的深度学习、挖掘教师有效的支持与指导策略，再到凝练提升，梳理自主表演游戏中的深度学习路径。今天，我们梳理出了"有准备的教师""有准备的环境""有准备的游戏过程""有准备的家园互动""有准备的支持与指导"五方面路径，希望聚焦每一个路径，我们都能结合班级幼儿的发展水平和兴趣需要，深耕其中，不断探索，切实推进幼儿游戏中的深度学习与发展，推动游戏持续深入。

主持人：感谢园长的引领与指导。希望大家能将今天的研讨成果有效运用到日常班级的绘本自主表演游戏中，切实有效地助推幼儿在游戏中的深度学习与发展，提升我园的绘本自主表演游戏质量。

附录

绘本自主表演游戏中的深度学习分组研讨记录单

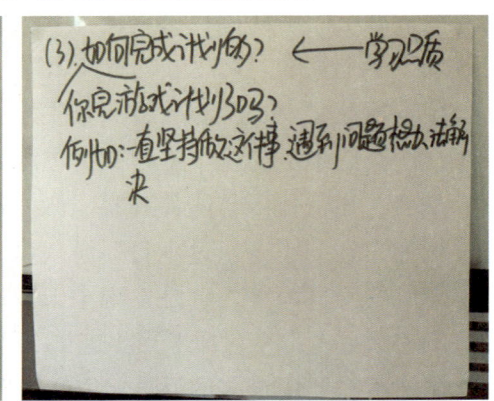

活动反思

一、教研亮点

通过问题化、聚焦化的自主游戏教研活动，引导教师深度思考何为游戏中的深度学习，明确如何支持指导幼儿游戏中的深度学习，在分析与研讨真实游戏案例的基础上把握深度学习与深度指导。

从教研目标达成与问题解决情况来看，通过本次绘本自主表演游戏中的深度学习路径专题教研，在头脑风暴、案例分析、交流研讨、梳理提升等各环节的研讨与提炼基础上，教师基本上明确什么是深度学习，对于深度学习的典型特征已有系统的了解和掌握；在案例分析中能够捕捉到游戏中幼儿的深度学习，并进行分析，提炼教师的有效性支持和指导策略，对于幼儿深度学习路径有基本的思考和基于实践层面的经验提炼。教研目标基本完成，教研问题基本解决，引发教师在游戏实践中的深层次思考，梳理凝练的绘本自主表演游戏中的支持与指导策略能够有效帮助教师进入下一步游戏实践中，帮助教师科学支持与指导幼儿游戏。

从教研效果上来看，结合实践经验与班本化绘本自主表演游戏基础上的交流与分析，引发教师共鸣且聚焦问题的研讨模式，在线表格式的研讨与分析，有效地帮助教师分析游戏中幼儿的深度学习和教师的支持与指导，参与度高且需求广泛，能充分满足教师实践需求。在观摩的视频案例、研讨的内容以及梳理提升时所列举的实例，都围绕教师的日常班本化的绘本自主表演游戏实践，可以说教研内容、形式都落地于教师实践，依托于班本实际而开始的问题解决式、深度互动式、交流拓展式、提升内化式等教研过程，有效地帮助教师明确深度学习的典型特征，明确如何支持与指导幼儿深度学习，在此过程中进行深度支持与指导，着力于推进班本游戏进阶，可以说，教研贴近游戏内容、满足教师需求、指导教师游戏实践。

二、教研的不足之处

就深层次的、适宜性的支持与指导策略而言，本次教研中，教师对于深度学习的支持与指导策略提炼方面有些松散，距离系统化、可深度推广的策略和方法还有差距。凝练自主表演游戏中教师的有效性支持与指导策略有待完善，深入性有待加强。需要教师结合班本实践，将梳理凝练的策略进行内化和吸收，转化成适合于自身的游戏指导策略，帮助教师推进游戏深入，这也是未来持续、系列专题教研的重点突破之一。

三、下一步计划

针对阶段研究与实践现状，我们依然需要持续推进绘本自主表演游戏中的深度学习路径专题教研与培训，帮助教师提炼可实践推广应用的自主游戏有效性支持与指导的策略和方法，深入推进幼儿游戏中的学习与发展。

聚焦班本化绘本自主表演游戏案例，通过持续追踪与观察，基于八种观察方法，梳理提炼教师的支持与指导策略，发现捕捉幼儿游戏中的新的生发点，提升教师深度指导能力，在班本游戏案例分享、游戏故事梳理呈现的基础上，形成具有深度指导意义的游戏指导策略。

持续深入开展自主表演游戏中的深度学习专题研训，依托专业理念与游戏实践过程中的跟进与指导，通过集体研训、个别化指导方式帮助教师在班本化游戏实践中梳理凝练系统化、可推广、可应用的深度学习指导策略和方法，科学有效帮助教师提升游戏中的支持与指导能力。

基于幼小科学衔接背景下语言活动开展策略的研讨

大连市沙河口区第二教师幼儿园　隋丽

在幼儿园阶段培养幼儿喜欢阅读，乐于和他人一起看书讲故事，对文字符号感兴趣，愿意用图画、符号等方式记录自己的想法、发现等前阅读、前书写能力，不仅是幼小科学衔接的重要工作之一，而且也为幼儿养成终身阅读习惯奠定良好基础。

前期各班级结合读书月活动，生成了有关绘本的主题教育活动，教师能追随幼儿的兴趣与学习需要，预设、生成了班本化的主题课程，并梳理出开展绘本主题活动的一些经验做法，从中找到培养幼儿前阅读、前书写能力以及与其他领域融合教育的方式方法和策略。在幼小科学衔接专题研讨中，我园以"基于幼小科学衔接背景下语言活动开展策略"为教研主题，聚焦语言活动的开展策略进行回顾、反思、创想与研究。

活动方案

教研主题	基于幼小科学衔接背景下语言活动开展策略的研讨
教研时间	2023年5月23日（星期二 13:00—14:25）	教研地点	幼儿园多功能厅
主持人	隋丽	参加对象	幼儿园园长、副园长、全体教师
教研背景	在《指导要点》学习准备的教育建议里明确提出："培养幼儿的阅读兴趣和能力。鼓励幼儿自主阅读，保护他们对符号、文字的兴趣和敏感性。经常和幼儿一起讨论书中内容，加深他们的阅读兴趣和理解，鼓励幼儿根据情节、图书画面对故事结果进行预测或续编、创编故事；通过绘画、手工、搭建、表演等方式再现故事情节、人物关系，促进幼儿语言、情感、社会性等多方面的发展。" 在幼儿园一日生活中有诸多环节可以培养幼儿的阅读兴趣与能力，尤其是容易被忽略的一些过渡环节的碎片时间，如果对其加以利用，珍视其潜在的阅读价值，日积月累，也会对幼儿阅读兴趣的培养起到助推作用。综上所述，在幼小科学衔接专题研讨中，我园以"基于幼小科学衔接背景下语言活动开展策略的研讨"为教研主题，聚焦语言活动的开展策略进行回顾、反思、创想与研究。
教研目标	1. 探讨适宜幼儿语言学习的方法和策略，形成适宜本班幼儿年龄段的妙招或"品牌"环节，并尝试实施。 2. 教师能对研讨策略进行经验梳理，提高总结、归纳能力。 3. 教师能够积极进行现场互动，大胆表达想法。
教研准备	1. 结合读书月，各班开展绘本主题活动并撰写课程故事；各班级梳理出绘本主题活动下助力幼小衔接的经验与策略。 2. 大图画纸、水彩笔、园本教研环节介绍PPT、三个班级经验分享PPT、多媒体设备、电脑、相机。
教研形式	热身游戏、经验分享、互动研讨、梳理提升
教研过程	一、破冰活动——今天我是superstar（13:00—13:05）（互动游戏） 全体教师进行热身活动，组织语言游戏"今天烧烤吃什么"，放松身心，为参与教研活动做准备。

教研过程	**二、经验分享——梳理总结，再看衔接（13:05—13:35）（倾听记录发言）** 1. 三个班级对班本化绘本主题活动进行梳理，经验分享。 2. 总结提炼绘本活动设计的策略。 3. 思考问题： 问题1：不同类型语言活动（文学作品学习、讲述活动、谈话活动、听说游戏、早期阅读活动）的功能分别是什么？ 问题2：作为教师，在语言活动中是不是进行着不同类型的教学活动，帮助幼儿积累各种语言学习的经验？ **三、分组研讨——深深挖方法，班班有品牌（13:35—13:50）（交流研讨学习记录发言）** 研讨问题： 问题1：如何利用一日生活中的碎片时间，促进幼儿语言能力发展。 问题2：依托本班幼儿年龄特点，通过"三个一"——命名一个特色品牌名称，敲定一个固定实施时间，坚持一种做法，打造班本化的语言品牌。 **四、汇报交流——三人行，众人拾柴（13:50—14:10）（学习记录）** 1. 各组汇报研讨结果。 2. 对研讨结果进行交流，达成共识。 **五、总结提升——滴水穿石，珍视核心（14:10—14:15）（学习记录）** 对教师提出的策略及具体做法进行梳理、总结，鼓励教师在今后的实践工作中进行尝试，并形成班级特色语言品牌。 **六、园长点评——"安"心时刻（14:15—14:25）（聆听记录）** 对整体教研活动进行评价，对语言领域教学以及品牌活动开展提出指导意见和建议。

活动纪实

教研过程

一、破冰活动——今天我是 superstar（5分钟）

今日 superstar：吕老师
游戏类型：语言游戏
游戏名称：今天烧烤吃什么

游戏玩法：大家围成一个圈，随着音乐节奏，一起边拍手边说"今天烧烤吃什么？"，然后按照顺序轮流说"羊肉串""茄子""蘑菇""辣椒""鸡翅""面包""烤肠"等食物，尽量不要重复，直至全部人说完。

游戏规则：可重复进行，"吃饱"为止。

二、经验分享——梳理总结，再看衔接（30分钟）

主持人：在绘本主题活动中，每个班级从三个方面进行梳理：主题的发起、主题的探究、主题的小结与总结。在实施的过程中关注两个大方向，一是主题中语言内容与其他领域之间的关系，二是主题中语言活动的价值和定位。

（一）三个班级对班本化绘本主题活动进行梳理，经验分享

主持人：下面让我们一起跟随中一班、小二班、大班老师，倾听他们和孩子们的课程故事。

1. 幼小衔接视角下，开展"遇见春天"主题活动的思与行（中一班）

中一班教师：根据《指导要点》的相关要求，教师为幼儿营造宽容接纳的师幼交往氛围，鼓励幼儿表达自己的想法和需求，教师也会对幼儿的需求进行积极的回应。在了解到幼儿对春天的兴趣和喜欢后，以绘本《遇见春天》为主题开展了五个集体活动，为幼儿创造了走进春天、了解春天的机会。在此过程中着重培养幼儿的独立意识、自我服务能力、人际交往能力、任务意识以及时间观念。

2. 小绘本，大智慧——深度解读《长大以后做什么》，助力幼小衔接（大班）

大班教师：活动缘起于幼儿升入大班后，发现自己有了一些变化，比如个子长高了、开始换牙了……根据幼儿的兴趣点，以此为契机，借助绘本《长大以后做什么》引起幼儿的关注。在对比中，通过回忆、观察、对比发现"长大"带来的变化，并用绘画形式记录下来。

在探索牙齿的秘密过程中，引导幼儿通过观看科普动画，听其他小朋友的换牙经验，用小尺亲手绘制牙齿调查表并做好牙齿数量的记录等，帮助幼儿了解常识、养成良好的卫生习惯；在分享自己的梦想时，用绘画的形式表述自己的梦想，通过表述自己的梦想锻炼语言表达能力；在辩论"长大到底好不好"的过程中，幼儿相互倾听观点、大胆表达想法；在"图书交换大集"中，幼儿相互介绍、"推销"自己的图书，不仅能换到自己喜欢的图书，还锻炼了沟通能力。

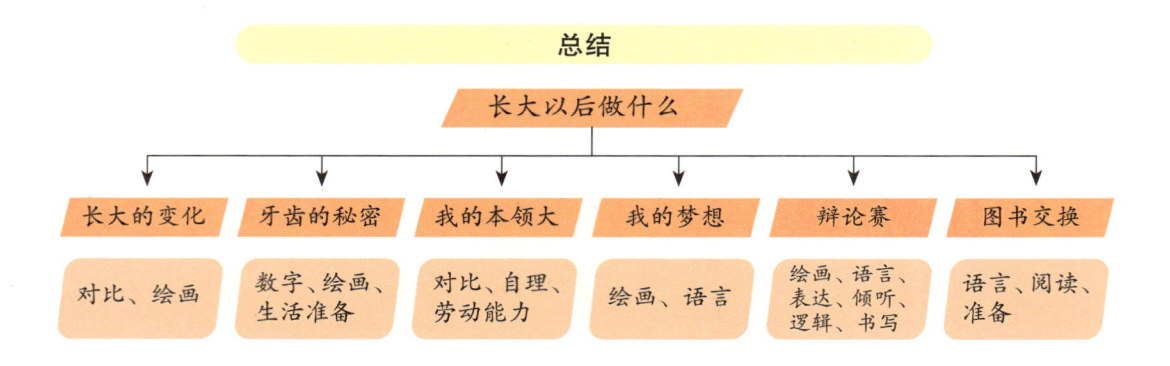

```
                        总结
                   长大以后做什么
    ┌──────┬──────┬──────┬──────┬──────┐
  长大的变化  牙齿的秘密  我的本领大   我的梦想   辩论赛   图书交换
  对比、绘画  数字、绘画、  对比、自理、  绘画、语言  绘画、语言、 语言、阅读、
           生活准备   劳动能力            表达、倾听、 准备
                                    逻辑、书写
```

3. 幼小衔接在行动——绘本《小泥人》主题活动的实践探索（小二班）

小二班教师：实践中生成了许多不同类型的活动内容。

生活活动	洗手、安全使用工具、整理	生活准备 身心准备
集体教学 活动	语言活动"小泥人" 健康活动"一起去挖土" 科学活动"小泥人之水土的多少""泥土的渗水性实验" 艺术活动"好看的泥作品""送给妈妈的包包"	学习准备 社会准备
自主游戏	户外泥巴乐园幼儿自主选择工具玩泥 室内幼儿可以自由选择画画、捏东西或者其他游戏	身心准备 社会准备 学习准备
室内游戏 活动	益智游戏"小泥人还在吗" 音乐游戏"泥娃娃"	学习准备 身心准备

关注幼儿幼小衔接方面的发展，语言领域融合其中，相互影响。在自主玩泥游戏中，教师有意将绘本与生活联系起来。通过语言"我最喜欢用泥巴滚球啦""我记得'小泥人'她也喜欢"等，引导幼儿学习绘本中的玩法。

这些活动是围绕幼儿的兴趣或者问题，以及当时情景的需要而生成的，幼儿积极性高，具有强烈的倾听与表达的欲望。

（二）总结提炼绘本活动设计的策略

主持人：在绘本活动中，幼儿通过语言来学习，教师对谈话、调查、分享、讨论、表征等方面比较重视。在这个过程中，我们需要关注两个问题：①多种语言学习经验的关注；②表征与前书写的关系。

> **绘本活动设计的策略**
>
> 进行解读，挖掘价值
> 找准转点，多样呈现
> 依据目标，设计提问
> 强调操作，转变方式
> 迁移经验，回归生活

（三）思考问题

主持人：绘本活动属于语言领域下早期阅读活动的一种，请大家思考以下两个问题。

问题1：不同类型语言活动（文学作品学习、讲述活动、谈话活动、听说游戏、早期阅读活动）的功能分别是什么？

教师A：文学作品学习比较注重帮助幼儿积累各种优美规范的语言，提高幼儿对文学作品的欣赏力、表达力、有意记忆的能力、复述表演的能力。

教师B：讲述活动主要通过指导幼儿根据图意或者主题内容进行讲述，激发幼儿创造性思维，提高幼儿独白语言和连贯性语言的表达能力。

教师C：谈话活动旨在指导幼儿围绕某一话题开展经验分享和讨论，帮助幼儿学会有意倾听，清晰表达感情，补充他人讲话内容，培养幼儿的文明礼仪和交往习惯。

教师D：听说游戏则是借助游戏方式在游戏情境中训练幼儿清楚发音以及运用词汇连贯表达的语言能力，有助于幼儿提高的语言表达能力。

教师E：早期阅读活动是利用图书指导幼儿掌握准确翻阅图书的方法，帮助幼儿养成良好的阅读习惯，有助于提高幼儿学习书面语言的兴趣。

主持人：新课程理念强调语言活动的整合，打破各种类型的界限，注重语言的运用功能、语言学习的自然性和整合性，这不等于否定让幼儿获得各种语言学习的经验，如果孩子从幼儿园毕业了，不会看图讲述，不会创编故事，不会念绕口令，不会念古诗，不会表演诗歌……这其实也是一种语言学习经验的缺失，不利于幼小衔接和语言能力的全面发展。

问题2：作为教师的我们，在语言活动中是不是进行着不同类型的教学，帮助幼儿积累各种语言学习的经验？

教师A：作为教师，在工作中不停地思考与创新，通过文学作品学习、看图讲述活动、谈话活动、听说游戏、早期阅读活动等不同类型的语言活动，帮助幼儿积累语言学习的经验。

三、分组研讨——深深挖方法，班班有品牌（15分钟）

主持人：请大家聚焦以下两个问题展开小组研讨。研讨结束后每组选派一名教师将本组的智慧结晶进行分享。

问题1： 如何利用一日生活中的碎片时间，促进幼儿语言领域的发展——口头语言（倾听与表达）+书面语言（阅读与书写准备）？

问题2： 依托本班幼儿年龄特点，通过"三个一"——命名一个特色品牌名称，敲定一个固定实施时间，坚持一种做法，打造班本化的语言品牌。

分组研讨

四、汇报交流——三人行，众人拾柴（20分钟）

（一）各组汇报研讨结果

教师F：

问题1研讨结果：可利用一日生活中的碎片时间促进语言领域的发展。比如，晨间来园可以使用签名的形式签到，进行书写准备；表征的方式有很多种，除了绘画，还可以讲述，将自己的游戏编成一个小故事，在每日分享环节讲述，发展口头语言；餐食的介绍也是口头语言发展的途径之一，相信通过介绍幼儿的语言会越来越丰富。

问题2研讨结果：

★大班特色品牌名称——"四字茶话会"
固定实施时间：饭后/饭前过渡时间。
持之以恒的做法：每日一个成语小故事。

★大班特色品牌名称——"竞选值日生"活动
固定实施时间：每天离园前（16:00—16:20）。
持之以恒的做法：每天离园前，幼儿竞选第二天的值日生，提前准备好竞选宣言，竞选时大声说出自己的竞选宣言，其他幼儿认真倾听，并举手投票选出值日生。
值日生的竞选宣言："大家好，我叫××，我想要竞选×××值日生，我会……，请大家选我吧。"经过每天的竞选值日生活动，幼儿互相倾听学习，在集体中认真倾听、大胆表达，竞选理由越来越丰富，词汇量也逐渐增多。

教师G：

问题1研讨结果：碎片时间的口头语言培养，将注意力放在每一个幼儿身上，耐心倾听、发现他们的问题和需要，给予

小组汇报研讨结果

及时的语言回应，如向幼儿打招呼，进行平等的口头对话，锻炼他们口头语言的发展。

问题2研讨结果：

★小班语言特色品牌名称——"欢喜"

固定实施时间：离园之前。

持之以恒的做法：坚持每日离园前，组织幼儿一起说说自己喜欢的人或事。

★小班语言特色品牌名称——"我最喜欢的游戏"

固定实施时间：室内整理活动结束后，户外自主游戏之前。

持之以恒的做法：坚持每日组织幼儿说说自己最喜欢的游戏是什么，想怎么玩。

教师H：

问题1研讨结果：碎片化的时间可以通过以下几个环节利用起来。

1. 晨间谈话活动：创设宽松和谐的语言环境，围绕幼儿感兴趣的话题，进行各种谈话活动，如节假日后，引导幼儿讨论节假日期间发生的有趣事情。

2. 餐前等待：值日生播报菜谱，猜菜名，传声筒游戏，猜谜游戏。

3. 离园前活动：古诗接龙游戏，故事分享会，竞选值日生。

4. 餐后活动：自主阅读绘本，悄悄话。

5. 午睡前后：睡前故事，成语故事。

问题2研讨结果：

★中班语言特色品牌名称——"我是古诗小达人"

固定实施时间：每天起床后，集中教育活动之前。

持之以恒的做法：每天起床之后，用趣味化的游戏形式学习古诗、唱古诗，定期进行分享。经过每天的学习，会积累丰富的古诗词，也为幼小衔接做好准备。

（二）对研讨结果进行梳理，达成共识。

主持人：班本化特色语言品牌的设计，体现了教师对语言领域核心价值的深度思考。碎片化的时间里，让语言浸润在一日环节里，对幼小衔接起到了润物细无声的效果。

- 获得快乐情感
- 丰富情感体验
- 增强美的感受
- 发展语言能力
- 激起语言兴趣
- 开发多元智能

五、总结提升——滴水穿石，珍视核心（5分钟）

主持人：今天的研讨，在绘本主题分享中，我们找到了语言学习的一种实践探索，即源于绘本—追随绘本—越过绘本的思维路径。让我们基于儿童视角，珍视幼儿发起的活动，在倾听中寻找语言活动的意义，帮助幼儿全面获得语言领域的学习与发展。

在思辨、讨论中，我们惊喜地看到，幼儿的语言学习以往只存于在听、说、读、写中，如今结合幼儿的一日生活，幼儿的语言学习已经融入一日生活中。

基于口头表达和书面表达两个目标在一日生活中的碰撞，发现了两个"武功秘籍"：一是要关注时间的融通，从核心经验的角度，利用"品牌"再创造一日生活环节，让平凡的每一刻都熠熠生辉；二是要关注空间的融通，从核心经验的角度，让"品牌"效应随处可见并持之以恒，让平凡的每件事在滴水穿石的坚持中令人感动。

六、园长点评——"安"心时刻（10分钟）

安园长：通过大家今天的讨论，能看到绘本阅读等语言领域的活动具有多元价值。因此，我们要学会根据不同年龄、不同的阅读材料，灵活运用多种阅读教学方法，比如感知方法、讨论方法、体验方法、发现方法、表演方法，在感受、理解、表达、创作的过程中，帮助幼儿产生语言兴趣、养成阅读习惯、提高阅读能力，让幼儿养成良好的倾听与表达习惯，做好阅读与书写准备，同时为幼小衔接工作打好坚实的基础。

主持人：感谢园长的专业点评，让我们更加深刻地认识到，在幼小衔接视角下关注幼儿语言发展的水平，在一定程度上决定了幼儿的游戏、学习和生活水平。所以，我们要让幼儿在有表达欲望的环境中，在富有生活气息、教育准备的一日生活中，通过游戏不断提升语言表达能力。希望各个班级能将研究的内容付诸实践，形成独树一帜的品牌，为幼儿的成功交往、快乐游戏、自主成长打下坚实的基础，科学助力幼小衔接。让语言不只是语言，语言不止于语言！

附录

附录1：小组记录单

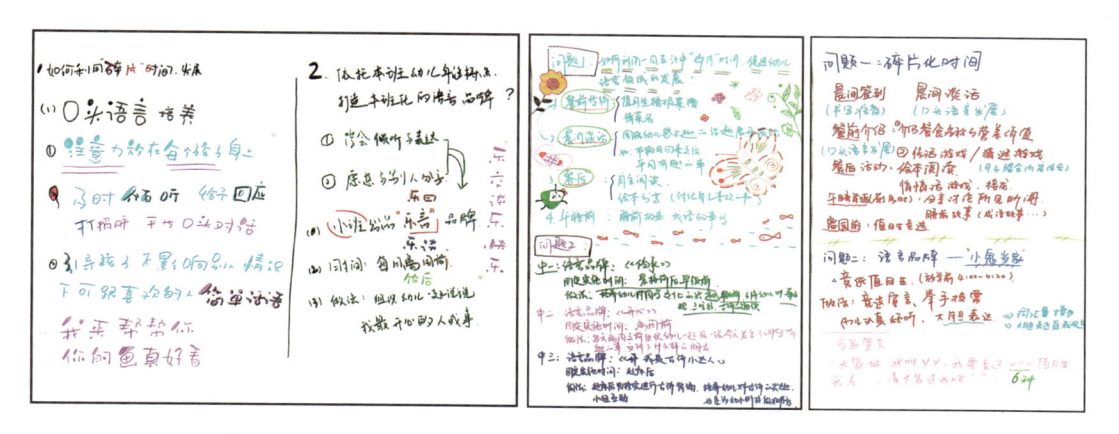

附录2：教研预告与准备

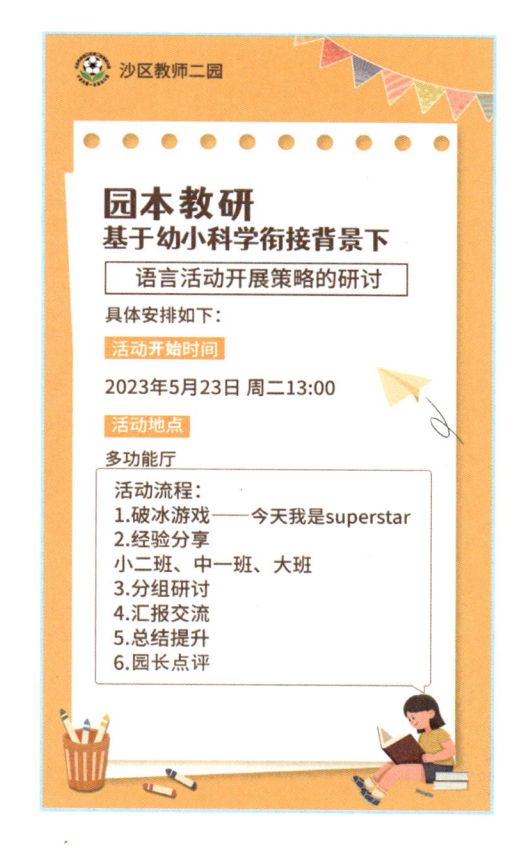

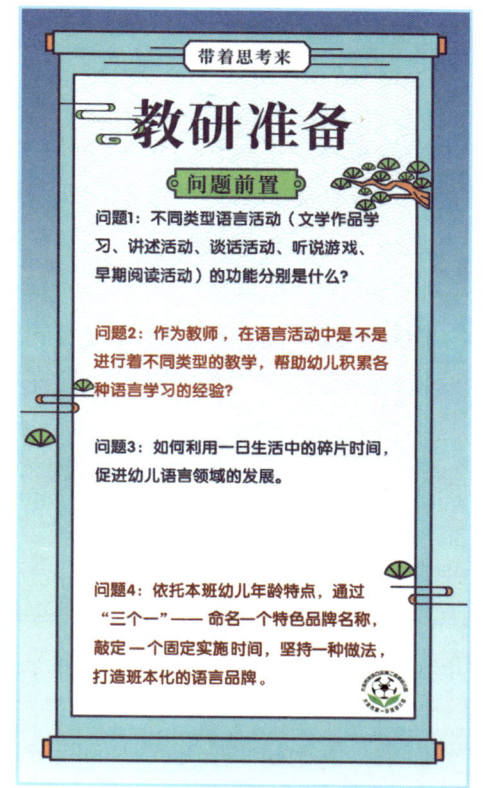

基于幼小科学衔接背景下语言活动开展策略的研讨

活动反思

通过本次教研活动，教师结合绘本主题活动，对标幼小衔接实施过程中的经验，探讨了适宜幼儿语言学习的方法和策略，初步形成了适宜本班幼儿年龄段的妙招或"品牌"环节，达成了本次教研活动目标。回顾教研过程，如下几个特点较为突出：

一、选题适切，鲜明聚焦

教研活动的选题首先是自上而下的，我们紧紧围绕幼小科学衔接的专题内容，选取了学习准备中培养幼儿的阅读兴趣和能力这样的指标性方向进行研究。同时又自下而上形成了具体做法，分享的绘本主题活动案例、一日生活中语言相关内容，清楚地折射出了教师的所思所想，也聚焦了现实问题。主题选择上源自教师在大量课程实践中遇到的问题，具有鲜明的针对性，针对需要、针对问题、针对教师现实教学中所需要的最近发展区而确立，可行性强。

二、设计系统，持续深入

本次教研体现了设计的系统性，它并不是单一存在且独立于其他教研内容的"偶发"事件，而是在园本化、班本化课程研究、实施下自然生发的。前期幼儿园启动了读书月活动，每个班级生成的班本化绘本主题课程体现了教师独立意识下的课程观，在此基础上，教师能发现问题、善于反思、及时调整，也使得整个教研具有系统性，能够持续深入，不断解决现实问题。同时，也可以看到整体活动有具体明确的预设目标，有计划的系统思考，保证了教研活动的有效性。

三、环环相扣，巧思成"瘾"

电影精彩的预告、跌宕的情节、片尾的彩蛋、精致的配乐……都会调动观众所有感官参与其中。有效的教研便像是一场引人入胜的好电影。比如每次活动前精心制作的活动预告海报，利用小海报把一些问题前置给老师们，不仅增加参研教师的兴趣，而且避免了教研中教师带着"空空的头脑"参与教研，做到活动有预告，教师有备而来；再比如"今天我是superstar"是本学期固定式的教师风采展示小舞台，把破冰环节变成教师结合教研主题开展的各种小游戏，不仅活跃气氛，让教师在自己擅长的游戏类型里不断巧思、绽放光彩，又能将游戏分享给他人，同时增加了教师对教研活动的参与热情。整个活动在分享—交流—研讨—汇报的动态环节设计里，教研过程在动静交替中不断升华。

四、深度思考，合作互助

选择小、中、大三个年龄段中较为典型的绘本主题活动案例，目的是用同伴力量引起共鸣。每位教师分享的内容也各具特色，体现了对语言、绘本的深度研究，更看到了其对学习准备构成的积极影响，弥足珍贵。正是有这样的深度思考，秉着"你有一个苹果，我有一个苹果"的理念互助分享金点子，才能在分组讨论时做到深挖方法，形成品牌，大家抱在一起形成实践研究共同体，让个体经验成为集体智慧。

五、探究规律，服务教师

主持人能深入了解教研主题和拟解决的问题，能在每个环节开始时，告知此环节的目的，需要带着怎样的问题在过程中进行思考；结束时对当下的环节能进行精练巧妙的总结；过渡到下一个环节时，细致介绍环节之间的逻辑关系，这些都能让教师从俯视的视角、从整体上理解活动的意图和作用。梳理的绘本活动设计的策略、"三个一"打造班本化的语言品牌、基于口头表达和书面表达两个目标发现的两个"武功秘籍"……均体现了精练巧妙，利于、便于教师梳理并应用，真正为教师的教育教学服务。

六、领导支持，常态引领

"'安'心时刻"是幼儿园安园长为教师"量身定做"的一个专业引领环节，正因为有专家型园长对每次教研进行的专业引领、点评，才能让教师们在教研中不仅有方可循，感觉温馨、安心，直观感受园长对教研活动的重视与支持，而且在"听君一席话，胜读十年书"的兴奋中，迅速助推专业能力发展。

教师在教研中相互学习、取长补短，有效地提升了教师教育教学的整体水平，当然也还有值得推敲或不足之处：首先，在问题前置和小组研讨的过程中可以辅用信息化技术，打破空间时间限制，利用在线电子表格、现场要点梳理表格，将教师的问题、讨论的内容进行即时梳理，让聚焦的问题方向、提炼的集体智慧更直观；其次，在观念碰撞后还可以增加扫二维码问卷调查环节，更多地"倾听"参研教师的心声，打破因时间限制而无法充分交流的弊端。

基于幼小科学衔接背景下语言活动开展策略的研究还会继续，班级落实"三个一"以后形成的语言品牌，将鼓励教师定期运用经验分享、学期汇报、互动交流等形式进行专题教研，促使"品牌"长效化、真落地、有延展。想要更好地科学助力幼小衔接，教师应具备"懂、思、研"这三种能力，善于回顾、总结、归纳、创新，不断地提升教师个人专业素养，这仍值得深思。

儿童视角下生成课程价值点的捕捉与实施策略

大连市甘井子区教育局春田幼儿园　郝艳

在观摩半日活动与教师的谈话交流中发现，如何以儿童的视角捕捉生成课程价值点，进而实施生成课程，满足幼儿的持续与深度学习仍然存在一定问题。基于问题，确立本次教研活动主题为"儿童视角下生成课程价值点的捕捉与实施策略"，通过案例分析、研讨分享和经验提升，增强教师捕捉教育契机、有效生成课程的能力，引导教师关注幼儿"学习与经验"的连续性，助力教师更好地追随幼儿的兴趣，支持幼儿的需要，推动幼儿的持续学习。

活动方案

教研主题	儿童视角下生成课程价值点的捕捉与实施策略		
教研时间	2023年5月9日 （星期二 13:00—14:00）	教研地点	幼儿园多功能室
主持人	郝艳	参加对象	幼儿园全体教师
教研背景	《教育部关于大力推进幼儿园与小学科学衔接的指导意见》（以下简称《指导意见》）中指出："鼓励幼儿对大自然和身边的事物有广泛的兴趣，努力寻找答案，让幼儿有好奇心和探索欲，喜欢刨根问底，乐于动手动脑。"作为教师，应该善于发现和抓住活动中幼儿感兴趣或有意义的问题和情境，及时给予有效支持。当下，基于儿童视角，从幼儿的生活经验、兴趣需要和学习规律出发，为幼儿提供综合性的经验和丰富的环境，生成有价值的主题课程是亟待解决的问题。在观摩半日活动与教师研讨交流中发现，如何以儿童的视角捕捉生成课程价值点，进而实施生成课程仍然存在一定问题。 　　基于问题，确立本次教研活动主题为"儿童视角下生成课程价值点的捕捉与实施策略"，通过案例分析、研讨分享和经验提升，促进教师关注幼儿"学习与经验"的连续性，加强教师生成课程的设计能力，最终切实提升我园保教质量，促进园本课程建设与发展。		
教研目标	1.通过游戏案例解析，了解基于儿童视角捕捉生成课程价值点的作用。 2.通过探讨和交流，梳理出基于儿童视角捕捉生成课程价值点的方法。 3.通过研讨与分享，梳理出在生成课程中帮助幼儿持续学习、提升经验的策略。		
教研形式	有奖竞答、案例分析、研讨分享、经验提升		
教研准备	1.通过观摩半日活动、座谈等形式进行调研，对教师在生成主题课程方面能力缺失有所了解。 2.研讨活动记录单、研讨活动签到表、大记录纸、教研PPT、彩笔、白板。		
教研过程	一、理论回顾，有奖竞答（13:00—13:05） ★主持人行为： 主持人根据《指导意见》《评估指南》相关文件内容设计问题，并请参研教师进行有奖竞答。		

	★参研教师行为： 参研教师积极思考，参与竞答游戏，回答正确后进行盲盒抽奖。 **二、案例分析，提出问题**（13:05—13:15） ★主持人行为： （一）分享游戏案例片段 请大家看一段游戏案例片段后，思考案例中教师的做法是否正确，为什么。 （二）提出小组研讨问题 通过游戏案例的分享，请各小组根据教研要求研讨以下问题： 1. 如果你是这位老师，你会捕捉哪些有价值的事件，继续支持幼儿生成怎样的课程？ 2. 儿童视角下支持幼儿生成课程的实施策略有哪些？ ★参研教师行为： （一）观看游戏案例片段，并思考案例中教师的做法是否正确，为什么。 （二）观看游戏案例后，根据教研要求分组研讨以下问题： 1. 如果你是这位老师，你会捕捉哪些有价值的事件，继续支持幼儿生成怎样的课程？ 2. 儿童视角下支持幼儿生成课程的实施策略有哪些？
教研过程	**三、小组研讨，分享经验**（13:15—13:45） ★主持人行为：主持人认真聆听每组汇报教师分享的内容，针对有疑惑的内容与各组教师进行互动、交流、研讨。 ★参研教师行为：各组汇报教师分别进行分享，其他教师认真聆听，有异议的内容与主持人一起交流研讨。 **四、梳理经验，总结提升**（13:45—14:00） ★主持人行为： （一）案例片段中教师的支持与回应策略的调整 主持人分享案例片段中教师进行调整后实施策略的变化，为参研教师梳理经验。 （二）总结提升：生成主题课程的方法与策略 如何从游戏中捕捉有价值的事件支持课程的持续发展与幼儿的深度学习。

（续表）

教研过程	★参研教师行为： （一）参研教师认真聆听主持人案例分享中教师调整后实施策略的变化，并记录梳理经验内容。 （二）参研教师认真学习并记录：如何从游戏中捕捉有价值的事件支持课程的持续发展与幼儿的深度学习。
预期效果	希望通过此次教研活动，了解教师基于儿童视角下生成主题课程的现状，帮助教师进一步理解基于儿童视角捕捉生成课程价值点的意义、转变教师的观念、提升教师捕捉能力，汇总出生成课程实施的策略，为更好地开展生成课程奠定扎实的基础。

活动纪实

教研过程

一、理论回顾，有奖竞答（5分钟）

主持人：根据《指导意见》《评估指南》相关文件内容，进行抢答，回答正确的老师有奖励哟！

序号	具体问题	答案
1	幼小衔接的四个准备分别是哪四个方面准备？	身心准备、生活准备、社会准备、学习准备。
2	幼小衔接要帮助幼儿做好哪些方面的学习准备？	好奇好问、学习习惯、学习兴趣、学习能力。
3	在活动组织中，要以（　）为基本活动，支持幼儿（　）、（　）、（　）等行为，与幼儿一起分享游戏经验。	游戏，探究，试错，重复
4	幼小衔接要帮助幼儿做好哪些方面的生活准备？	生活习惯、生活自理、安全防护、参与劳动。

（续表）

序号	具体问题	答案
5	《评估指南》中教育过程方面包括哪些关键指标？	活动组织、师幼互动、家园共育。
6	幼小衔接要帮助幼儿做好哪些方面的社会准备？	交往合作、诚实守信、任务意识、热爱集体。

二、案例分析，提出问题（10分钟）

（一）分享游戏案例片段

主持人：接下来我们一起看一个游戏案例片段，这是老师和两名幼儿的对话，我们看一看老师的做法对不对、为什么。

> 案例：自主游戏时，林林和阳阳在玩雪花片，他们用雪花片拼成了一艘飞船，两个人拿着飞船在教室边跑边高兴地喊着："开着飞船上天啦！"老师看到他们在跑，拦住他们问："你们想用飞船干什么呀？"阳阳说："我要坐飞船到月球上去。"老师不假思索地说："你们有谁去过月球吗？你知道月球上有什么吗？"两个孩子笑容消失，愣愣地看着老师，一名幼儿沮丧地说："我们谁也没上去过，也不知道月球上有什么。"说完后放下飞船，低下头走了。

教师A： 不对，她没有关注幼儿的兴趣，引发幼儿对飞船飞上月球的探索。

教师B： 肯定是不对的，这位老师没有追随幼儿的想法进行追问，没有支持幼儿持续的游戏兴趣，她无意间的追问，让幼儿失去了探索的欲望，反而让幼儿为自己不知道月球上的事情而感到沮丧！

（二）提出小组研讨问题

主持人：通过游戏案例的分享，请各小组根据要求研讨以下问题：

要求	1. 每个教研组选好记录员、汇报员； 2. 研讨时间为30分钟； 3. 每个组员积极参与，大胆表达自己的想法。

问题	1. 如果你是这位老师，你会捕捉哪些有价值的事件，继续支持幼儿生成怎样的课程？ 2. 儿童视角下支持幼儿生成课程的实施策略有哪些？

三、小组研讨，分享经验（30分钟）

主持人：每个老师都积极参与研讨，讨论得非常认真，接下来请各教研组结合梳理的结果进行交流分享。

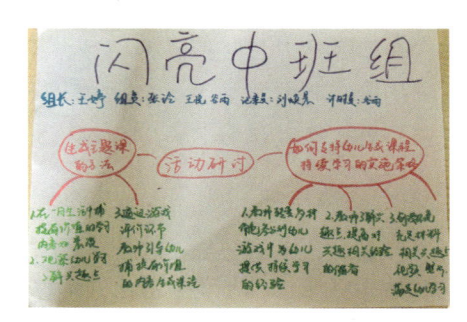

各组研讨结果

	儿童视角下 捕捉价值点生成主题课程的方法	儿童视角下 支持幼儿生成课程持续学习的实施策略
小班组	1. 教师可以通过观察和倾听，了解幼儿的兴趣点，将已有经验和兴趣点结合生成有价值的主题课程。 2. 教师要观察幼儿遇到的问题、困难，帮助幼儿获得经验，生成课程，解决困难。 3. 通过解读幼儿的游戏故事，发现幼儿感兴趣的话题，提取有价值的经验。	1. 通过追问、启发式提问，唤醒幼儿的已有经验，将其迁移到游戏中。 2. 良好的师幼互动氛围，为幼儿活动提供宽松、舒适的环境。 3. 教师以倾听者、观察者、合作者、引导者等多重身份参与到幼儿的游戏中，支持幼儿的持续学习，及时回应幼儿。

（续表）

	儿童视角下 捕捉价值点生成主题课程的方法	儿童视角下 支持幼儿生成课程持续学习的实施策略
中班组	1. 在一日生活中捕捉有价值的学习内容，如：晨间谈话活动、幼儿与教师之间的对话、幼儿之间的聊天、家长与教师的交流，提取价值点生成课程。 2. 观察幼儿游戏的情况，了解幼儿的兴趣点，生成有价值的主题活动。 3. 通过游戏的评价环节，教师捕捉有价值的内容生成课程。	1. 在活动中，教师要转变多种角色参与到幼儿的游戏中，为幼儿提供持续学习的经验。 2. 教师了解幼儿兴趣点后，增加对该兴趣相关经验的储备，满足幼儿的需求。 3. 为幼儿创设环境，提供充足的材料和相关兴趣点的视频、照片等，支持幼儿的自主学习。 4. 通过家园共育，让爸爸妈妈也参与到幼儿的课程中，提供帮助和支持。
大班组	1. 教师可以通过观察游戏，了解幼儿的兴趣点，分析结合幼儿兴趣点生成的主题活动是否有价值后生成课程。 2. 不要轻易打断幼儿游戏，通过持续的观察、总结与思考才能发现有价值的学习内容，持续推进课程的继续生发。 3. 教师通过解读幼儿的游戏故事，发现幼儿感兴趣的话题，提取有价值的经验。 4. 教师主动引导幼儿关注传统节日及当下热门话题，从而生成课程。	1. 在一日生活中，教师要为幼儿创设游戏空间、环境，提供游戏材料，满足幼儿的活动需要。 2. 要充分观察和记录幼儿游戏过程，了解幼儿已有经验和游戏中出现问题的原因，能通过课程迁移已有经验，帮助幼儿解决问题。 3. 通过游戏分享环节，判断幼儿感兴趣的事物是否有持续探索的价值，如果有，引导大部分幼儿关注，生成一个或者一系列的课程活动。 4. 一日生活皆课程，将捕捉的有价值的内容与幼儿的一日生活相结合。

四、梳理经验，总结提升（15分钟）

（一）案例片段中教师的支持与回应策略的调整

主持人：每组汇报梳理的问题都非常清晰，案例片段中的教师也反思了自己的做法，调整了她的策略，我们一起来看一看。

内容	类型
教师从报纸上找到相关新闻图片，剪下来带到了班级，还带来了一个自己做的火箭模型，并把它们看似无意地带到了林林和阳阳面前："我看到新闻说我们国家的神舟十四号宇宙飞船要发射上天了。"	教师的支持
林林说："是呀，我爸爸说有三个宇航员要飞上天呢。" 阳阳说："我长大了也想做宇航员，飞上天才好玩呢。" 老师说："那你们收集一下资料，之后给我们班小朋友讲讲好吗？"两个孩子高兴地答应了。	教师的回应
过了两天，在晨间活动后的总结中，老师问阳阳和林林："有关神舟十四号宇宙飞船的消息你们收集得怎么样了？给大家介绍一下吧！"	教师的支持
两个孩子滔滔不绝地给大家介绍了他们收集到的飞船的消息，引起了小朋友们的兴趣。	教师的支持
林林等小朋友围过来问："老师，我们可以做宇宙飞船吗？这个可以做火箭呢。" 老师鼓励地说："你们可以做自己想做的事呀！"	教师的回应
接下来老师根据孩子们的需求，在材料库里添加了纸盒、薯片筒、红纸等材料。	教师的支持
几个孩子动手忙活起来。在接下来的活动中，老师根据日程安排了绘画活动，又把幼儿对飞船的兴趣延续下去，生成预设课程"我是神舟十四号宇航员"主题绘画活动。	教师的支持

儿童视角下生成课程价值点的捕捉与实施策略

63

（二）总结提升：生成主题课程的方法与策略

主持人：调整后老师的实施策略发生了变化，如何从众多游戏中捕捉有价值的事件？如何支持课程的持续发展与幼儿的深度学习？我们来共同汇总一下：

儿童视角下捕捉价值点生成主题课程的方法

序号	方法	具体建议
1	观察与记录	教师可以通过观察记录了解幼儿的兴趣点，生成有价值的课程。 教师通过观察记录了解幼儿的已有经验和能力，生成适宜的课程。
2	倾听与提问	倾听幼儿的想法，挖掘有价值的内容。 启发式的提问，有效追问，提取有价值的信息。
3	互动与支持	作为参与者、合作者、引导者等多重身份参与到幼儿的游戏中，支持幼儿的持续学习，及时回应幼儿。
4	聚焦与持续	提取有价值的内容，让更多幼儿聚焦，引起共鸣，有利于课程的持续开展。

儿童视角下如何支持幼儿生成课程持续学习的实施策略

序号	有效策略
1	提供宽松、舒适的游戏环境，让幼儿自由选择，自主学习。
2	投放和准备适宜的材料，支持幼儿进行探索和尝试。
3	充分地观察，不随意打扰幼儿，了解兴趣倾向、能力水平、发展需要等，为进一步的课程生成做好价值判断。
4	及时介入进行随机教育，将兴趣延续。
5	游戏分享，引导大部分幼儿关注有价值的主题，生成系列课程。
6	教师了解幼儿兴趣点后，增加对该兴趣相关经验的储备，满足幼儿的需求。
7	教师积极反思，及时调整策略，支持幼儿持续学习。
8	家园共育，让家长参与到幼儿的课程中，提供帮助和支持。

活动反思

一、活动的亮点

（一）基于困惑和需要，确定研训主题

本次教研基于教师们的实际困惑和真实需要，以"理论＋案例分析"相结合的形式，帮助教师们深入理解生成课程的内涵，掌握生成课程的路径方法。教师们始终保持着积极的学习态度和浓厚的学习兴趣，现场通过观摩自主游戏片段，聚焦问题，共同研讨，在讨论、碰撞、思考、汇总、分享的过程中，提升教师捕捉有价值的事件，继续支持幼儿生成主题课程的能力。

（二）前期充分准备，提高活动质量和效率

本次教研活动准备比较充分，活动前结合教师的工作实际，提前了解了教师对生成课程价值点捕捉及有效实施的困惑，汇总问题后制订教研方案，避免了研讨过程的盲目性，大大提高了研讨的质量和效率。收集案例材料，并制作PPT课件，为教研活动的顺利开展做好了铺垫。

（三）教师转变视角，由预设课程转为生成课程

幼儿生成活动的内容和主题通常来自幼儿感兴趣和熟知的事物，是幼儿运用已有经验进行的自主活动。生成课程是儿童和教师之间相互呼应而生发出来的，它既反映了幼儿的生活、幼儿的经验、幼儿在家庭和社会中受到的环境影响，也凝聚了教师对幼儿的充分了解、研究的结果。通过此次教研活动，教师不断更新教育理念，并进一步认识到，只有让幼儿直接感知、实际操作、亲身体验的课程，才是幼儿最感兴趣、最有价值的课程。

（四）教师积极研讨，参与度高

教师共同研讨捕捉案例中的教育价值，尝试生成课程和绘制生成课程思维导图，以开放的思想去理解生成课程的实施，并积极探索适宜本班幼儿发展的生成课程路径与方法，立足幼儿实际生活，密切关注幼儿当下的兴趣、内在需求及课程资源，并立足幼儿问题解决的逻辑，开展以幼儿为主体的生成课程。本次教研中，教师成为活动的主人，活动中主持人充分给予教师研讨、表达观点的机会，形成乐于参与、主动提问、积极思考的研讨氛围。

（五）聚焦研讨问题，骨干引领积极研讨

各小组聚焦问题，在教研组长和骨干教师的引领下认真研讨，新岗教师也积极表达自己的意见。在汇总时能够精炼、清晰地汇报研讨内容，其他小组能够互相补充，丰富研讨的内容与结果。主持人将汇报内容进行提炼与汇总，共同梳理出捕捉课程价值点生成主题课程的方法和有效实施策略。此次教研活动的目标基本达成，为教师以后更好地组织幼儿开展生成活动奠定了良好的基础。

二、活动的不足

在研讨记录分享环节，主持人在小组汇报的过程中，对于问题的梳理以及教师理论上的支持还不够，缺少更多与教师之间的思维碰撞和解决问题的互动。

通过此次活动，教师进一步理解了生成课程的内涵、转变了课程观念、厘清了生成课程实施的思路、明晰了方向，基本解决了教师在实施生成活动中的盲点问题，为更好地开展生成活动奠定了扎实的基础。

三、下一步工作计划

（一）提高教师自身素质，了解幼儿需求

教师选择的课程内容来源于各班幼儿的真实问题，符合大部分幼儿的兴趣，具有深入探究的价值，教师要善于关注并充分了解幼儿的经验和需求，给予幼儿充足的材料、时间、空间等方面的支持。

（二）捕捉教育契机，提高教育价值

教师在生成课程中要让每个幼儿都有自主探索的机会，幼儿可以在生成活动中养成积极主动、认真专注、不怕困难、敢于探究和尝试、乐于想象和创造等良好的学习品质。

支持幼儿运用思维导图的有效策略

大连高新技术产业园区实验幼儿园　金小寒

思维导图是在支持幼儿制作"导图式海报"的过程中出现的。思维导图对幼儿逻辑思维能力发展具有重要价值。于是，我们积极尝试在一日生活中支持幼儿运用思维导图，但同时也发现了一些问题，比如幼儿不理解思维导图的含义，幼儿常用的思维导图类型单一，教师不知道如何有效支持幼儿运用思维导图等。基于这些问题，我们生成了本次教研活动。

活动方案

教研主题	支持幼儿运用思维导图的有效策略		
教研时间	2023年5月19日 （星期五13:00—14:20）	教研地点	幼儿园会议室
主持人	金小寒	参加对象	幼儿园全体教师
教研背景	《评估指南》指出："重视幼儿通过绘画、讲述等方式对自己经历过的游戏、阅读图画书、观察等活动进行表达表征。"幼儿表征作为一种有意义的语言，是幼儿思维的主要载体，也是教师读懂幼儿的关键。为了更加有效地发挥表征对幼儿发展的价值，我园以"儿童海报"为载体，聚焦幼儿表征素材的整理呈现，展开了实践探索和理论研究。在教师的支持引导下，经过一段时间，幼儿将碎片化的表征创作成海报的能力逐渐增强，创作出的海报内容和形式也越发丰富多样，出现了箭头、线条、圆圈等元素，初具思维导图的模样。基于此，教师们开始尝试支持幼儿制作"导图式海报"，但在实践中遇到了很多问题，比如幼儿不理解思维导图的含义、幼儿常用的思维导图类型单一、教师不知道如何有效支持幼儿运用思维导图等。以这些问题为导向，本次教研活动我们从具体案例入手，聚焦"支持幼儿运用思维导图的有效策略"展开研讨交流。		
教研目标	1.通过案例分析，了解幼儿在一日生活中运用思维导图的过程。 2.通过教师间的研讨交流，引导教师主动反思，提炼支持幼儿运用思维导图的策略。 3.通过教研成果的分享，帮助教师寻找方法，提升支持幼儿运用思维导图的能力。		
教研准备	1.参研教师复习8种常用思维导图的概念及使用方法。 2.参研教师提前总结自己在一日生活中支持幼儿运用思维导图的策略。 3.幼儿在一日生活中运用思维导图的案例（3个）。 4.问答游戏题卡、小奖品、海报纸、海报笔、移动白板、白板笔。 5.多媒体设备、园本教研活动PPT、案例交流PPT。		
教研形式	问答游戏、案例分析、小组研讨、分享交流		

（续表）

教研过程	**一、问答游戏**（13:00—13:05） 组织教师进行思维导图相关知识抢答游戏，通过游戏营造轻松愉悦的氛围，让教师们自然地融入到教研活动中，同时帮助教师复习思维导图相关知识。 **二、问题导入**（13:05—13:07） 主持人介绍本次教研活动的背景，抛出本次教研活动聚焦的问题，让教师了解本次教研活动的目的。 **三、案例交流**（13:07—13:30） 三位教师依次分享幼儿运用思维导图的典型案例，通过案例分析，发现幼儿的经验变化，捕捉教师的支持策略。 教师A："草莓"班本课程中的思维导图。 教师B：谈话活动中的思维导图。 教师C：绘本阅读中的思维导图。 **四、分组研讨**（13:30—13:50） 分组：全体教师以学年组为单位，分成小、中、大三组。 研讨方式：主持人随机选出组长、记录员、汇报员。各组组长组织教师进行小组研讨交流。 研讨内容：结合案例和教师的实践经验，梳理支持幼儿运用思维导图的有效策略。 **五、汇报交流**（13:50—14:05） 汇报员对研讨成果进行交流汇报，其他教师学习借鉴经验成果。 **六、梳理总结**（14:05—14:15） 主持人对本次教研结果以及要注意的问题进行梳理总结。帮助教师厘清思路，提炼教师支持幼儿运用思维导图的有效策略。 **七、布置任务**（14:15—14:20） 主持人提出跟进的方向，布置下一次教研任务，从而助推教研活动的实践性和延续性。
预期效果	希望通过此次教研活动，教师积极交流、主动反思、提炼经验，梳理出支持幼儿运用思维导图的有效策略，更好地支持幼儿在一日生活中运用思维导图。

活动纪实

教研过程

一、问答游戏（5分钟）

主持人：大家结合上次教研活动的内容进行关于"思维导图"的问题游戏，各位老师举手抢答，答对的老师可获得小奖品哟！

通过问答游戏，创设轻松愉悦的氛围，让老师们自然融入到分享交流的活动中。

序号	问题	答案
1	当我们需要弄清楚一件事情发生的顺序，或者做一件事情的步骤时，可以用什么图？	流程图
2	用于对比两种相似或相近的概念、事物的思维导图是什么？	双气泡图
3	用于表示一个主题和关于这个主题的一切逻辑关系的思维导图是什么？	气泡图、圆圈图
4	分析整体与局部的关系，一般用哪种图？	括号图
5	当我们想分类，将同类的东西放在一起，一般用什么图？	树状图
6	分析事情的原因和结果，用什么图？	复合流程图
7	一般用来作类比，上下两个事物的关系是一样的用什么图？	桥状图
8	思维导图可以用在哪些活动中？	班本课程、主题活动、种植饲养、绘本阅读、自主游戏、调查表、户外运动……

主持人：大家会发现，树状图与括号图不容易区分，大家记住两个关键词，树状图的关键词是"分类"，而括号图的关键词是"拆分"。圆圈图和气泡图也类似，气泡图主要培养幼儿思维的发散性。大家在运用的时候要多思考，总结它们的不同。

二、问题导入（2分钟）

主持人：思维导图是在我们制作儿童海报的过程中逐渐出现的。在实践中我们意识到思维导图对幼儿逻辑思维能力发展的重要价值。刚刚我们一起回顾了思维导图的种类、用法。继上次教研之后，大家也尝试在一日生活中支持幼儿运用思维导图，有的老师还总结了一些方法和经验。但大多数老师遇到了问题，如幼儿很难理解思维导图的意义、幼儿常用的只有少数几种、有一些图很好却没有被注意、老师不清楚什么方式能更好地支持幼儿运用思维导图、导图的意义和用法是否需要直接教给幼儿等。基于大家的问题，今天，我们就通过案例分析、互动交流等方式共同梳理支持幼儿运用思维导图的有效策略。

三、案例交流（23分钟）

主持人：今天，有三位老师带来了幼儿运用思维导图的案例，分别是"草莓"班本课程中的思维导图、谈话活动中的思维导图、绘本阅读中的思维导图。三位老师从不同方面记录了幼儿对思维导图的运用情况，请大家在案例中寻找灵感，关注幼儿经验的变化，捕捉教师支持幼儿运用思维导图的方法策略。

案例一："草莓"班本课程中的思维导图

5月份，开展"草莓"班本课程，幼儿经过观察、交流后，决定要种草莓。如何获取草莓种子呢？幼儿认为可以试试在草莓果实上取种子。于是，他们对取种子需要的工具进行了猜想。为了进一步验证猜想，他们将自己想到的工具记录下来。起初，他们的记录是凌乱的，有一天，有一个小朋友用圆圈将每种工具都圈了起来，幼儿受到了启发，开始尝试用气泡图记录对取种子工具的猜想。

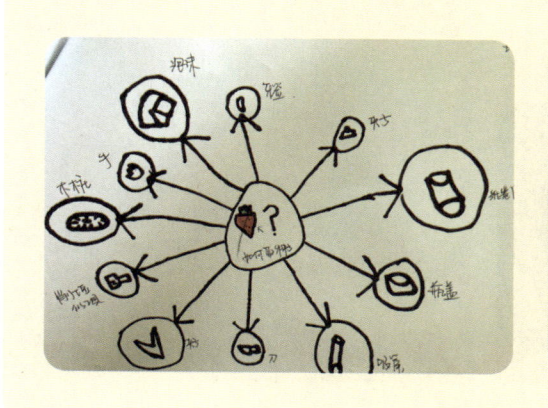

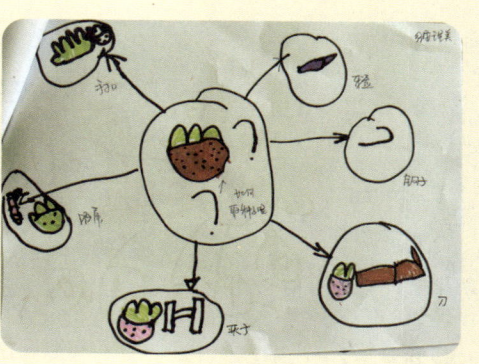

接着，幼儿开始实践操作，在操作中他们发现有一些容易出错的地方。为了总结经验，我们进行了关于取种子时注意事项的交流。开始时，幼儿在一张纸上随意地记录，我提示他们，可以用线条分出区域，这样清晰一些，有的幼儿用横线和竖线将纸分成了四份，有的幼儿用圆圈来划分，经过讨论，幼儿在中间的小圈里记录主题，外面是与主题相关的所有内容，这就是圆圈图了。

顺利取到种子之后，小朋友们尝试播种种子。我鼓励他们记录播种过程，有的小朋友用箭头标注播种的步骤，这便是流程图。

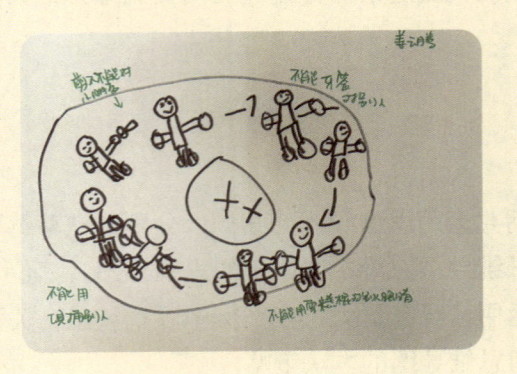

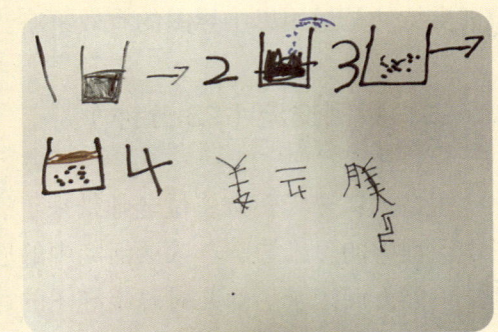

案例二：谈话活动中的思维导图

幼儿一起交流绘本故事的内容，他们先是聊到喜欢的故事情节，记录在各自的记录单上。接着聊到情节发生的先后顺序，在老师的支持下，将记录单的内容粘贴到一张海报上，用箭头标注发生的先后顺序，形成了流程图。

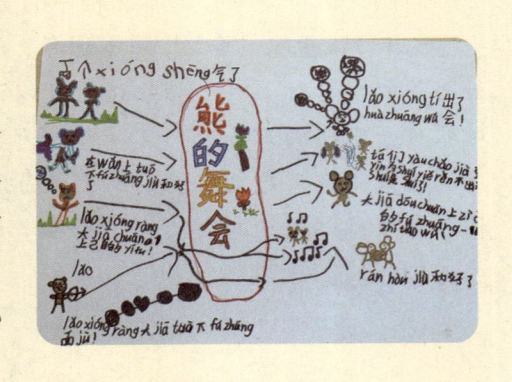

孩子们对化装舞会很感兴趣。他们热烈讨论着，聊起了化装舞会的起因以及舞会上发生的趣事，我引导孩子们尝试将事情的起因记录在左边，出现的结果记录在右边。最终经过几次修改，形成了一张复流图。

　　孩子们很想开一场化装舞会，他们讨论：化装舞会怎么开？都需要准备什么？有的幼儿想到了用表格列出清单，有的幼儿使用便利贴来记录，在复盘的时候，我们将便利贴的位置做了调整，并用大括号将其包含在内，就形成了一张括号图。紧接着，孩子们又使用括号图来系统地呈现化装舞会的准备过程。

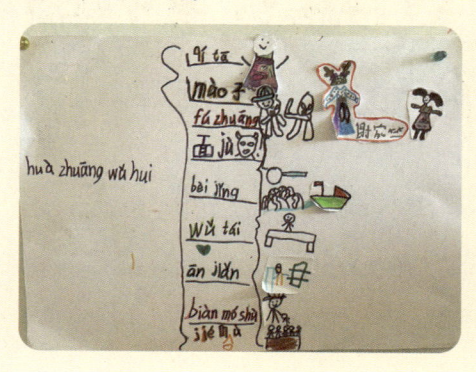

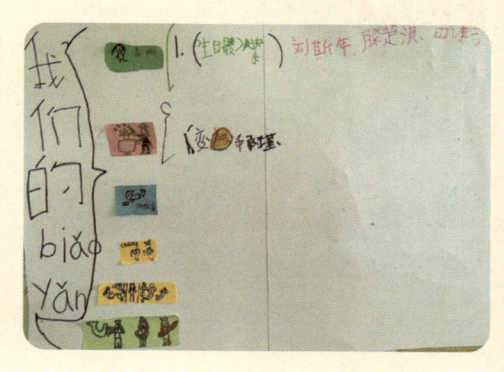

案例三：绘本阅读中的思维导图

　　小朋友们共读了绘本《让谁先吃好呢？》，当谈论到故事中的角色时，孩子们自发地使用最熟悉的气泡图将故事中的主要角色直观地展现出来。

　　接下来，在探究故事情节的时候，孩子们想统计不同标准下动物们的排序情况。他们习惯性地使用气泡图，但是操作之后，发现圆圈元素不适合排序，位置不够、空间不足。他们又尝试了圆圈图，但很快就失败了。我鼓励他们继续尝试，和他们一起寻找方法，解决位置不够的问题。他们在一张空白的海报纸上面不停地摆弄，终于满意了，摆好之

支持幼儿运用思维导图的有效策略

73

后用直线来连接，又贴上了海报的主题名称。他们将自己设计的图叫作"对应图"，其实就是我们所说的树状图。

受故事的启发，孩子们想梳理一下自己的优点，他们还是首选气泡图来记录。有的小朋友还对比了自己和好朋友的相同点和不同点，我启发他们将两个气泡图组合到一起，形成了双气泡图。这种发散性的问题很适合用气泡图来记录。

四、分组研讨（20 分钟）

（一）公布研讨内容

主持人：老师们带来的案例，分别从班本课程、谈话活动、绘本阅读活动三个方面，呈现幼儿对思维导图的运用。相信大家一定从中得到一些启发，获取到一些有效的策略。接下来，我们来一场头脑风暴，将你认为有效的、实用的支持幼儿运用思维导图的策略都提炼出来。

（二）明确分工

主持人：我们今天以学年组为单位进行交流研讨。每个小组选出最美丽的人，请起立。恭喜你成为今天的记录员。再请每个小组选出最聪明的人，恭喜你成为今天的组长。最后每个小组选出最可爱的人，恭喜你成为今天的汇报员。

（三）开展研讨

每个小组分工合作，根据研讨内容进行交流研讨并记录结果。

五、汇报交流（15 分钟）

主持人：请三个小组的汇报老师分别对本组的教研成果进行汇报和交流。

各年龄组研讨结果梳理

班组	汇报海报及汇报内容
小班组	1. 环境的引导尤为重要，对于小班幼儿来说，先让他们直观地看到，才会引起他们的兴趣。在环境中可以用导图的方式去呈现一些与幼儿有关的内容，让幼儿先感受一下这种特别的呈现形式。环境的留白，可以让幼儿在有想法的时候，在留白处自由表征，可以是一张空白的便利贴、一个空白的板面，也可以是思维导图的一个部分。 2. 教师的肯定与支持对幼儿来说也非常重要，当幼儿能运用或者与其互动，甚至产生好奇时，教师都要耐心地引导，及时地鼓励。 3. 对于小班幼儿来说，探索出梳理问题的框架不太可能。我们可以在集体讨论、交流的时候，对幼儿的讨论结果进行记录，这时候可以给幼儿提供一个思维导图框架作为支持。
中班组	1. 首先幼儿需要了解导图的形式及意义。教师可以先使用，幼儿会模仿借鉴，逐渐产生兴趣。 2. 如发现幼儿对导图中的元素产生兴趣，教师要及时跟踪，激励幼儿，支持幼儿继续完善，最终形成导图。 3. 鼓励幼儿在一日生活中的各个环节尝试运用思维导图，在用的过程中理解含义。 4. 利用幼儿感兴趣的卡通形象吸引幼儿，把线条符号变成卡通形象与导图意义相关联。 5. 教师为幼儿提供充足的时间、空间、材料等，支持幼儿去探索，寻找属于他们自己的方法。

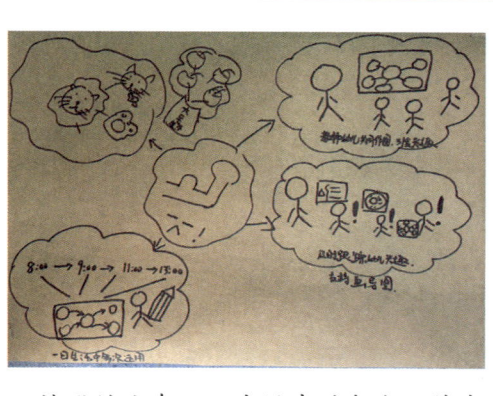

支持幼儿运用思维导图的有效策略

（续表）

班组	汇报海报及汇报内容
大班组	1. 大班幼儿已经具有一定的思维逻辑能力，能够抓住一些事物的特征，能进行初步的分类、整合确定思考目标。思维导图一般是幼儿在反思问题、梳理经验的时候使用，那我们从根源出发，先培养幼儿解决问题的能力，让导图运用有价值。 2. 用提问的方式让幼儿提取关键词。在梳理问题时，幼儿的表述内容会比较多，呈现在导图上也会比较杂乱，教师可以通过提问帮助幼儿梳理关键词，简化导图中的内容。 3. 选择符合幼儿兴趣和认知特点的内容进行交流。教师在引发问题、支持幼儿的时候，要关注幼儿的兴趣点和关注点，考虑幼儿的年龄特点和认知特点。基于幼儿的兴趣，引发讨论，输出导图。 4. 除了在问题的引发梳理方面，在导图的框架、形式方面，也要跟踪、巩固。一旦发现幼儿生成了、了解了，教师就要有目的地引导幼儿多使用、多练习。

六、梳理总结（10 分钟）

主持人：从大家的研讨结果可以看出，大家对思维导图的运用已经有了一定的理论和实践基础，能从案例中捕获经验，也能结合本年龄段幼儿的特点有针对性地梳理提炼。大家总结出的支持幼儿运用思维导图的策略非常实用。比如：小班提出的环境方面的支持与留白的策略，便利贴的使用，教师对幼儿的必要框架支持等；中班提出的可以用卡通形象来代替线条符号，非常适合我们幼儿园的小朋友，我们可以用卡通形象设计专属小导图，允许幼儿在时间、空间、材料上充分自由等方法，也是很实用的；大班提出的以问题为出发点，在梳理问题方面教师的引导与支持也非常必要，激发幼儿的问题意识，明确思考问题的逻辑方向。在大家运用导图的过程中，我也有几点建议：

1. 不要直接把导图的使用方法和意义教授给幼儿，建议支持幼儿自由探索、灵活运用，让幼儿在运用过程中自然理解其意义。

2. 如果觉得导图对于幼儿有难度，可以尝试从导图中的简单元素先开始，如圆圈、箭头、曲线等。运用熟练之后，幼儿有可能用这些符号设计出自己的小导图。

主持人：我将大家的研讨结果进行分类汇总，供大家参考，并在实践中运用。

```
                    运用思维导图的策略
        ┌───────────────┼───────────────┐
       幼儿            教师          师幼互动
```

幼儿	教师	师幼互动
✓ 乐于思考、乐于表征。 ✓ 有初步的运用符号的能力。 ✓ 愿意和同伴交流讨论。 ✓ 基于真游戏、真探究。 ✓ 在轻松愉悦的状态下，自然而然形成的。	✓ 环境支持，适当留白。 ✓ 教师要先会用思维导图。 ✓ 必要时，教师给予框架支持。 ✓ 教师要注重培养幼儿梳理问题、方法、经验的能力。 ✓ 支持幼儿运用导图元素、设计导图元素。 ✓ 捕捉幼儿兴趣点和关注点。	✓ 在时间、空间、经验、材料上支持幼儿自由探究。 ✓ 关注、激发幼儿的问题意识。 ✓ 推动小组学习。 ✓ 注重过程性整理与反思。 ✓ 跟踪幼儿兴趣，帮助幼儿厘清思路。 ✓ 及时鼓励幼儿。 ✓ 支持幼儿交流、反思、复盘。

七、布置任务（5分钟）

主持人：请大家结合我们的研讨策略，继续支持幼儿在一日生活中运用思维导图。哪些策略适宜？哪些策略不适宜？你还发现了什么有效策略？大家都可以用案例的形式记录下来。我们下次活动再分享交流。

活动反思

探究儿童海报以来，我们开展了系列教研活动。从初期探究儿童海报设计逻辑和制作策略，到在实践中尝试、摸索、总结经验，目前，教师和幼儿的兴趣都聚焦在"导图式海报"方面，因此，我们针对教师们在支持幼儿运用思维导图方面的困惑，开展了本次园本教研活动。通过常态化的教研活动，聚焦教师具体案例，研讨支持幼儿运用思维导图的有效策略，解决教师在实践中发现并急于解决的问题。纵观整个教研活动，我们感受到教师对思维导图研究的内驱力很足，对于思维导图的研究热情很高。

一、活动亮点

（一）做好充分准备，保证活动顺利开展

本次教研活动的准备工作主要从两个方面进行。一方面是精神准备，活动组织者能在活动前梳理教师们近期在教学实践中遇到的问题，有针对性地组织教研活动。参研教师能提前做好思维导图知识的复习，也能结合自己的教学实践，对自己尝试过的方法提前进行总结。另一方面是物质准备，组织者在活动前将场地、材料、设备提前准备好，保证教研活动的顺利进行；三位提供案例的教师能精心准备案例，围绕本次教研主题，将案例的侧重点做了有效调整，为教研活动提供了非常好的分析素材。

（二）基于教学实践，灵活确定教研主题

教研主题聚焦教师在教学实践中的实际问题，基于之前开展过的教研活动，我园几乎所有的教师都在尝试支持幼儿输出海报，所以对于这一主题，教师是有理论和实践基础的，更能激起教师的研讨热情。

（三）聚焦实际问题，层层推进目标达成

本次教研活动目标的确定，充分考虑教师的实际问题和前期经验。目标内容全面、明确、具体，能形象地呈现问题，准确地切入问题，完美地解决问题。教师们在支持幼儿运用思维导图方面的经验是有差距的，有的教师已经能梳理经验，而有的教师还不了解思维导图的输出过程。所以，先通过三个直观的案例让教师们相互学习、丰富经验、捕捉策略。其次，在了解思维导图输出过程的基础上，教师们再结合自身实践经验进行交流探讨，更能促进经验的梳理与提炼。最后，三个小组在分别交流的基础上进行成果分享与讨论，结合幼儿年龄的特点，有不同的侧重点，更容易发现亮点，也让彼此更全面地学习借鉴。本次教研活动很好地解决了教师在支持幼儿运用思维导图方面的实际问题，通过了解输出过程提炼策略，通过提炼策略提升支持幼儿的能力，在教研的过程中教师们不断分析、回顾、反思，有效促进本次教研活动目标的达成。

（四）激发教师兴趣，积极调动研讨氛围

本次教研活动前组织者充分了解了教师们的兴趣点，有针对性地开展教研活动。活动中也能结合教师的需求，抓住大家的兴趣点和关注点。适时地抛出问题，引发思考，激发大家的交流热情。教师们在交流和研讨中能大胆自信地表达自己的见解，认真倾听理解同伴的发言，研究氛围自由、宽松。

（五）分析教师经验，教研方式灵活多样

本次教研活动前，结合我园教师实际情况进行了调查分析，大家更倾向于直观的观摩活动或具体案例的分析形式。于是我们采用案例分析、互动式交流的教研方式，让研讨的内容更直观，便于教师提炼经验、总结策略。又采用平行问题汇报的方式，让教师从不同年龄段进行全方位思考，便于老师们借鉴和补充。

二、不足与改进措施

（一）分组研讨的方式不够灵活、自主

本次教研活动，我们是按年级组来分组研讨的。在对结果进行梳理的过程中我们意识到，也可以尝试从不同的方面进行梳理，例如环境方面、游戏方面、生活方面，或幼儿方面、教师方面、师幼互动方面。具体划分后，可以请教师们选择自己擅长的某一方面，自由分组，进行分项研讨梳理，梳理后各组再相互补充。这样教师们有机会选择自己更擅长的部分，研讨结果也会更清晰、更聚焦、更有针对性。

（二）本次教研活动的时间安排不够合理

汇报交流的过程中，教师们擦出了火花，对研讨结果有探讨交流的欲望，可是时间不够充足。可以将这一部分时间延长，让大家有充分的时间和机会就各组的教研结果去交流、对话。

三、下一步计划

（一）跟踪教师教学实践，精准了解教师需求

本次教研活动结束了，但教师们对幼儿的支持才刚刚开始。我们梳理总结的策略是否有效，还需要教师们在教学实践中去验证和调整。所以，继续跟踪教师教育教学实践，了解教师在运用过程中的问题和新的需求，是我们下一步的重点工作。

（二）激发教师教研热情，灵活启用教研形式

通过本次教研活动，我们意识到，教师的积极参与让教研成效明显提高。所以，调动教师的教研热情，让教师们都以饱满的热情参与到教研活动中，是我们开展教研活动的关键。我们将继续探索更多元、更灵活、更有趣的教研方式，让教师们在教研活动中乐于参与讨论、敢于表达见解、勇于提出问题。

幼儿园班本课程阶段性审议

大连市中山区春海幼儿园　杜晶

　　课程审议是幼儿园课程管理的重要途径和方法，是幼儿园课程问题得以解决、幼儿园课程决策得以形成的过程。为有效解决教师在班本课程开发与实施中的问题与困惑，切实提升教师课程建设的意识和能力，提高幼儿园班本课程的质量，我们开展了"幼儿园班本课程阶段性审议"主题教研活动。

活动方案

教研主题	幼儿园班本课程阶段性审议
教研时间	2023年5月17日（星期三 13:00—14:20）
教研地点	幼儿园会议室
主持人	杜晶
参加对象	幼儿园全体教师
教研背景	优质的班本课程审议既可以及时发现和解决课程实施过程中的问题，促使课程资源更加贴合班级幼儿发展的需要，实现课程的教育目标，又有助于教师课程意识的转变，提升教师的课程开发和实施能力，形成具有班级特色、符合幼儿发展需求的班本课程资源，是班级课程建设和管理的重要手段。 　　在自主游戏实践研究深入开展的背景下，我园积极引导全体教师通过开展班本课程审议推动基于幼儿兴趣与需求的班本课程建设，积累了一定的实践经验，同时也发现部分教师在班本课程开发与实施方面还存在"教师专业知识储备不足""课程资源整合不够""课程演进过程中没有完全追随幼儿的兴趣发展因势利导""家长社会资源挖掘利用不充分"等问题。 　　为了提升教师的班本课程开发与实施能力，有效解决教师在班本课程开发与实施中的问题与困惑，故将"幼儿园班本课程阶段性审议"作为本次园本教研活动的主题。
教研目标	1.通过案例分享，引导教师从课程研发者和课程审议者的双重角度，思考案例中的班本课程的亮点、不足与改进意见。 2.通过分组研讨、分享交流、总结提升，引导教师对案例中班本课程的亮点、不足与改进意见达成共识，明确课程开发、实施的要点，从而提升教师的课程开发、实施和审议能力。
教研准备	一、精神准备 1.幼儿园通过课程追踪，了解各班级课程的生发状况与进行程度。 2.教师掌握生成活动的架构与内容，对课程的主题脉络实施有一定的经验基础。 二、物质准备 1.中班班本课程案例《春天》。

（续表）

教研准备	2. 签到表、小组教研记录单（班本主题课程《春天》审议清单） 3. 案例分享和总结提升PPT、多媒体设备、教研场地。
教研形式	案例分析、研讨交流、总结提升
教研过程	一、游戏热身，流程介绍（13:00—13:05） 主持人组织教师开展破冰游戏"说的做的不一样"，激发教师参研兴趣。 二、案例分享，引发思考（13:05—13:20） 主持人请教师以课程审议者的身份，聚焦4个问题，聆听中班班本课程案例分享，及其对课程案例的亮点、不足与建议的思考。 问题1：生成活动价值分析与幼儿需求满足。 问题2：生成活动教师pck及相关课程资源。 问题3：回溯课程及推进过程的科学性与合理性。 问题4：是否合理利用家庭与社会资源稳步推进。 三、小组研讨，汇报交流（13:20—14:00） 主持人按照预设的4个问题将全体教师分为4组（教师根据个人兴趣与专长自主选择组别），各组对本组问题进行小组讨论，并进行小组观点汇报交流，激发教师对课程案例亮点、不足与建议的深度思考，达成初步共识。 A组：价值与需求满足分析组 B组：教师pck（学科教学知识）与课程资源整合组 C组：生成活动过程追踪组 D组：家庭社会资源渗透组 四、梳理提升，总结要点（14:00—14:15） 主持人对小组分享的观点进行梳理总结，结合预设问题进行专业引领，引导教师明确班本课程开发实施的要点。 五、布置任务，明确方向（14:15—14:20） 主持人布置教研作业，引导教师明确下次教研方向，为下次教研做好经验准备和知识准备。
教研成果	1. 指导提供课程案例的教师结合教研意见调整、完善班本课程。 2. 引导教师明确班本课程开发实施的基本要点。

活动纪实

教研过程

一、游戏热身，流程介绍（5分钟）

主持人：首先我们来玩一个热身游戏"说的做的不一样"，活动一下我们的思维和身体。游戏玩法很简单，我们先从两大教研组中选出四人，其余人做评委。大家要一同拍手、拍腿说"说的做的不一样"。然后从左向右依次说出5以内的任何一个数字，在说数字的同时，右手比画与口说数字不一致的5以内的数，做错者罚下场，留到最后的为胜出者。通过两轮游戏角逐出第一名。

二、案例分享，引发思考（15分钟）

主持人：请中班教师A分享课程案例《春天》，在教师A分享过程中，请各位教师从审视的视角，以切实提升教师课程探寻能力为出发点，结合"生成活动价值分析与幼儿需求满足""生成活动教师pck及相关课程资源""回溯课程及推进过程的科学性与合理性""是否合理利用家庭与社会资源稳步推进"四个问题去思考案例中的亮点与不足，共议课程架构元素与脉络，为课程的科学推进献计献策。

教师A分享课程案例

主持人：感谢教师A的分享。该课程素材选择来源于中班自然生态探索的活动，契合幼儿园自然生态课程的定位。结合春天万物生发的季节特点，追随班级幼儿对吃过的瓜果核的好奇，教师有意识地激发幼儿对种子的探究兴趣，支持幼儿在体验中亲历种子发芽生长的全过程，带领幼儿一同追踪式探寻春天。希望这个案例对大家生发班本课程有所启迪和借鉴。

三、小组研讨，汇报交流（40分钟）

（一）小组研讨（30分钟）

主持人：今天我们按照研讨问题分成四个小组，分别是A组价值与需求满足分析组、B组教师pck与课程资源整合组、C组生成活动过程追踪组、D组家庭社会资源渗透组，大家可以根据自己的兴趣与专长选择小组，每组原则上不超过四人。每组推选一名组长、一名记录员、一名汇报员。组长组织组员围绕本组的问题进行小组研讨，记录员对大家的发言进行梳理归纳，并记录在小组教研记录单上。研讨结束后，我们将请各组汇报员依次汇报本组研讨结果。

（二）汇报交流（10分钟）

主持人：各个小组的研讨氛围都很热烈，大家纷纷拿着《3-6岁儿童学习与发展指南》（以下简称《指南》）和《评估指南》展开对照式的论证，为课程找证据，为自己的评析找依据。在评价与自我评价中不断地发现问题、解决问题。现在请四个小组分别汇报本组研讨结果。

小组观点汇报交流要点梳理汇总

小组	问题	亮点	可提升空间
A组	生成活动价值分析与幼儿需求满足	1. 尊重幼儿，从幼儿兴趣和好奇心出发； 2. 根据班级幼儿的年龄特点以及发展现状进行分析； 3. 能对生成课程做预期成果预设，从领域与学习品质的角度做全面综合陈述。	1. 主题与生成探索之前的连贯性牵强，建议缩小课程着眼点，以小主线串联大课程； 2. 教师对幼儿的现状分析是否可以基于教师对于幼儿全面发展的相关检核数据信息汇总情况分析； 3. 领域目标达成预设可否配合教育建议同时整合，会方便后续对标使用或相关变化与调整，便于后期自己的目标明晰明确。
B组	生成活动教师pck及相关课程资源	1. 梳理春季资源，通过主题脉络预设活动可能发生的教育契机； 2. 能注重对于支持幼儿的主动探索活动的检索； 3. 合理利用园所自然优势，做到室内外联动式探索； 4. 注重《幼儿园教育指导纲要（试行）》《指南》与《评估指南》相关指标的落地。	1. 围绕资源的多元化经验调查； 2. 基于调研的个性化体验计划； 3. 带着计划的深度学习与有意支架； 4. 互动式回顾与经验分享交流的效度把握。

(续表)

小组	问题	亮点	可提升空间
C组	回溯课程及推进过程的科学性与合理性	1. 注重师幼互动，倾听幼儿声音； 2. 能积极主动挖掘藏在节气里的春天元素； 3. 能跟随节气主线开展主题活动； 4. 教师有证据意识，鼓励幼儿记录春天的探索与发现。	1. 资源在课程行进过程中也会因课程需求与方向的变更出现更多契机，因此追随幼儿兴趣，在课程实施过程中动态调整春天的课程资源； 2. 对于幼儿表达表征的界定在教师证据中稍显单薄，应注重幼儿的多元表达表征的搜集整理，养成多元化证据搜集的意识； 3. 集体还是小组的交流讨论，讨论的地点，讨论的形式与内容，教师应该逐一理顺并摘录重要内容项目放入证据中。
D组	是否合理利用家庭与社会资源稳步推进	1. 活动推进过程中，根据需求积极发动家长参与到活动材料的收集中； 2. 定期向家长推送课程进展情况，让家长了解幼儿在幼儿园的生活、游戏与学习。	1. 家长可提供的课程资源空间的深度挖掘； 2. 着眼社区和周边存在的社会资源的检索； 3. 打开教师全面课程观的视野。

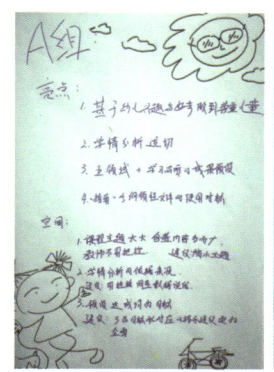

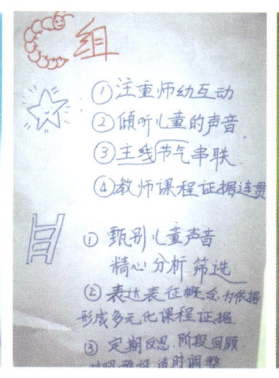

四个小组的教研记录单

四、梳理提升，总结要点（15分钟）

主持人：课程来源于幼儿的兴趣与问题，我们需要提炼课程价值，明确生成目标点。现在我对四个组分析总结提炼的观点进行点评，提出一些合理化建议：

★ 尊重儿童，倾听儿童——课程来源一定是基于幼儿兴趣与问题引发的；

★ 目标价值定位准确合理——教师需要提炼课程价值，明确生成目标点；

★ 注重课程资源整合——整理课程资源分类框架，从自然、环境、实物、电子、人力资源等角度进行整合；

主持人梳理提升

★ 有意义学习捕捉的重要性——主题脉络预设是为课程推进做准备，但并非准绳，需要大家结合课程演进适当对标，如有新生成点（非预设中的内容），我们一定要注意抓住有益契机；

★ 课程对教师专业及全面发展的需求——教师不仅要具备学前教育领域知识，同时还需要追随儿童的兴趣和需要，不断地丰富自身的综合学科知识储备，与幼儿共同成长；

★ 家长、社会资源的合理利用——家园共育是课程的重要组成部分，大家要充分挖掘并利用家长资源，引导家长积极参与和支持幼儿园的课程建设，构建家园共生课程。社会资源也是重要的课程资源，我们的教师能积极拓宽课程涵盖领域，不断探索室内外活动的互融共生，但对于社会资源检索挖掘的力度还应增强。

主持人：通过今天的课程审议，我看到大家对于班本课程开发不再处于刚开始为了生成而生成的茫然状态，而是生成有理，演进有据，越发游刃有余。在接下来的教育实践中，希望大家能用发现问题的眼睛，用审视分析的思维去甄别每一个生成课程的优点与可提升的空间，站在审议者的角度去全方位把握、引领儿童有意义的学习，全面提升我们的课程质量。

五、布置任务，明确方向（5分钟）

主持人：通过今天的园本教研活动，我们发现在班本课程开发与实施过程中，我们能追随幼儿的兴趣，但却为如何甄别对幼儿有意义的问题而苦恼。我们知道要尊重幼儿学习的主体地位，但总是不能很好地满足和支持幼儿的游戏需求。究其原因，在于我们日常与幼儿的沟通不够，不能通过有效的提问，及时有效地了解幼儿的想法和需要。基于此，下一次教研活动，我们将聚焦"班本课程中教师的提问策略"进行研讨。请大家提前思考以下问题，做好参研准备。

问题：

1. 请结合班本课程实践经验谈一谈，促发有效师幼互动的提问方式有哪些？
2. 在班本课程实践中如何使用不同的提问方式？

附录

小组教研记录单

班本主题课程《春天》审议清单

序号	问题		经验梳理
1	基于幼儿立场的行动思考——价值分析与满足需求	亮点	
		建议	
2	基于《指南》的价值分析——厘清课程资源	亮点	
		建议	
3	基于实践的课程推进经验——课程回溯	亮点	
		建议	
4	基于课程探索的家园共育——家长角色定位与唤醒	亮点	
		建议	

活动反思

本次教研活动旨在以案例分析为载体，以互动研讨为模式，解决教师在课程开发、实施中的困惑，帮助教师明确班本课程开发和实施的要点。回顾本次教研活动，主要有以下特点和不足：

一、教研特点

（一）聚焦问题，方向明确

本次教研活动，以问题为导向进行分组研讨，更有针对性，能帮助教师明确目标，精准定位，快速进入研讨状态，高效达成教研目标，规避了在教研过程中因教研内容过多导致的盲从与切入点零散等问题。

（二）准备充分，精心设计

教研活动前，组织者及时跟踪了解教师班本课程的生发过程，始终追随着教师观察幼儿的活动并不断思考，从而筛选出有价值的教研核心内容。教研围绕的四个问题直击班本课程生发与实施的方方面面，可以切实解决教师教育实践中的问题和困惑，提升教师的课程领导力，推动班本课程的深化实施。

（三）课程审议，提质增效

本次教研活动以集体审议个案的方式，激发教师积极思考研讨，参与度高，现场研讨氛围热烈，教研效率高。在教研活动中，教师变被动为主动，变聆听为讲述，变学习为质疑，变敷衍为钻研。在主持人的组织引领下，以课程审议者的身份帮助课程案例组织者围绕"生成活动价值分析与幼儿需求满足""生成活动教师pck及相关课程资源""回溯课程及推进过程的科学性与合理性""是否合理利用家庭与社会资源稳步推进"四个方面把握课程方向，提出完善举措，为课程持续推进指明了方向。

此外，教师能够在论证研究中学习，在分析别人活动衍生的问题与不足中对标自身开发、实施班本课程中存在的问题与不足。同时在主持人的专业引领下，进一步明确了课程开发与实施的要点，完成了教研内容，达到了教研目标。

二、问题与改进

本次园本教研活动目标明确，思路清晰，但依旧有部分问题未研究透彻，教师聚焦问题后的深入探究还不够。因此，有必要按问题成立专题审议小组，即把共同对某个问题感兴趣的教师组成一组，在一段时期内围绕这一问题共同分析问题产生的原因，共同思考问题解决的办法，为集体审议时全面剖析此问题做好准备。

基于观察记录的自主游戏中的有效性支持

大连市普兰店区海湾幼儿园 曲晓彤 宋晓颖

在日常教育实践中发现，80%以上的教师对如何观察记录幼儿的自主游戏存在问题和困惑，主要表现为"教师的观察能力薄弱""教师不知道观察哪些内容""教师不会选用适宜的观察方法""教师的观察记录流于形式"等方面。以切实解决自主游戏实践中的真问题为导向，提升教师观察和记录的专业能力，助力幼儿在游戏中的学习与发展，我园开展了本次园本教研活动。

活动方案

教研主题	基于观察记录的自主游戏中的有效性支持		
教研时间	2023年4月21日（星期五13:00—14:05）	教研地点	幼儿园多功能厅
主持人	曲晓彤	参加对象	幼儿园全体教师
教研背景	《评估指南》中强调："教师要认真观察幼儿在各类活动中的行为表现并做必要记录，对幼儿发展情况和需要做出客观全面的分析，提供有针对性地支持。" 　　在日常游戏观察及与教师的交流研讨中发现，教师在自主游戏的观察记录方面存在很多的问题和困惑，比如"教师的观察能力薄弱""教师不知道自主游戏中应该观察哪些内容""教师不会选用适宜的观察方法""教师的观察记录流于形式"等。为切实解决教育实践中的真问题，提升教师观察和记录的专业能力，引导教师基于观察记录更加科学有效地支持幼儿的游戏，我园组织开展了本次园本教研活动。		
教研目标	1.通过互动研讨、汇报交流，引导教师明确观察内容、目标、有效性支持策略，发现和支持幼儿有意义的学习。 2.通过设计展示，引导教师进一步明晰观察目的、观察重点，基于观察方法提供适宜有效的支持。		
教研准备	1.前期学习和准备相关文件精神。 2.参研教师每人准备一份自主游戏观察记录表。 3.多媒体、黑板、记录纸等。		
教研形式	互助研讨、汇报交流、设计展示		
教研过程	一、背景介绍，引出主题（13:00—13:05） 主持人介绍开展本次教研活动的原因，明确本次教研活动的主题和主要内容。 二、聚焦问题，互动研讨（13:05—13:35） 主持人抛出两个研讨问题，参研教师以年龄组为单位展开分组研讨。 研讨问题： 1.自主游戏活动中，教师应该观察什么？ 2.自主游戏中如何选择适宜的观察记录方法发现和支持幼儿有意义的学习？		

	（续表）
教研过程	**三、汇报交流，梳理总结**（13:35—13:50） 各组汇报研讨结果，主持人梳理与小结，帮助教师明确自主游戏中如何有效地观察和支持幼儿。 **四、思考设计，教研小结**（13:50—14:05） 1. 各组对原有的观察记录表进行补充调整，结合自主游戏开展情况和幼儿的年龄发展特点制订更加适宜、科学、便捷的游戏观察记录表。 2. 主持人总结本次教研活动。

活动纪实

教研过程

一、背景介绍，引出主题（5分钟）

主持人：各位老师，大家好！我们知道观察是幼儿教师最基本的专业能力，教师的观察能促进幼儿深度学习的发生，有效推进幼儿的活动。在实践中我们存有共同的困惑，即教师的观察和记录能力不足，无法深入推进幼儿自主游戏。那么，在自主游戏实践中，面对一个真实的游戏情境怎样确定适宜的观察方法？基于观察记录方法如何有效支持幼儿的深度学习？我们以问题为导向进行实践研究，开始本次的专题教研，通过互动研讨、交流汇报、梳理总结等形式明晰观察目的、科学分析幼儿行为，帮助教师明确游戏中的观察与指导。

二、聚焦问题，互动研讨（30分钟）

主持人：现在请大家以年龄组为单位，围绕"自主游戏活动中教师应该观察什么""游戏中如何选择适宜的观察记录方法发现和支持幼儿有意义的学习"进行分组研讨。

研讨要求：

1. 研讨时间为30分钟，请各组把握好时间。
2. 各组自定记录员和汇报员。记录员负责将研讨结果梳理记录到集体记录单上，汇报员负责研讨结束后汇报小组研讨结果。
3. 各组成员以《指南》和《评估指南》为依托，围绕两个问题展开交流讨论。

三、汇报交流，梳理总结（15分钟）

主持人：刚才各组的研讨都很热烈，大家各抒己见，畅所欲言，围绕两个问题，结合日常工作经验展开了深入细致的交流，达成了共识，梳理出了共性经验。下面，请各组汇报员依次汇报本组研讨结果。

各年龄组交流汇报结果梳理表

研讨内容	小班组汇报梳理	中班组汇报梳理	大班组汇报梳理
自主游戏活动中，教师应该观察什么？	1. 游戏兴趣。 2. 学习品质（专注性、主动性、不怕困难、探索尝试）。 3. 生活习惯与生活能力（收纳、整理游戏材料）。 4. 交往与合作。 5. 游戏水平。	1. 游戏兴趣（幼儿的情绪状态、持续时间）。 2. 游戏水平（材料的选择、动作发展水平）。 3. 社会性（合作、游戏规则、同伴互动）。 4. 游戏材料是否适宜。	1. 活动场地的安全。 2. 游戏水平。 3. 在游戏中的社会交往能力（合作、分工）。 4. 幼儿对游戏的兴趣、情绪。 5. 语言能力的发展和动作的发展。 6. 学习品质（解决问题的能力）。
游戏中如何选择适宜的观察记录方法发现和支持幼儿有意义的学习？	1. 需要选择游戏中的典型事件进行观察记录。而典型事件的选择主要围绕能够反映幼儿的发展特点、发展水平、个性特点、兴趣，反映其自我意识、社会情感发展，反映其面对矛盾冲突和挑战时的态度和行为，以及关于发展过程中的问题事件等。 2. 对于比较了解的会出现典型行为的幼儿，我们会采用定人观察法，观察该幼儿在一段时间内的行为表现并做必要记录。	1. 扫描观察法：在相同的时间段里对观察对象依次轮流观察。如在轨道游戏开始时，可以用扫描观察法，依次轮流观察，掌握每个幼儿的游戏状况；在游戏结束整理材料时，也可以用扫描观察法，观察幼儿是否主动分类收放材料。 2. 定点观察法、轶事记录法：教师在某一区域观察认为有价值、有意义、可以表现儿童某一方面发展的新行为情景。	1. 根据观察目的和需要确定一个或多个幼儿进行观察，可自始至终观察，也可就某一个时段或某一情节进行观察，了解个别幼儿在游戏中的发展水平。 2. 观察游戏中幼儿能否专注于某一活动，能否与同伴合作游戏，能否自己解决问题，在活动中的投入程度、互动情况、面临的挑战等，并做好相应的观察记录，可以使用定点观察记录

（续表）

研讨内容	小班组汇报梳理	中班组汇报梳理	大班组汇报梳理
游戏中如何选择适宜的观察记录方法发现和支持幼儿有意义的学习？	3. 当投入新材料后，教师如果想观察某材料或区域的游戏情况，可采用定点观察法。 4. 连续观察法：在一定时间或者阶段内，持续不断地观察记录。 5. 追踪观察法：在户外娃娃家游戏区，根据幼儿的游戏情况、内容，进行跟踪观察，教师不急于干预，耐心等待，引导、支持幼儿想法，提供有效支持。	3. 定材料观察法：如在玩轨道游戏的时候给幼儿提供了新的材料——透明管，这时候可以选择定材料观察，观察幼儿是如何使用透明管的，以及幼儿使用这一材料的游戏情况，方便我们更好了解材料的投放是否合适。 4. 追踪观察法：确定1~2个观察对象进行观察。 5. 比较观察法：同时观察两个或两个以上的事物。 6. 时间取样法：在特定时间内，记录行为是否出现，出现次数及行为持续时间。	方法。 3. 游戏前，教师应根据游戏内容、观察目的制订合理的观察计划，明确不同游戏阶段乃至不同情境下的观察内容、观察点、观察方法，然后严格按照观察计划进行观察，以保证观察目的明确，准确记录幼儿在游戏过程中的表现。 4. 充分考虑幼儿的年龄特点，为幼儿的持续性游戏提供支持，从幼儿视角观察、倾听幼儿，鼓励支持幼儿与环境的互动，从而引发幼儿的有意义学习。

主持人：感谢各组的精彩汇报，围绕这两个问题，我们一起来梳理汇总一下各组的观点。

问题1：自主游戏活动中，教师应该观察什么？

主持人：小班、中班组认为，在自主游戏中教师需要观察幼儿在自主游戏中的投入程度、持续时间、兴趣与转移等，如幼儿是专注投入还是游离状态，幼儿在一个游戏主题中持续多长时间，更换主题的频率怎样等；大班组认为，自主游戏中应该观察幼儿与环境和材料互动的水平和基本的游戏技能，如建构游戏中的搭建技能，表演游戏中的模仿能力及艺术方面的唱、跳、朗诵、表演等基本能力等。三组教师总结出多方面的教师观察内容，包括场地、材料、幼儿等方面。聚焦幼儿，又主要分为幼儿的能力（如社会性发展、语言表达、动作发展等）、幼儿的学习品质（如专注性、主动性、不怕困难、乐于尝试等）以及幼儿的习惯（如收纳整理游戏材料）

等。总结得还是比较全面的，自主游戏活动中观察什么取决于观察目标，大家在工作中需要根据实际情况确定观察目标和观察内容。

问题2：游戏中如何选择适宜的观察记录方法发现和支持幼儿有意义的学习？

主持人：各组回顾了常用的游戏观察方法，大家要明确不同观察方法适宜的情境。如果想对全班幼儿的游戏状态进行观察，可以采用扫描式观察法；如果投入了一个新材料，想了解幼儿选择材料的情况，可以选择定材料观察法；如果教师想在游戏中能够比较完整地看到幼儿从确定游戏主题和角色，到选择材料、推进游戏的整个过程的表现，可以采用追踪式观察方法。大家可以将观察到的内容，通过图片、文字、视频、录音等多种方式记录下来，便于反复分析研究，以更好地解读和支持幼儿的游戏。

四、思考设计，优化工具（15分钟）

主持人：观察记录表是支持教师观察记录的重要工具，为更好地辅助我们观察记录，请各组对原有的观察记录表进行补充调整，结合自主游戏开展情况和幼儿的年龄发展特点制订更加适宜、科学、便捷的游戏观察记录表。

原自主游戏观察记录表

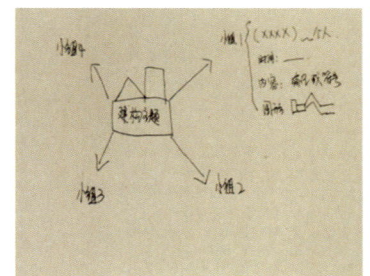

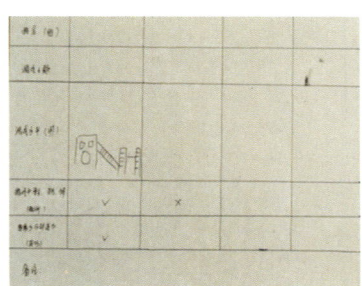

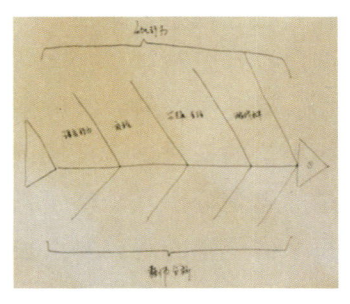

教师教研活动现场设计的观察记录表

主持人：大家设计梳理了多种形式的观察记录表，对比原有的观察记录表，这些新的观察记录表更有助于教师聚焦观察内容和观察重点，精准分析游戏中幼儿行为与语言背后的已有经验、阶段水平与游戏状态，进而寻找适宜的策略支架支持幼儿的游戏行为。大家可以将这些新研讨出的观察记录表运用到不同的游戏观察中，并在实践运用中不断完善。

主持人：今天我们不仅明确了游戏观察的内容和方法，还完善了游戏观察记录的工具，希望大家能把这些教研成果在实践中反复运用和完善，不断地提升自身的专业能力，进而助推幼儿游戏中的深入学习与发展。

附录

附录1：记录表式观察记录

多次观察记录表

设计思路：

此表为小班教师的观察记录。因小班幼儿注意时间较短，易受环境和材料影响而出现注意力转移（玩法转变）等情况，所以表格设计了多次观察，可根据观察目标的递进，持续进行观察，也可分组观察。

95

格子观察记录表

设计思路：

幼儿游戏时，教师采用表格的形式进行现场记录。先划分出六个格子，每个格子里的观察要点根据实际情况及观察重点自行填充。游戏结束后，对幼儿游戏行为进行分析解读。

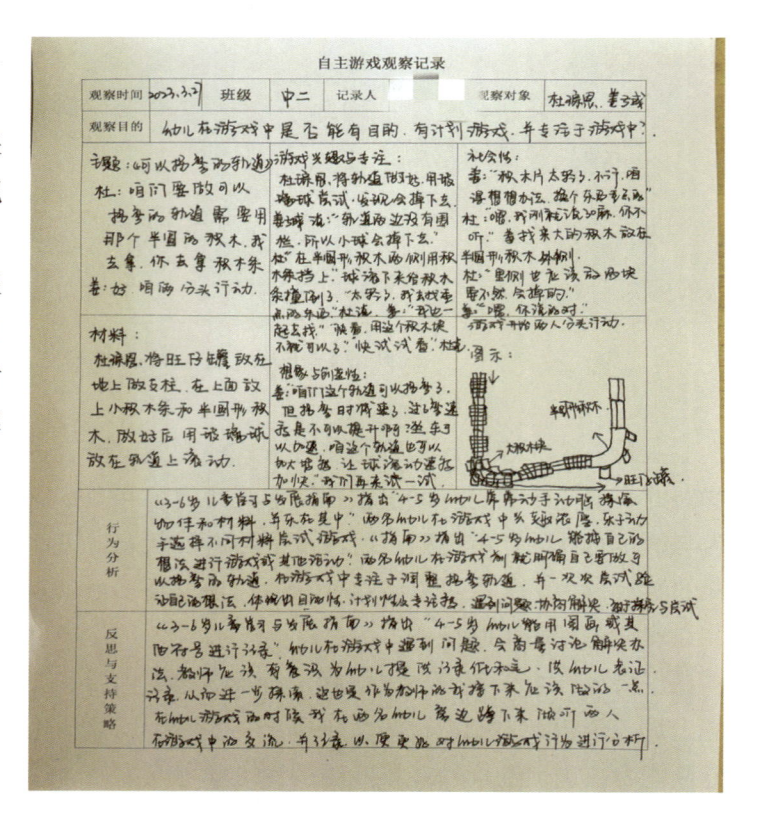

鱼骨观察记录表

设计思路：

本观察记录主要分上、中、下三部分，上部分是观察的内容，包括兴趣、专注度、游戏水平、社会性、想象力与创造力等，下部分记录幼儿的游戏表现。中间表格记录整个游戏的过程，教师能清楚地了解每个时间段幼儿的游戏情况，方便教师分析解读。鉴于大班幼儿小组合作较多，故将小组合作内容单独列出记录。

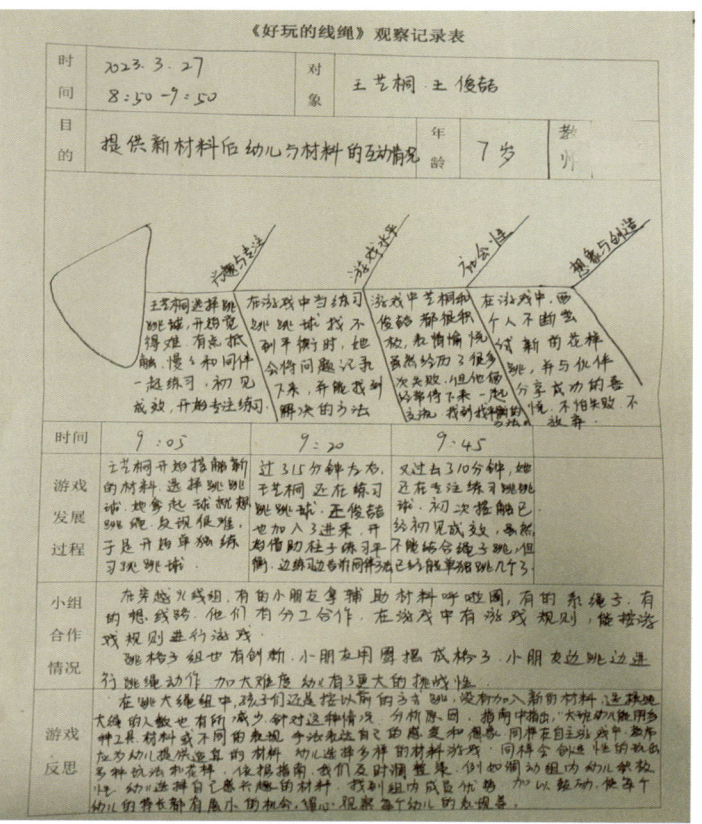

附录2：思维导图式观察记录

思维导图观察记录表

设计思路：

本观察记录既适用于小组观察记录，也适用于个案观察记录。中间为本次观察的主题，分叉部分是观察的维度，每次观察点不同，关键词也随之改变。教师根据现场游戏情况，绘制思维导图记录，能够更加全面、细致地记录幼儿的游戏行为，并做出有效的回应与指导。

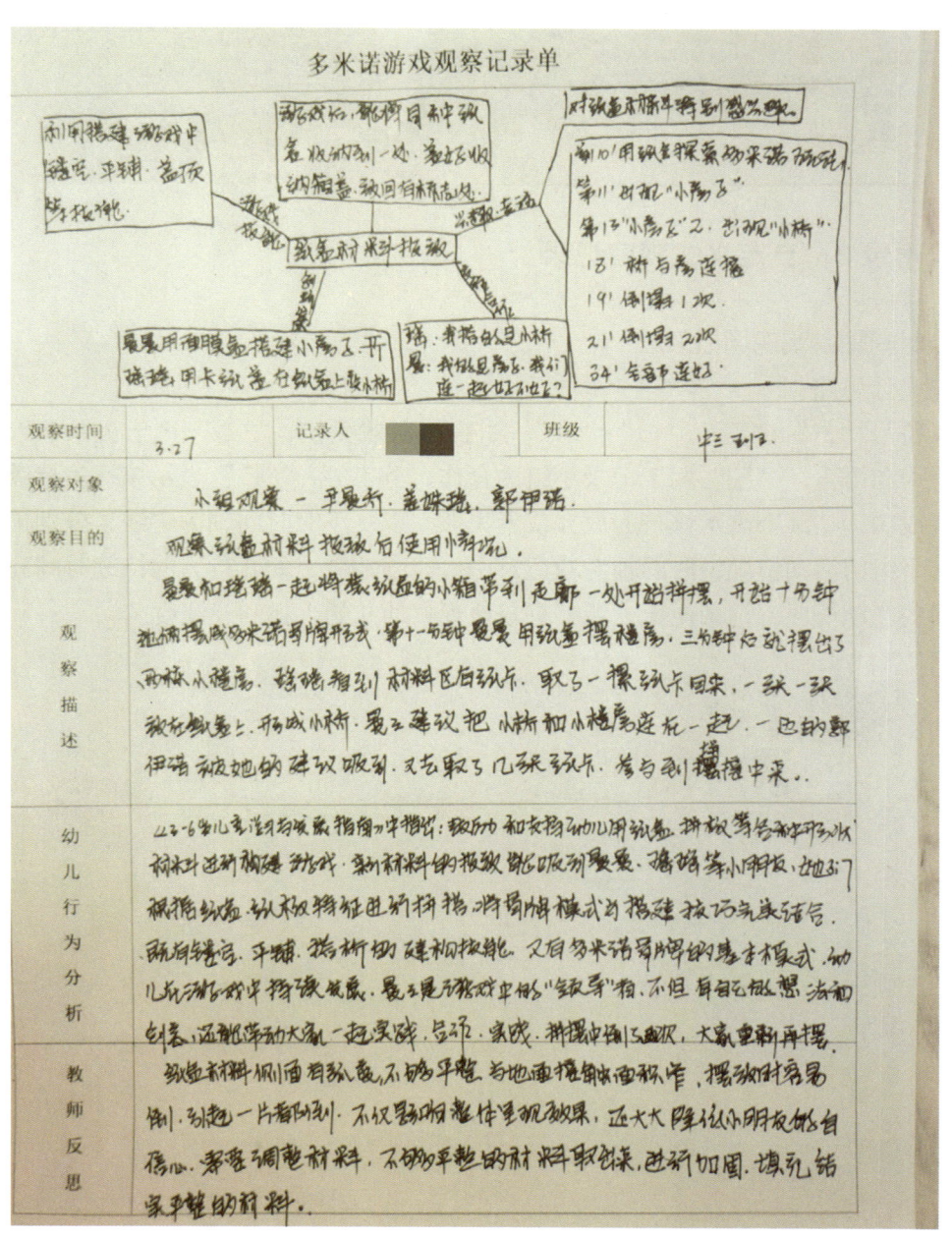

基于观察记录的自主游戏中的有效性支持

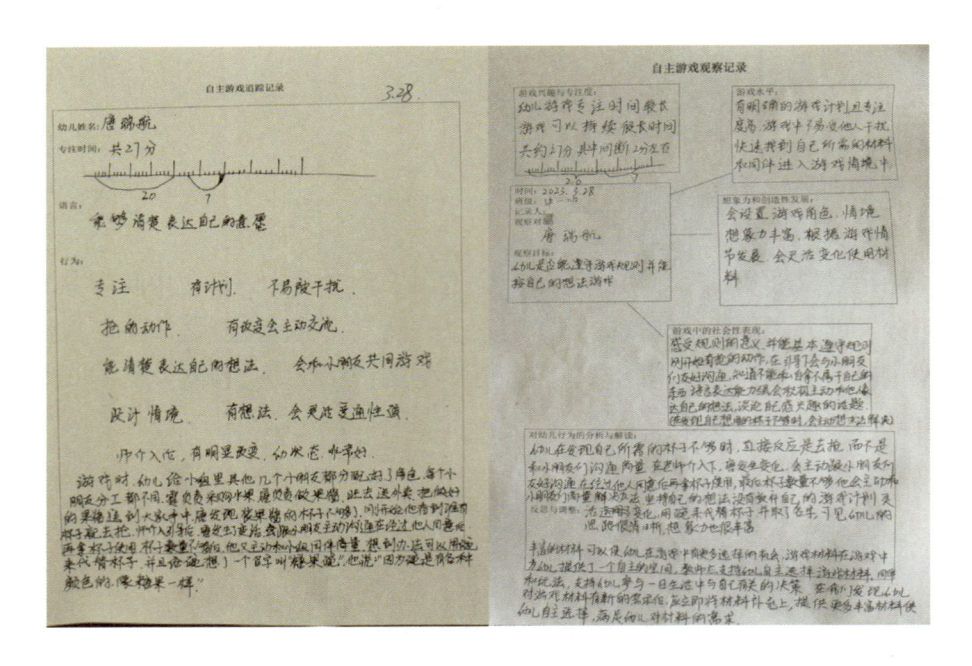

附录3：自定义式观察记录

时间轴游戏现场记录法

设计思路：

符号"△""□""○""×"取自 PS 游戏手柄，"△"用于记录个人的游戏行为和语言，"□"用于记录小组的合作、分工等，"○"表示该行为持续进行或者成功，"×"表示该行为放弃或者失败。以一小时时间轴为主线，分别记录幼儿和小组的活动情况，时间轴游戏记录法可清晰地看出幼儿行为的持续时间和各小组间的互动情况，记录便捷，能够有效地观察幼儿的兴趣和专注度。

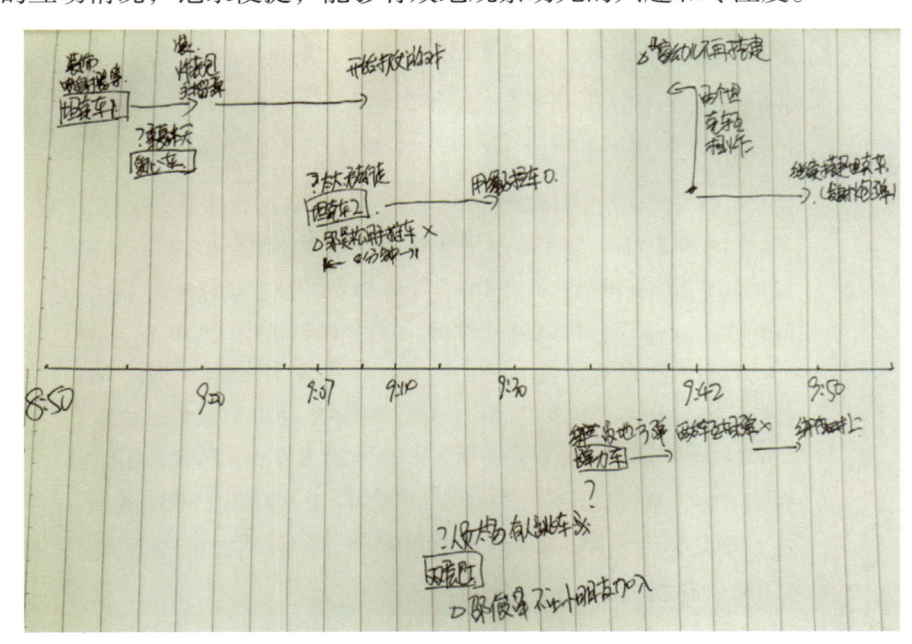

时钟观察记录表

设计思路：

以钟表盘为媒介，一圈代表 1 个小时，现场记录可分为 4 个格子，每个格子代表 15 分钟，也可根据幼儿游戏时间情况，教师现场画时间格子。现场记录时，运用时间、符号、绘画、文字相结合的形式，记录幼儿的游戏表现，如游戏兴趣、合作以及解决问题的过程等。

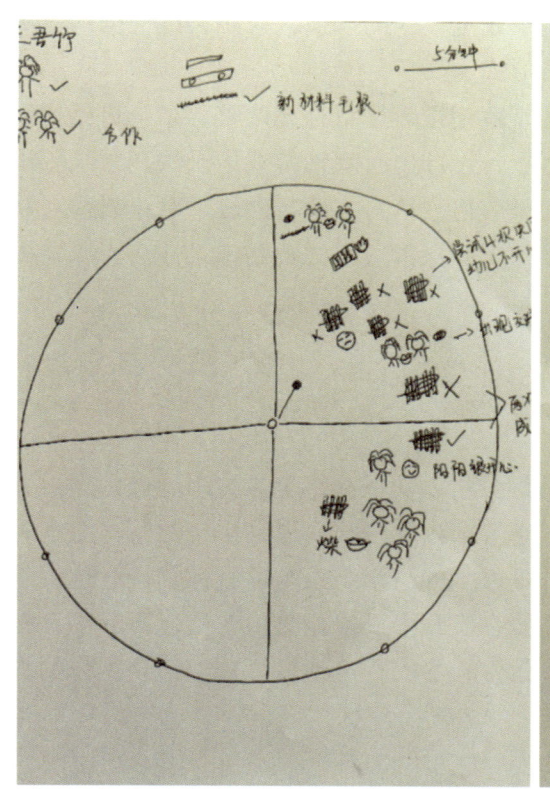

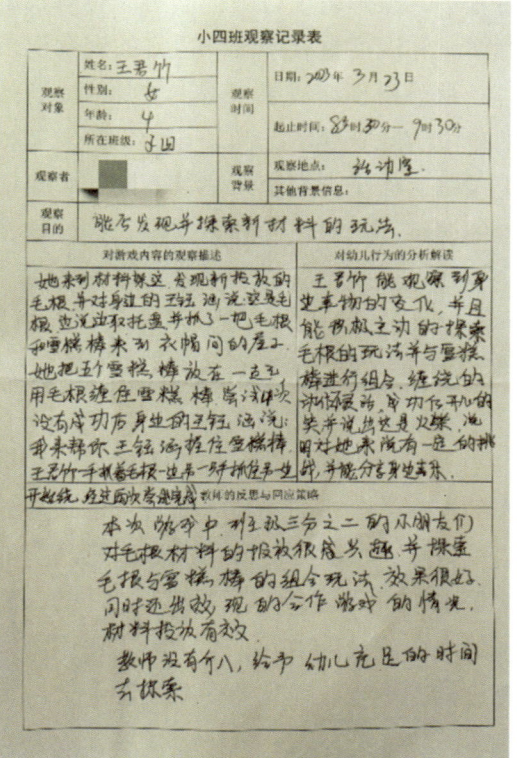

活动反思

一、教研活动亮点

从教研形式上看，教师积极参与、踊跃发言、敢于质疑，结合自己的实际工作经验表达自己的真实感受和想法，教研现场氛围十分活跃。通过问题研讨、交流分享、现场设计、互助研讨、现场反思等形式，教师明确自己的观察计划和观察立场，初步掌握了设计观察记录的方法，能根据游戏主题、观察对象等因素，选择适宜的记录方法，让观察目标更加明确，观察与支持更加科学，更有针对性，更有利于幼儿游戏。

从参研教师的转变来看，通过对观察记录的探索，让参研教师明确了观察记录的价值。他们不再把观察记录当作任务或工作考核的一部分，而是懂得观察记录能够帮助教师评估幼儿的发展，反思教育的适宜性。在鼓励教师自主设计观察记录的过程中，教师敢于打破他们对原有观察记录固定模式的认识，大胆尝试根据幼儿实际情况和观察重点来设计适宜的观察记录形式。

从教研预期成果来看，教师对原有的观察记录表进行补充调整，结合自己班级的自主游戏开展情况和幼儿的年龄发展特点，设计出时间轴游戏记录法、绘画叙事记录法、格子观察记录法等不同的观察记录表格，从多方面帮助教师更正以往对观察的误解，培养正确的思维模式，鼓励教师大胆探索适宜的观察记录方法，以期提高教师专业能力，给予幼儿有效支持。

二、不足与改进之处

教研活动的形式可以更加丰盈，用案例分析、实操演练等方式引导教师通过真实的观察、分析与支持，梳理、汇报与分享等，内化吸收研讨结果中的策略呈现和观察重点，巩固积淀研讨成果，进一步推进教师的科学观察与适宜性支持。这也是接下来教研活动中所需要着重关注的，需要在实践中反复调整再实施。不断提升教师的观察记录能力和观察记录表使用的实效性，更大程度地发挥观察记录工作的教育价值，更有效地支持幼儿发展。

户外自主游戏中幼儿与新材料互动存在的问题及支持策略

庄河市将军湖幼儿园　周珺晖　于宏

在日常对户外自主游戏的观察中，我们发现幼儿对新投放的游戏材料兴趣浓厚但运用新材料开展游戏的自主创新性不足。为了更好地提升教师指导幼儿自主游戏的能力，促进幼儿与新材料的积极、深入互动，我们聚焦"户外自主游戏中幼儿与新材料互动存在的问题及支持策略"开展专题教研。

活动方案

教研主题	户外自主游戏中幼儿与新材料互动存在的问题及支持策略		
教研时间	2023年5月15日 （星期一 12:10—13:40）	教研地点	幼儿园三楼活动室
主持人	周珺晖	参加对象	幼儿园全体教师
教研背景	《评估指南》中明确提出："支持幼儿自主选择游戏材料、同伴和玩法。"为了丰富幼儿户外自主游戏活动，我园最近投放了新的游戏材料——百变魔块，游戏中我们通过观察发现幼儿兴趣浓厚但运用材料游戏的创新性不足，自主性未得到最大程度的释放。 　　为更全面地了解幼儿与新材料互动存在的问题，更有针对性地提升教师支持自主游戏持续开展的能力，促进幼儿深度学习，我园组织开展"户外自主游戏中幼儿与新材料互动存在的问题及支持策略"园本教研活动。此次教研活动聚焦问题，研讨分析，共生智慧，以期将研讨成果运用到自主游戏实践中，有效促进幼儿与新材料的积极互动，推动幼儿对新材料的自主探索，提升教师的游戏指导能力和幼儿园自主游戏水平。		
教研目标	1. 通过研讨交流，梳理解决幼儿在户外自主游戏中与新材料互动存在的问题，明确幼儿户外自主游戏与新材料互动的基本支持策略。 2. 通过梳理提升，探寻支持幼儿运用新游戏材料自主创新游戏的有效策略，推进幼儿与游戏材料的深入互动。		
教研准备	1. "放手游戏、发现儿童"教师自主学习与理论积累。 2. 教研活动前，以年龄组为单位进行百变魔块游戏情况观察、分析与记录，梳理问题。 3. 园本教研活动PPT、电脑、教师研讨交流PPT。		
教研形式	游戏引入、互动研讨、案例分析、梳理提炼		
教研过程	**一、热身游戏，驱动引入**（12:10—12:15） 通过游戏自然导入教研主题，调动教师参研的积极性，引发教师回顾和思考新游戏材料的创新玩法。 **二、实践汇报，梳理问题**（12:15—12:40） 各组教师代表基于游戏纪实照片，汇报幼儿与新游戏材料的互动情况，主持人提炼汇报内容，梳理幼儿与新游戏材料互动存在的问题。		

	（续表）
教研过程	三、研讨交流，明晰策略（12:40—13:25） 各组教师围绕梳理出来的问题进行研讨，结合实际工作提出具体实施支持策略。 四、汇总归纳，凝练提升（13:25—13:40） 归纳、梳理研讨结果，明确户外自主游戏幼儿与新材料互动的具体支持策略，提炼有效经验。

活动纪实

教研过程

一、热身游戏，驱动引入（5分钟）

主持人：近期，我们在户外自主游戏中投放了新游戏材料"百变魔块"，孩子们都很喜欢玩。在教研开始前，我们也用百变魔块来做个热身游戏——"我的游戏多又多"，请三组老师利用百变魔块进行一物多玩，以三分钟为限，哪一组的玩法最多，哪一组就获胜。

热身游戏

二、实践汇报，梳理问题（25分钟）

主持人：大家创新了很多游戏玩法，有的老师提出如果有辅助材料会有更多的玩法。那么，孩子们在户外自主游戏中利用新材料开展游戏的情况是怎样的呢？下面，我们请小、中、大各年龄组的教师代表汇报幼儿在户外自主游戏中与新材料互动的情况。

实践汇报

主持人：各位教师通过生动的图片和视频汇报了户外自主游戏中幼儿与新材料互动的情况。汇报过程中，大家都提到了幼儿在与新材料的互动过程中存在一些问题，我们一起梳理一下。

梳理问题

户外自主游戏中幼儿与新材料互动存在的问题

1. 器械材料投放不充足，不能满足幼儿游戏活动。
2. 幼儿对材料的运用缺乏安全意识，不能自主进行游戏安全隐患排查，如带粘贴的软垫存在一定的安全隐患，容易划伤幼儿。
3. 幼儿对材料的特点（如大小、形状等）不够了解，导致游戏水平不高，尤其小班幼儿对材料不熟悉，游戏经验缺乏。
4. 材料的运用上，玩法比较单一，仅仅局限于建构、角色扮演等游戏，缺乏运动方面的游戏。
5. 幼儿不能创新性地结合材料的特点与其他材料（如梯子、木板、箱子等）进行组合游戏。不知道如何开发利用新材料，盲目地玩，经常按照旧材料的方式游戏，缺少创新。
6. 游戏时，一味地拿取新材料，缺少与同伴之间的合作和沟通，游戏没有计划性。
7. 幼儿游戏不投入，游戏中缺乏探索和学习。

三、研讨交流，明晰策略（45分钟）

（一）小组研讨

主持人：刚才我们梳理了各年龄段幼儿在户外游戏中与新材料互动存在的共性问题，针对这些问题，我们应给予幼儿哪些支持呢？下面请各组围绕此问题进行研讨。

研讨要求：
1. 聚焦问题进行研讨与交流，组内选好汇报员和记录员。
2. 组内每个成员都要说说自己的想法。

3. 记录员用电脑做记录。

4. 研讨时间为30分钟。

（二）汇报交流

主持人：各组研讨得都很认真，下面请各组代表对本组研讨结果进行汇报。

小组汇报交流

户外自主游戏中幼儿与新材料互动的支持策略

存在问题	支持策略		
	小班组	中班组	大班组
1. 器械材料投放不充足，不能满足幼儿游戏活动。	根据幼儿的游戏特点，增加其他辅助材料。	1. 按照幼儿的年龄特点，投放丰富多样的辅助材料，如篮球或以往的综合区材料。 2. 游戏前丰富幼儿的前期经验，利用视频和图片让幼儿了解更多游戏玩法。	根据幼儿年龄特点，适当投放多种辅助材料，各类材料都要均衡，且同一类型的游戏材料也要区分难度，呈现梯度差。这样就可以充分满足幼儿的户外活动需要。
2. 幼儿对材料的运用缺乏安全意识，不能自主进行游戏安全隐患排查，如带粘贴的软垫，存在一定的安全隐患，容易划伤幼儿。	在活动前向幼儿讲解子母带的用处，通过摸一摸、粘一粘的方式让幼儿加深印象。可以让幼儿摸一摸自己的小白鞋，知道软的一面不会伤到自己，硬的一面有一定的危险。	1. 游戏前，将不安全的玩法以照片和视频的形式呈现给幼儿，引导幼儿讨论哪里不安全，应该怎么玩。 2. 活动中发现问题，教师及时引导、纠正。 3. 对幼儿游戏中可能遇到的安全问题再次进行总结和强调，不断加深巩固幼儿的安全意识。	在活动前，教师应在班级进行安全教育，在游戏中发现幼儿危险行为应及时纠正并拍照记录，回班后，及时进行总结。

户外自主游戏中幼儿与新材料互动存在的问题及支持策略

（续表）

存在问题	支持策略		
	小班组	中班组	大班组
3. 幼儿对材料的特点（如大小、形状等）不够了解，导致游戏水平不高，尤其小班对材料不熟悉，游戏经验缺乏。	前期通过照片和视频的方式向幼儿介绍活动材料的名称及特点。	1. 活动前，教师向幼儿展示材料的特点（如形状、大小、轻重等），引导幼儿学会运用并开展游戏活动。 2. 给幼儿充足的时间，让幼儿去探究，自主探索游戏材料的特点。	教师将材料拍照，和幼儿共同讨论材料的特点以及不同材料的游戏玩法，引导幼儿创新玩法。
4. 材料的运用上，玩法比较单一，仅仅局限于材料的搭建、角色扮演等游戏，缺乏提升运动技能方面的游戏。	把中、大班游戏时的照片及视频播放给小班幼儿看，增加幼儿的游戏经验，游戏之后及时总结经验和反思。	1. 活动前，运用照片和视频丰富幼儿的游戏经验。 2. 活动中，教师注意观察，及时进行引导。 3. 活动后，与幼儿一起总结游戏的多样玩法，为下次游戏积累经验。	发现并用视频记录幼儿的玩法，回班后和幼儿分享，引导幼儿积极运用辅助材料，将不同材料结合，提高游戏难度，提升幼儿运动技能。
5. 幼儿不能创新性结合材料的特点与其他材料（如梯子、木板、箱子等）进行组合游戏。不知道如何开发利用新材料，盲目地玩，经常按照旧材料的方式游戏，缺少创新。	有目的地投放材料，每次投放1~2种辅助材料，让幼儿进行组合游戏，逐渐积累经验。	1. 在活动前将以往幼儿的创新玩法与幼儿分享，激发幼儿探索出更多的创新玩法。 2. 活动中，教师要多观察，多拍照记录幼儿的创新玩法。 3. 活动后，引导幼儿总结创新玩法，可以让幼儿通过多种形式表征自己的游戏情况，为下一次游戏积累更多的经验。	创设游戏情境，以角色推动游戏发展，让幼儿发挥想象，丰富游戏情节，催生新的游戏形式，在活动中萌生更多的创意。

（续表）

存在问题	支持策略		
	小班组	中班组	大班组
6.游戏时，一味地拿取新材料，缺少与同伴的合作和沟通，游戏没有计划性。	游戏前将幼儿分组，给幼儿分配任务，让幼儿带着任务去游戏。	1.在游戏区域提供交流讨论板，引导幼儿在游戏前进行沟通和计划。 2.前期在班级自主设计游戏，如想用什么材料、想和谁玩、想怎么玩等，在混龄游戏中能更好地和同伴合作交流。	在开展游戏和投放游戏材料之前，教师要组织幼儿共同展开讨论和分析，引导幼儿分工合作，明确任务，让幼儿在游戏中有驱动性。
7.幼儿游戏不投入，游戏中缺乏探索和学习。	创设有趣的游戏情境，让中、大班幼儿带着小班幼儿玩，可以进行混龄游戏，或者教师以游戏玩伴的角色加入其中，进行引领和指导。	多鼓励幼儿，给予幼儿足够的时间探索和学习。	1.创设多变的游戏情境，让幼儿在情境中自己发掘角色，融入生活经验或发挥自己的想象自主游戏。 2.提供多变的游戏材料，如半成品、低结构材料等供幼儿使用，使其探索多种创新和组合玩法。

四、汇总归纳 凝练提升（15分钟）

主持人：感谢各位老师的发言，我们一起把汇报交流的内容梳理一下。希望各位老师能将今天研讨的成果运用到接下来的班级户外自主游戏中，持续关注、耐心观察、科学支持幼儿与新游戏材料的互动，提升我园的户外自主游戏质量。

户外自主游戏中幼儿与新材料互动存在的问题及支持策略

存在问题	支持策略
1.器械材料投放不充足，不能满足幼儿游戏活动。	1.按照幼儿的年龄、游戏特点，增加丰富多样的辅助材料，材料要有层次，例如篮球或以往的综合区材料。 2.游戏前丰富幼儿的前期经验，运用视频和图片让幼儿了解更多的游戏玩法。

（续表）

存在问题	支持策略
2. 幼儿对材料的运用缺乏安全意识，不能自主进行游戏安全隐患排查，如带粘贴的软垫，存在一定的安全隐患，容易划伤幼儿。	1. 游戏前，将不安全的玩法以照片和视频的形式呈现给幼儿，引导幼儿讨论哪里不安全，应该怎么玩。 2. 活动中发现问题，教师及时引导，及时纠正，及时拍照记录。 3. 活动后，再次对幼儿游戏中的安全隐患进行总结和强调，不断加深巩固幼儿的安全意识。
3. 幼儿对材料的特点（如大小、形状等）不够了解，导致游戏水平不高，尤其小班对材料不熟悉，游戏经验缺乏。	1. 活动前，教师用照片向幼儿展示材料的特点（如名称、形状、大小、轻重等），引导幼儿学会运用这些材料开展游戏活动。 2. 给幼儿充足的时间，让幼儿去探究，自主探索游戏材料的特点。
4. 材料的运用上，玩法比较单一，仅仅局限于材料的搭建、角色扮演等游戏，缺乏提升运动技能方面的游戏。	1. 活动前，通过分享以往的游戏照片和视频，丰富幼儿的游戏经验，可将中、大班幼儿游戏时的视频给小班幼儿看。 2. 活动中，教师注意观察，及时进行引导。 3. 活动后，与幼儿一起总结游戏的多样玩法，为幼儿下次游戏积累经验。
5. 幼儿不能创新性地结合材料的特点与其他材料（如梯子、木板、箱子等）进行组合游戏。不知道如何开发利用新材料，盲目地玩，经常按照旧材料的方式游戏，缺少创新。	1. 在活动前将以往幼儿的创新玩法与幼儿分享，激发幼儿探索出更多的创新玩法。 2. 活动中，教师要多观察，多拍照记录幼儿的创新玩法。 3. 活动后，引导幼儿总结创新玩法，可以让幼儿通过多种形式表征自己的游戏情况，为下一次游戏积累更多经验。 4. 每次有目的地投放几种辅助材料，侧重培养幼儿的创新玩法。 5. 创设游戏情境，让幼儿在游戏情境中创新玩法。
6. 游戏时，一味地拿取新材料，缺少与同伴的合作和沟通，游戏没有计划性。	1. 在游戏区域提供交流讨论板，引导幼儿在游戏前进行沟通和计划。 2. 前期在班级自主设计想玩的游戏，确定想用什么材料、想和谁玩、想怎么玩，在混龄游戏中能更好地和同伴合作交流。 3. 让幼儿带着任务游戏，培养幼儿游戏的计划性。

（续表）

存在问题	支持策略
7. 幼儿游戏不投入，游戏中缺乏探索和学习。	1. 多鼓励幼儿，给予幼儿足够的时间探索和学习。 2. 创设游戏情境，让幼儿在富有趣味性、情境性的游戏中，融入角色，学会探索和学习。 3. 提供多种材料，支持幼儿深度游戏和主动探索、学习。 4. 教师以游戏者的身份介入，引导幼儿在游戏中进行探索和学习。

活动反思

通过本次教研活动，教师能结合幼儿发展水平和游戏材料特点，更加客观地观察幼儿游戏，更加科学地分析幼儿游戏中存在的问题，为游戏的持续推进和幼儿的深度学习提供更加有效的支持，助力幼儿在户外自主游戏活动中主动探究、积极思考，在直接感知、实际操作和亲身体验中获得学习和成长。

一、教研活动亮点

（一）前期准备，让教研更充分

教研准备充分，教研交流深入。本次教研活动前，参研教师个人先进行自主教研，观察班级幼儿与新游戏材料的互动情况，分析幼儿游戏行为，发现问题；随后，各年级组集体研讨本年级组幼儿的游戏行为，分析汇总问题以备园本教研时研究交流。有前期研究的基础，教师带着丰富的理论和实践经验参与到教研活动中，能更充分地进行研讨交流，更有效地达到教研目标。

（二）游戏导入，让教研更投入

教研形式灵活、多样，激发教师教研积极性。在教研活动中，为了调动教师的参与积极性，使教师处于最佳学习状态，在正式教研前设计有趣且与教研主题相关的热身游戏"我的游戏多又多"，通过游戏后与主题相关的游戏问题引发教师思考，导入研讨主题。这既使教师产生轻松愉快的情绪，又可以引导教师快速进入教研状态。同时，游戏的操作体验能使教师从幼儿的角度看问题，体验幼儿的世界，真正贴近实践活动，引导教师在活动中进行经验迁移，提高了教师参研的主动性和实效性，提升了教师的专业水平。

（三）问题聚焦，让教研更有效

教研问题紧扣教研主题，聚焦实践需要。本次教研的问题真切反映了幼儿园户外自主游戏中存在的问题：幼儿自主性没有充分释放；游戏玩法固定，缺少创新性。教师以新投放的游戏材料为观察点，观察幼儿游戏中自主性的发挥、创造性的展现。在观察中看懂游戏，理解幼儿，从而准确地分析幼儿游戏，有针对性地回应、支持幼儿游戏。同时，以点带面，将本次教研总结提炼的经验运用到整个户外自主游戏中，有效解决共性问题，在不断反思、实践中，追随幼儿发展的脚步。

（四）实践反思，让教研更完善

教研结束后，教师会将本次教研的成果运用到户外自主游戏实践中，并不断反思，不断完善，从而改进教育实践行为，形成新的实践智慧，促进园本教研成果的推广和转化，提高教师的专业能力。

二、不足与改进

在汇报交流环节，参研教师对其他组汇报的研讨结果缺少主动思考，不能针对汇报内容主动交流，需要主持人抛出问题引导参研教师交流，研讨互动的全面性和深入性有待加强。在以后的教研活动中，需从教研内容、形式、板块等方面细化调整，通过教研聚焦问题、把握问题，调动全体教师的参与度与互动性，鼓励教师面对问题敢于质疑，发现有实践价值的经验敢于交流，更好地提升教研的过程质量和实效性。

儿童视角下班本课程资源对幼儿发展的价值

长海县幼儿园　梁晶

为贯彻落实《评估指南》《指导要点》等文件精神，我园聚焦班本课程建设展开了形式多样的实践探索和理论研究，但调查班本课程实施现状发现，多数班级开展的班本课程浮于表面，过于零散，幼儿不能有效获得有益的经验。究其原因主要在于教师不理解基于儿童视角挖掘班本课程资源的重要性，没有充分认识到儿童视角下班本课程资源对幼儿发展的价值。正确的教育理念是高效的教育实践的前提条件，为了提高教师对儿童视角下班本课程资源的重视和认识，我们生成了本次园本教研活动。

活动方案

教研主题	儿童视角下班本课程资源对幼儿发展的价值		
教研时间	2023年4月11日 （星期二 15:00—16:35）	教研地点	幼儿园音体室
主持人	梁晶	参加对象	幼儿园全体教师
教研背景	《指导要点》关键指标"学习准备"中提到的第一个发展目标就是"好奇好问"，这一发展目标告诉我们要呵护幼儿的好奇心，尊重幼儿好问的天性，支持幼儿对周围世界保持持续的探究欲望。《评估指南》强调："发现和支持幼儿有意义的学习，采用小组或集体的形式讨论幼儿感兴趣的话题，鼓励幼儿表达自己的观点，提出问题、分析解决问题，拓展提升幼儿日常生活和游戏中的经验。" 　　我园依据文件精神开展班本课程建设，但调查分析现状后发现多数班级开展的班本课程浮于表面、过于零散，幼儿不能有效从中获得有益的经验，究其原因主要在于教师不理解基于儿童视角挖掘班本课程资源的重要性，没有充分认识到儿童视角下的班本课程资源对幼儿发展的价值。因此生成本次园本教研活动。		
教研目标	1.通过交流分享、案例分析，帮助教师理解课程资源，引导教师了解不同视角下班本课程资源的不同，认识基于儿童视角挖掘班本课程资源的重要性。 2.通过互动研讨，帮助教师梳理基于儿童视角的课程资源，提升教师分析、利用课程资源组织实施课程的能力。 3.通过汇报交流、梳理提升，分析基于儿童视角的课程资源对幼儿发展的价值。		
教研准备	1.查阅资料，学习课程资源相关理论，丰富课程资源建构的相关经验。 2.教研PPT、小组研讨记录单、电子白板、视频《小水池》、记录单。		
教研形式	案例分析、小组研讨、经验分享、总结提炼		
教研过程	**一、自由分享话资源（15:00—15:05）** 教师自由分享对课程资源的认识和理解。		

（续表）

教研过程	二、**案例分析辨资源**（15:05—15:25） 观摩案例"小水池"，引导教师分别从教师视角和儿童视角进行分析。 主持人对两种视角进行对比梳理。 三、**分析研讨挖资源**（15:25—16:15） 以年龄组为单位梳理儿童视角下的课程资源，分析其对幼儿发展的价值。 研讨问题：幼儿对哪些资源感兴趣？如何利用这些资源？结合《指南》，分析这些资源有何价值。 四、**总结提炼析资源**（16:15—16:30） 各年龄组选派代表汇报本组研讨结果。 主持人梳理汇总各组意见，提炼儿童视角下课程资源的价值。 五、**任务分配活资源**（16:30—16:35） 强调挖掘儿童视角下课程资源的意义，鼓励教师不断记录、发现儿童的兴趣需要，丰富班本课程资源。

活动纪实

教研过程

一、自由分享话资源（5分钟）

主持人：为提高幼儿园园本课程活力，真正落实全面发展的教育理念，促进幼儿持续发展，我园自 2022 年开展班本课程建设实践探索。课程资源是课程开展的保障，请大家结合教育实践经验谈一谈什么是课程资源，班本课程资源从何而来。

教师 A：我理解的课程资源是有利于组织实施课程内容，能够帮助教师实现课程目标，促进幼儿学习与发展的一切可利用的资源。班本课程资源来自班级幼儿的已有经验和共同兴趣。

教师 B：课程资源是促进幼儿学习、发展的各种资源。幼儿、教师、家长、社区都是班本课程可以利用的资源。

教师 C：我所理解的课程资源是幼儿可学习或游戏的一切资源。如社会类资源——飞机场、消防队、敬老院、爱国主义教育基地等，都蕴藏着丰富的教育内容；又如自然类资源——一块石头、一片树叶、一粒种子，都能引发幼儿无限的探索和创造。

主持人：刚才大家从教师的视角分享了对课程资源的认识，大家认为与儿童真实生活相关联的资源都可称为课程资源。那么，教师视角下与儿童视角下的班本课程资源有什么不同呢？

二、案例分析辨资源（20分钟）

主持人：请大家观看视频《小水池》，看完之后，请大家谈一谈，教师视角和儿童视角下的班本课程资源有什么不同。

教师D：教师视角的课程资源主观意识较强，凭借成人经验设计的资源，内容单一、枯燥、无趣。而儿童视角的课程资源更倾向于儿童听到的、看到的、可以实践体验的，更能够激发幼儿兴趣，有助于幼儿积极寻求解决方法。

教师E：分析案例"小水池"发现，教师设计的资源更多的是想利用水池构建一个完整的课程。从案例中我们可以了解到，夏天到了，小水池成了幼儿学习的重要资源，他们想知道为什么水池里的水与大海里的水颜色看起来不同。

教师F：教师设计的课程资源更多的是探索水的特征和沉浮现象。而幼儿关注的话题点更多更广，他们对水里的生物、排水管、水的深浅等感兴趣，他们更能进行深层次的探索与研究。

主持人：通过对比我们发现，教师和幼儿对"小水池"课程资源的理解是完全不同的。教师关注的是水池的沉浮、流动等科学知识相对较多的资源，而幼儿关注的是小水池里有多少水、空间有多大、为什么跟海水不同、水下排水系统等。现在，我们从不同维度来梳理一下儿童视角下的班本课程资源与教师视角下的班本课程资源有何不同。

不同视角下班本课程资源对比

对比维度	儿童视角下的班本课程资源	教师视角下的班本课程资源
资源来源	幼儿的生活经验和兴趣需要	教师的主观认知
资源筛选	万物皆备于我	功利主义
资源利用	以生成为主，内容多元	以预设为主，内容单一

主持人：对于同一事物，幼儿关注的内容更加鲜活、丰富、生动。尊崇儿童视角，从幼儿的需要出发，会让我们的课程具有蓬勃的生命力。

三、分析研讨挖资源（50分钟）

主持人：教研前，大家通过观察和谈话，收集并记录下了班级幼儿感兴趣的话题。幼儿对哪些资源感兴趣？如何利用这些资源？这些资源对幼儿的发展有哪些价值？接下来请大家以年龄组为单位，结合《指南》，围绕上述问题进行研讨。20分钟后，请各组派代表进行汇报。

小班组：小班幼儿主要是对科学领域的植物、动物，社会领域的角色扮演有浓厚的兴趣。植物类资源，可以让幼儿通过观察、种植、感知、表征等方式，了解植物的生长变化。动物类资源，可通过查阅资料丰富幼儿有关动物的知识经验，尝试运用观察、比较、记录等方式，了解动物的外形特征、喜好与习性；通过喂食、陪伴等方式照顾小动物，表达对小动物的喜爱等。社会领域的角色扮演，要依据幼儿的兴趣需求提供相应的材料。

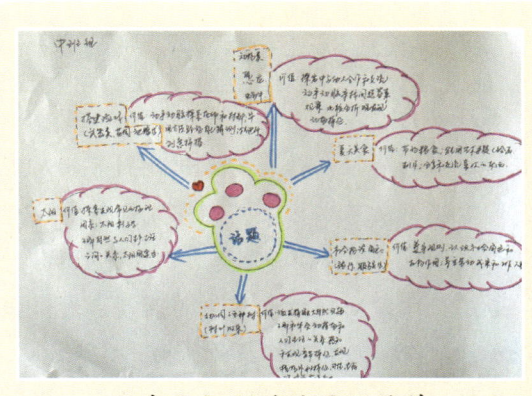

小班组研讨结果记录单

中班组：4~5岁是幼儿感知觉、探索欲迅速发展的阶段。幼儿对夏季的美食感兴趣，可以通过美食调查引发幼儿对夏季食品的关注，通过美食制作与品尝让幼儿感受食物给生活带来的美好。幼儿对围绕在我们身边的自然物理现象感兴趣，可通过调查、查阅资料、观察、实验进一步研究。幼儿对武器装备感兴趣，可以通过认识武器培养幼儿的爱国情感。

中班组研讨结果记录单

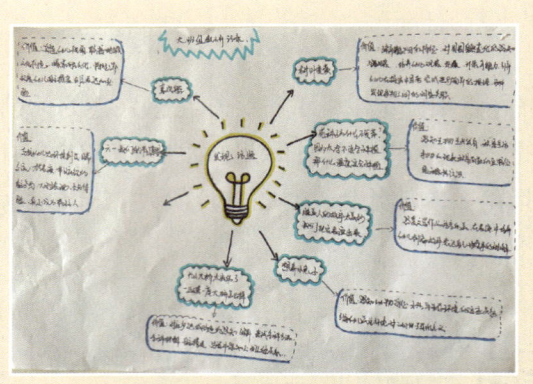

大班组研讨结果记录单

大班组： 通过梳理，我们发现儿童视角的课程资源目前共有七个，分别是："树叶变黄了""天气太冷""睡美人""小兔子""长山大桥""六一愿望""各种各样的船"。"树叶变黄了""天气太冷""小兔子"主题活动蕴含着科学探究方面的内容；"长山大桥""各种各样的船"两个主题是我们海岛独有的特色，其中包含空间、数量、几何、起源等方面的内容，可以带幼儿观察、调查、建构；绘本引发的童话剧《睡美人》是一个综合性活动，幼儿可以设计剧本、台词、服装道具等，其中包含语言、社会、科学、艺术等多领域的整合内容。

四、总结提炼析资源（15分钟）

主持人：通过交流，我们发现不同年龄段幼儿的兴趣点五花八门。接下来，我们共同梳理一下大家挖掘出的儿童视角下的班本课程资源，归纳总结一下这些资源对幼儿发展的价值。

年龄组	课程资源	资源价值
小班	小草 小仓鼠 小牛生病了 过生日 浮起来的小球	1.科学探究：支持幼儿在接触自然、生活事物和现象中积累有益的直接经验和感性认识，有意识地引导幼儿观察周围事物，学习观察的基本方法，在探究和解决实际问题中，尝试发现事物间的异同和联系，获得感性经验。 2.数学认知：运用数学解决实际生活中的问题，尝试归类、排序、判断、推理，发展逻辑思维能力。 3.社会交往：能根据自己的兴趣选择游戏和活动，促进幼儿人际交往、社会适应能力的发展。 4.语言发展：积极与同伴、教师交流，增强理解和表达表演能力，感受文学作品的美。 5.艺术表现：萌发幼儿对美的感受和体验，丰富其想象力、创造力，提升幼儿发现美、表现美、创造美的能力。
中班	银河系 恐龙 夏季美食 烧烤店 不一样的树叶	

（续表）

年龄组	课程资源	资源价值
中班	太阳	6.健康发展：关注幼儿身体、心理和社会适应方面的培养，促进幼儿身体良好、情绪愉快、体质强健、动作协调，养成良好的生活与卫生习惯，提高自我保护能力。
	坦克和大炮	
大班	各种各样的船	
	长山大桥	
	睡美人	
	小兔子	
	树叶变黄了	
	天气太冷	
	六一愿望	

五、任务分配活资源（5分钟）

主持人：儿童视角下的班本课程资源能让课程更具生命力。今天，我们第一次梳理了儿童视角下的班本课程资源，接下来我们要从幼儿生活入手寻找课程素材，找到儿童视角的课程资源，不断完善我们的课程资源库。希望大家保持一种"穷追"的精神，深化课程研究，升华内在教育价值，让班本课程真正落到实处。

附录

兴趣话题记录单

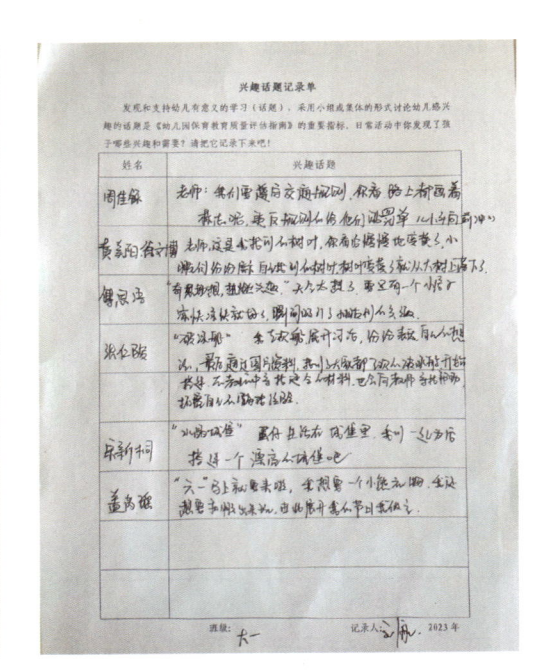

活动反思

一、教研活动亮点

（一）发现问题，明确教研方向

园本教研要立足幼儿园的实际，以提高教师专业能力为重点，着力解决教师在工作中遇到的真问题。本次教研活动的内容源于班本课程实施中发现的问题，通过开展有针对性的教研活动，转变教师的教育观、课程观、儿童观，抽丝剥茧，帮助教师找到解决问题的方法。

（二）精心准备，保障活动实效

一次高质量的教研活动离不开活动前的精心准备，为了保障活动的有效开展，活动前分别录制了展现教师视角、儿童视角对于"小水池"课程资源观点的视频，帮助教师在教研中发现儿童视角和成人视角下课程资源的不同，由此理解为何要摒弃成人视角下对课程资源的界定，认识基于儿童视角开展活动的重要性。

（三）明晰"研"路，推进研讨深入

教研活动中，通过自由分享话资源—案例分析辨资源—分析研讨挖资源—总结提炼析资源四个环节层层推进教师对儿童视角下班本课程资源的认识。通过案例分析、互动研讨、自由表达、观点碰撞、批评反思等多种形式引导教师积极参与，深入思考，构建经验，促进教师研究意识和思辨意识的形成。

（四）聚合资源，赋能教师成长

本次教研活动，促使教师能够发现儿童、理解儿童，认同儿童独特学习方式的价值，依托资源，善于发现儿童的需求，审议资源、激活资源，创建幼儿园独有的课程资源库，激励更多的教师成为读懂儿童的研究型教师。

二、不足之处及改进建议

本次教研活动对课程资源价值挖掘不足，需要进一步对标《指南》深入开发课程资源，为幼儿提供适宜的主题课程。

基于游戏观察探讨回顾环节的有效组织与实施策略

大连市长兴岛经济技术开发区幼儿园　孟繁玉

　　我园践行安吉游戏精神，深耕自主游戏实践探索，以自主游戏开展过程中教师的问题和困惑为导向进行专题研究。我们通过现场观摩了解情况，结合日常交流中教师们的反馈，发现目前我园自主游戏开展普遍存在的问题是幼儿游戏的持续性不强，教师不能有效挖掘游戏的价值，助推幼儿的深度学习。在回顾环节，教师虽然给予幼儿回顾交流的机会，但是对回顾的形式、内容、策略等存在很多困惑，迫切需要解决。基于此，生成了"基于游戏观察探讨回顾环节的有效组织与实施策略"专题教研活动。

活动方案

教研主题	基于游戏观察探讨回顾环节的有效组织与实施策略		
教研时间	2023年5月15日（星期一 12:40—14:00）	教研地点	幼儿园多功能室
主持人	孟繁玉	参加对象	幼儿园全体教师
教研背景	在开展安吉游戏园本化实践过程中，我园以《指南》《评估指南》为依据，深耕自主游戏实践探索，聚焦自主游戏"计划—实施—回顾"各环节的有效组织与实施，以教师遇到的问题和困惑为导向，自下而上形成系列专题研究。我们在现场观摩教师组织自主游戏时，发现教师不能基于观察挖掘出幼儿游戏的价值，不能有效地推动幼儿的持续探究与深度学习。我们进一步分析原因，发现问题主要在于回顾环节的师幼互动质量不高，教师通过有效提问与追问引导幼儿回顾游戏的价值点，支持幼儿持续游戏的能力有待提升。 　　《评估指南》在师幼互动关键指标中指出："尊重并回应幼儿的想法与问题，通过开放性提问、推测、讨论等方式，支持拓展每一个幼儿的学习。"教师虽然给予幼儿回顾交流的机会，但是对以怎样的形式、内容、策略等进行回顾仍存在困惑，是迫在眉睫需要解决的问题。因此，本次教研活动确立主题为"基于游戏观察探讨回顾环节的有效组织与实施策略"，力求通过本次教研提升教师对回顾环节教育价值的认识，梳理出回顾环节的组织与实施策略，促进幼儿深入游戏和深度学习。		
教研目标	1. 通过问题解析，基于观察视角了解回顾环节的价值与必备条件。 2. 通过探讨和交流，梳理出回顾环节的问题与解决策略。 3. 通过理论提升，汇总回顾环节组织与实施的有效策略，促进幼儿的持续游戏与学习。		
教研准备	1. 教研前教师思考组织实施回顾环节的困惑，主持人做好收集和梳理。 2. 大记录单3张、个人教研记录单（人手一张）、策略提炼单、彩笔、教研本。 3. 教研主题PPT、数字签1~21、音乐《森林狂想曲》。		
教研形式	热身游戏、交流分享、小组研讨		

（续表）

教研过程	一、**热身游戏，概念理解**（12:40—12:45） 抽签分组，组织教师说唱"自主游戏里边做什么"。 二、**达成共识，引出主题**（12:45—12:50） 1. 主持人通过提问，引导教师思考交流，明确回顾环节对幼儿发展的价值。 2. 主持人介绍教研背景，引出教研主题。 三、**聚焦问题，小组研讨**（12:50—13:15） 分组研讨问题： 1. 回顾的内容和形式依据什么来确定？ 2. 在回顾环节，教师如何做到以幼儿为主体？ 3. 如何提升回顾环节的有效性？ 四、**汇报交流，分享经验**（13:15—13:30） 每组分享汇报小组讨论结果，其他组提出异议； 速记员记录整理解决问题的策略。 五、**梳理经验，理论提升**（13:30—14:00） 主持人对有异议的问题进行追问并梳理，对汇总的策略进行解读和理论提升。

活动纪实

教研过程

一、热身游戏，概念理解（5分钟）

（一）抽签团建。采取抽数字签的游戏方式，临时组建教研小组，打破年龄段组。

教师进行热身游戏

（二）进行热身游戏"自主游戏里边做什么"。通过游戏加深教师对自主游戏理念的理解。

主持人：在活动开始之前，我们一起来玩一个热身游戏"自主游戏里边做什么"。大家说的内容不能重复哟！

游戏的问题	老师的回答
自主游戏里边做什么？	发现、倾听、观察、参与、分析、合作、介入、回顾、记录、交流、分享、支持、拍照、录像……

二、达成共识，引出主题（5分钟）

主持人：幼儿自主游戏的组织包括游戏前的计划、游戏中的实施和游戏后的回顾三个环节。那么，为什么要在游戏后组织幼儿回顾呢？请大家谈一谈对回顾环节的认识。

教师A：幼儿在游戏中常常会生发一些有意义的学习，但是幼儿通常自己意识不到，所以需要通过回顾环节帮助幼儿梳理游戏中获得的有益经验。

教师B：幼儿在游戏中会有不同的经验，也会有不同的发现。回顾环节为幼儿创造了与同伴分享交流的机会，幼儿从同伴的分享中可以学到很多知识和经验。

教师C：回顾环节给幼儿提供了自由表达的机会，可以发展幼儿的语言表达能力，特别是对一些性格比较内向的幼儿来说，还可以鼓舞他们的自信心。

教师D：自主游戏中的一切行为都是幼儿自发的探究行为，有很多行为幼儿意识不到其价值，或者说不确定做得是否得当。借助回顾环节，教师就可以对幼儿的行为进行评价和引导，也可以鼓励幼儿对自己和同伴的游戏行为进行描述和评价。这个过程可以让幼儿充分感受到自己被尊重、被认可、被需要，这种肯定和鼓励会极大地增强幼儿的自主性。

主持人：的确如此，只有当幼儿把自己的游戏行为和其所产生的结果建立前后联结才算获得经验。刚才大家提到，回顾环节可以帮助幼儿积累自身经验、共享同伴经验，对幼儿语言表达能力的提高以及自主性的养成都有很大帮助，由此可见，回顾环节对幼儿的发展有着重要的价值。本次教研前，我向大家收集了组织开展回顾环节的问题清单，通过对这些问题进行归纳整理，结合日常观察和交流，发现大家对回顾环节的组织与实施有很多困惑，对回顾什么、怎么回顾都很模糊。基于此，今天我们就围绕"基于游戏观察探讨回顾环节的有效组织与实施策略"展开研讨。

三、聚焦问题，小组研讨（25分钟）

主持人：接下来，请各组结合日常游戏回顾环节中的观察发现，深入研讨三个问题：

1. 回顾的内容和形式依据什么来确定？
2. 在回顾环节，教师如何做到以幼儿为主体？
3. 如何提升回顾环节的有效性？

请每个小组选好记录员和汇报员，研讨时长为25分钟。请把握好时间，在规定时间内完成讨论和记录，希望每个组员都能积极参与研讨，大胆表达自己的想法。

四、汇报交流，分享经验（15分钟）

主持人：刚才各组讨论得都非常热烈，下面就请各组汇报员依次汇报本组的研讨结果。

研讨问题	1组	2组	3组
1.回顾的内容和形式依据什么来确定？	教师要筛选、提取有价值的经验作为回顾内容。回顾内容可以涉及游戏行为的安全性、游戏中的同伴交往、游戏中幼儿遇到的困难、游戏中幼儿的创新行为等方面。	回顾的内容和形式是根据游戏场地和游戏过程来确定的。	幼儿回顾玩了什么、怎样玩的。幼儿分享自己遇到了什么问题，是怎样解决的。除了集体回顾，还可以通过小组讨论等方式进行回顾，这样既满足了幼儿回顾的需求，也节约了时间，提高了效率。
2.在回顾环节，教师如何做到以幼儿为主体？	以幼儿为主体，教师起穿针引线的作用。	留意不主动发言的幼儿，他们也有典型经验或者困惑，教师要引导他们大胆表达自己的想法，给予适宜的支持。	教师要充分地尊重幼儿，耐心倾听幼儿的想法，不要打断幼儿。

（续表）

研讨问题	1组	2组	3组
3. 如何提升回顾环节的有效性？	回顾的前提条件是教师要通过录视频、拍照及其他记录方式做好观察。	教师只有在观察的基础上才能够引导幼儿有效地进行回顾。 教师要了解幼儿的已有经验。只有了解幼儿，才能够选择恰当的方式支持和引导幼儿发展。	回顾要在观察的基础上进行，教师要根据自己的观察有侧重点地进行回顾。这样有助于教师进一步观察和指导，深入挖掘游戏价值。 教师要及时肯定幼儿，鼓励幼儿大胆表达。

五、梳理经验，理论提升（30分钟）

主持人：经过大家的讨论交流和汇报，我们能够梳理提炼出自主游戏中回顾环节的组织与实施策略。

研讨问题	研讨成果
1. 回顾的内容和形式依据什么来确定？	1. 依据教师有计划、有目的的观察，把幼儿的经验分成两类：值得集体分享和讨论的，要引导幼儿在集体面前表达；在其他自由活动时间或结合其他类型活动引导幼儿回顾。 2. 值得集体分享和讨论的内容包括：幼儿在游戏中的创意性表现和成功的体验，以及游戏中出现的问题和矛盾的焦点等。
2. 在回顾环节，教师如何做到以幼儿为主体？	1. 教师要明确自己的作用价值。 2. 教师组织幼儿有意识地对自己游戏过程中所有探索行为与结果之间的关系进行回忆和反思，帮助幼儿获得经验、积累经验。 3. 教师仅作为引导者，筛选经验，提出挑战性问题，给予幼儿提问的机会，并同幼儿共同讨论解决办法。 4. 教师给予幼儿情感、材料、时间、空间的支持。 5. 教师必须给予幼儿自主回忆并描述活动过程，表达内心感受和想法，对他人观点发表个人见解并提出解决办法的机会，这样幼儿才能表达情绪、锻炼语言、发展思维、进行想象创造。 6. 教师要基于观察有计划、有目的地选择幼儿发言，通过提问引导他们表达和思考，鼓励并支持他们的想法。教师不要"一言堂"式地点评，不以幼儿为主体的回顾是无意义的回顾。

（续表）

研讨问题	研讨成果
3. 如何提升回顾环节的有效性？	1. 观察游戏是前提。保证观察时间，回顾环节才会发挥有效价值。 2. 预留时间是保障。要预留回顾的时间，给幼儿提供回顾、反思、交流的机会。 3. 教师肯定是关键。教师表示肯定鼓励的言行举止，都是给予幼儿最好的支持。

主持人：回顾环节是教师组织幼儿有意识地对自己游戏过程中的所有探索行为与结果之间的关系进行回忆和反思的过程，是帮助幼儿获得经验、积累经验的过程，作为自主游戏的一个必要环节，对游戏价值的发挥起着重要的作用。有效的游戏回顾以教师对幼儿游戏的观察为前提，以必要的时间为保障，以幼儿主体为根本，以教师肯定为关键。我们要高度重视并有效支持幼儿做好游戏回顾，在经验分享、积累和改造中，促进幼儿的深度学习与发展。请大家将今天梳理的策略在以后的自主游戏实践中反复实践运用，下一阶段，我们将开展回顾环节的有效组织与实施案例分享交流活动，请大家做好准备！

活动反思

回顾环节是幼儿自主游戏的一个重要环节，教师不仅要将回顾环节作为自主游戏的组织常规来执行，更需要在实践过程中不断反思和总结，提升专业能力，有效地帮助幼儿梳理和拓展经验。本次教研活动让教师们进一步明确了回顾环节的重要性，提炼出的回顾环节的组织与实施策略对教师更高质量地组织开展自主游戏活动很有帮助。

一、教研活动亮点

（一）教研主题明确

本次教研前，主持人收集了教师组织开展回顾环节的问题清单，基于对这些问题的归纳梳理，最终确定了本次教研活动的主题。教研各环节也紧扣教研主题展开，体现了教研解决教育实践中真问题的特点。

（二）教研准备充分

本次教研活动前，主持人制订了详细的教研活动方案，明确了教研目标、教研内容、教研形式、教研流程等内容。教研前，主持人向全体教师收集了组织开展回顾环节的问题清单，并要求全体教师自学回顾环节的相关理论知识，做足了经验准备。教研过程中所有要用到的设备和工具也提前做好了准备，保障了教研活动的顺利开展。

（三）教研氛围热烈

教研以游戏"自主游戏里边做什么"开场，引发教师们思考自主游戏理念，理解自主游戏中教师的角色作用和幼儿应该有的游戏状态。热身游戏为整个教研活动的开展营造了轻松愉悦的氛围。整个教研过程中，教师们主动思考，积极发言，组内有讨论和学习，组与组之间有质疑和争辩，教研氛围热烈。

（四）教研成果显著

主持人聚焦问题，引导教师们深入思考、积极交流，明确了回顾环节的重要价值，掌握了回顾环节的组织与实施策略，提升了教师组织回顾环节的能力，达成了教研目标。

二、活动中的不足与改进

（一）教研形式有待丰富

本次教研活动中，教师们对问题的研讨主要基于日常的理论学习所获和教育实践所思，更多的是经验的探讨和分享，缺少针对性。下一次教研活动中，可以提供教师组织开展回顾环节的视频案例，通过案例分析，让整个研讨过程更生动具体。

（二）教师参研能力有待提高

教研过程中个别教师有等待和顺从现象，在问题的质疑上缺少坚持，在梳理策略过程中主持人帮助多，教师梳理提炼少。参研教师发言的主动性和独立思考汇报能力还需加强，在今后的教研中还需引导教师多思、多言，提高教师的教研能力和专业水平。

基于幼儿需求的自主游戏区域创设调整策略

大连市实验幼儿园　王美

为贯彻落实《评估指南》和省市级安吉游戏推广实施项目对自主游戏区域创设的相关要求，有效解决教师们对即将开展的基于幼儿需求的自主游戏区域创设调整工作的问题与困惑，与幼儿一起创设真正的游戏环境，向幼儿传递"可移动、可改变"的游戏精神，我们在前期自主游戏环境创设实践经验基础上，将"基于幼儿需求的自主游戏区域创设调整策略"作为本次教研活动的主题。

活动方案

教研主题	基于幼儿需求的自主游戏区域创设调整策略		
教研时间	2023年3月14日 （星期二 13:00—14:30）	教研地点	幼儿园综合活动室
主持人	王美	参加对象	全体教师
教研背景	《评估指南》指出："因地制宜为幼儿创设游戏环境，提供丰富适宜的游戏材料，支持幼儿探究、试错、重复等行为""合理规划并灵活调整室内外空间布局，最大限度地满足幼儿游戏活动的需要"。省市级安吉游戏推广实施项目对幼儿园自主游戏区的创设理念和组织实施提出了"儿童在前，教师在后"的要求，旨在最大程度地将环境留给儿童，为儿童开展游戏提供无限可能性。 　　我们在自主游戏环境创设方面开展了初步探索并取得了一些经验，通过面向全园教师开展问卷调查，发现教师们的问题与困惑主要聚焦在自主游戏区域创设调整组织实施前和实施后两个维度，表现为"小龄段幼儿如何参与区域调整""区域调整的时间和频率"等。 　　为了贯彻落实《评估指南》关于环境创设的相关要求和省市级安吉游戏推广项目关于自主游戏区域创设的新要求，切实解决教师在基于幼儿需求的自主游戏区域创设调整工作中的困惑，我们将"基于幼儿需求的自主游戏区域创设调整策略"作为园本教研活动的主题，积极思考如何打破传统的游戏环境创设理念和方式，梳理探索幼儿参与的自主游戏区域环境布局及材料投放调整的组织策略和路径，向幼儿传递"可移动、可改变"的游戏精神，创设真正意义上的幼儿的环境。		
教研目标	1.通过梳理总结调研结果，引发教师对基于幼儿需求的自主游戏区域创设调整策略的有效思考。 2.通过互动研讨、分享交流、总结提升等教研方式，帮助教师梳理总结基于幼儿需求的自主游戏区域创设调整策略，完善组织幼儿参与自主游戏区域环境调整活动的实施方案。		

（续表）

教研准备	1. 学习《评估指南》和省市级安吉游戏推广实施项目关于自主游戏区域环境创设的相关要求和内容。 2. 开展"基于幼儿需求的自主游戏区域创设调整工作的实践问题与困惑"问卷调查并对结果进行梳理分析。 3. 教研活动告知单、教研记录单、调查问题关键词分析图。 4. 教研活动PPT、多媒体设备、记录笔。
教研形式	问题牵动、分享交流、实践转化应用
教研过程	一、流程介绍，明确方向（13:00—13:05） 主持人介绍教研内容和活动流程，帮助教师明确教研目标，激发参研兴趣。 二、问题分析，引发思考（13:05—13:15） 主持人向参研教师反馈问卷调查结果，引发参研教师对基于幼儿需求的自主游戏区域创设调整策略的思考。 三、分组研讨，互动交流（13:15—14:05） 主持人通过数字游戏明确小组分工，组织教师围绕两个核心问题进行小组研讨和观点分享交流，引导教师初步梳理总结基于幼儿需求的自主游戏区域创设调整策略。 问题一：立足本组实际，思考基于幼儿需求与想法组织开展自主游戏区域空间布局与材料投放调整的方式有哪些。 问题二：新理念下的自主游戏区域调整过程中，教师引导支持的基本原则和注意事项有哪些？（可从多个维度讨论） 四、梳理提升，形成共识（14:05—14:30） 主持人对小组研讨生成的观点进行梳理总结，从理念指导、基本原则、实施建议方面进行专业提升，引导教师明确基于幼儿需求的自主游戏区域创设调整策略，同时布置教研作业，明确下一阶段教研计划。
教研成果	1. 引导教师梳理总结具体可操作的基于幼儿需求的自主游戏区域创设调整策略与路径。 2. 引导四个混龄研讨小组通过梳理总结组织实施的策略与路径，形成个性化的、适宜的组织幼儿参与自主游戏区域创设调整的实施方案。

活动纪实

教研过程

一、流程介绍，明确方向（5分钟）

主持人：本次园本教研主题为"基于幼儿需求的自主游戏区域创设调整策略"，教研活动分为四个环节，分别是"流程介绍，明确方向""问题分析，引发思考""分组研讨，互动交流""梳理提升，形成共识"。

二、问题分析，引发思考（10分钟）

主持人：前期，教研组面向全园教师进行了"基于幼儿需求的自主游戏区域创设调整工作的实践问题与困惑"的调查，以混龄组为单位，从全园32名全日制班级教师中，共收集了27条问题与困惑。

混一组
1. 幼儿游戏同时开放班级和区域活动，教师如何兼顾？
2. 环境创设小班、中班幼儿居多。他们如何参与到环境创设中？
3. 幼儿对材料的需求不同，对幼儿不喜欢的材料，教师应该怎样做？
4. 对于环境的规划，教师是否可以让幼儿提前思考、商量，共同解决？
5. 幼儿自主选择游戏材料后，区域之间材料重复或功能重复如何解决？
6. 更新后的材料是否需要做标识？

混二组
1. 区域游戏墙的创设是征求幼儿的意愿还是必须保留？游戏规则、游戏故事、游戏支架、过程等是否需要展示？
2. 幼儿的表征本集中放在区域展示还是挂在各自的班级中？
3. 各区域是否需要单独的作品展示区，环境创设时幼儿可以将作品搬走吗？
4. 材料超市如何建设，教师可否提前对其布局和规划，低结构材料和工具柜子都可以放在其中吗？
5. 表演区和植物角的物品可以根据幼儿的意愿搬到其他区域玩吗？

混三组
1. 区域是否一定要融合在一起，是否需要保留明确的界限和主题？
2. 区域材料的投放是否要有指向性，例如指南针、手电筒等物品还需要固定投放在科学区吗？
3. 游戏后区域布局是否需要复原？幼儿集中教学活动和进餐如何进行？
4. 区域墙面内容如何布置？
5. 是否只提供低结构材料？是否需要有教师制作的半成品？
6. 每次游戏是否都从第一步自主创设环境开始？还是直接玩游戏？
7. 区域调整前幼儿需要做计划和规划吗？
8. 能力差、不参与调整的幼儿什么时候介入？一起进行调整和游戏会发生分歧。

混四组
1. 怎样安排区域调整的时间和频率？
2. 关于区域布局和调整，幼儿间的意见不统一，如何决定？
3. 自主游戏调整后，区域墙面如何呈现？
4. 资源中心的位置，材料都集中在超市吗？
5. 自主游戏的时间是不连续的，幼儿在间隔时间后遗忘前一游戏的游戏主题，如何解决？
6. 当幼儿的游戏零散时，是否需要教师引导生成？
7. 自主游戏中，教师的游戏观察位置应该在哪里？是定点观察，还是追踪幼儿？
8. 区域游戏中，不同年龄段幼儿的游戏水平不同，教师如何帮助幼儿构建有梯度的游戏环境？

调查问题统计清单

主持人：经分析汇总，27条问题与困惑主要集中在基于幼儿需求的自主游戏区域创设调整组织实施前和实施后两个维度。我们采用关键词频率分析法，对调查结果进行统计，形成了问题关键词分布图。

实施前，存在的问题与困惑

调整前规划　参与区域调整的幼儿年龄
不需要的材料如何解决　班级、区域兼顾
做标识　材料超市　表征本
资源中心的位置

区域创设调整组织实施前关键词分布图

实施后，存在的问题与困惑

区域调整的时间和频次　作品展示区
观察位置　材料重复和功能重复
主题延续　环境梯度　游戏墙
不同区域的材料是否可以随意搬动　零散&生成

区域创设调整组织实施后关键词分布图

三、分组研讨，互动交流（50分钟）

（一）数字游戏，确定分工（3分钟）

主持人：小组内每个人写一个1~99之间的整数，选出写的数最接近平均数一半的一位教师作为分享人，第二接近的作为记录人。

（二）分组研讨，同伴互助（27分钟）

主持人：围绕"基于幼儿需求的自主游戏区域创设调整策略"教研主题，我们分解出两个递进性的教研问题，请以组为单位，共同理解问题、分析问题、提出观点，采用分组合作的方式展开研讨交流。

（三）分享交流，思维碰撞（20分钟）

主持人：请四个小组的分享人轮流分享研讨观点，每组5分钟。

问题一：立足本组实际，思考基于幼儿需求与想法组织开展自主游戏区域空间布局与材料投放调整的方式有哪些。

混龄一组分享人：我们会从中班选择一些能力比较强的幼儿和大班幼儿一起参与整理的过程。根据幼儿的兴趣，引导幼儿选择调整的区域，通过混龄合作，以大带小，共同参与游戏区环境创设调整。教师分布到各个区域进行观察、支持与指导。

混龄二组分享人：我们整体参与活动的年龄段以中、大班为主，按照"总—分—总"形式开展。调整前先由一位教师讲解调整区域的规则，过程中六位教师进入各个区域协助幼儿，结束时带领幼儿进行总结。

混龄三组分享人：组织形式上，我们设想以一位教师为引导者，即一号主持人，组织幼儿开展调整前的调查和交流，请幼儿互相讨论：需要什么材料？想和哪些同伴一起去调整？需要的材料想摆放在什么位置？想怎么布局？其他教师作为二号主持人，关注幼儿的安全问题，协助幼儿进行玩具柜、材料的布局和摆放。

混龄四组分享人：调整前先给幼儿看一下游戏区的整体布局图。请幼儿讨论一下：想去哪里游戏？想把这里改成什么样子？我们将尝试做一个沙盘，模拟幼儿调整区域布局与材料的前期设想。中期的时候，引导幼儿对布局图进行讨论，确定好哪些功能环境是必须保留的，比如游戏表征墙、游戏问题墙等。

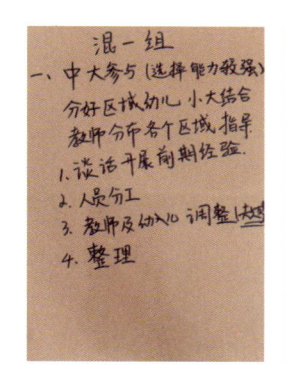

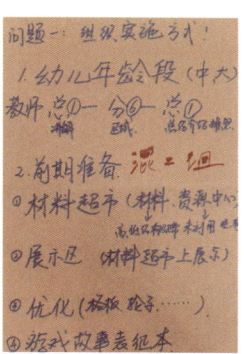

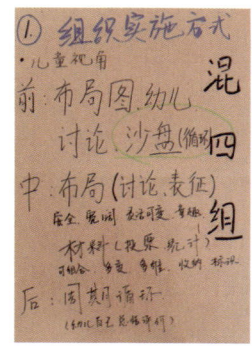

问题一各组研讨记录单

问题二：基于儿童需求和想法的自主游戏区域调整过程中，教师引导支持的基本原则和注意事项有哪些？（可从多个维度讨论）

混龄一组分享人：教师的角色需要转变。要有活动过程中前期指导语的要求，以尊重为先的引导。通过有效的师幼互动，支持幼儿用自己的想法改变区域布局。

混龄二组分享人：教师要用适宜的指导策略，例如提问、推测和合作，问问幼儿是怎么想的，如果这样创设会怎么样，想和谁一起来试一试。

混龄三组分享人：一是安全性，要建立一些规则，让幼儿有安全意识。二是合理性，调整后的区域是否方便幼儿园一日生活的各个方面的活动，比如是否留出餐车经过的位置等。

混龄四组分享人：要适时地介入，教师始终要观察幼儿，对于幼儿调整过程中的行为、语言进行适时的分析、介入、支持。

问题二各组研讨记录单

四、梳理提升，形成共识（25分钟）

（一）梳理总结，专业引领（15分钟）

主持人：今天我们通过交流研讨，挖掘基于幼儿需求与想法组织开展自主游戏区域空间布局与材料投放调整的方式以及引导支持的基本原则和注意事项。支持幼儿自主创设游戏区域是一个持续渐进的过程，我们在实践中可以遵循如下的行动理念、基本原则和实施建议：

1. 行动理念

★尊重幼儿，将空间设计与使用的权利还给幼儿，鼓励并支持幼儿运用已有知识和经验，将自身需求与自主游戏区域创设、改造相融合，通过同伴合作、讨论、试错等过程，达成一致的思路。

★基于观察，运用多形式的师幼互动适时地引导幼儿从安全性、可操作性、适宜性等不同角度思考自己的看法和观点。

2. 基本原则

★打破界限、开放流通：丢掉标识牌、进区卡，思考研判吊饰是否需要。

★分区中的柜子尽量通透，材料区的柜子可以单面通透，实现"看得到，拿得到，放得回"。

★撤掉区域固定的主题，将区域作为存放幼儿游戏材料的空间，划分为几个大致的版块类型，让幼儿真正为自己的游戏做主。

★每位教师在定点区域进行观察、拍摄，倾听幼儿对环境创设的想法与思考。

3.实施建议

★调整范围：第一阶段，建议仅调整混龄共享区域，暂时不进行班级区域扩展。

★参与范围：全组大班、中班。

★准备：根据本组实际情况，自主决定是否组织幼儿先进行讨论或者计划表征。

★调整后的基本功能区：区块，在原来区域原地调整；资源中心（即广义"材料超市"），依据实际剩下的桌椅、柜子数量选址；要有问题墙，不要表征墙（替换表征册、夹）。

（二）布置任务，明确方向（10分钟）

主持人：请各组以本次教研活动形成的主要观点和实施建议与原则为依据，完善下一步组织幼儿参与自主游戏区域环境调整活动的实施方案。下一阶段现场调整活动实施时间依次是：3月20日混龄三组、混龄四组；3月21日混龄一组；3月22日混龄二组。

附录

基于幼儿需求的自主游戏区域创设调整案例
大连市实验幼儿园 混龄四组

参与幼儿：混龄四组大班幼儿

参与教师：混龄四组全体教师

观摩教师：全园其他组教师

调整位置：原角色区（混四3班门口）

材料准备：

1.宽阔的场地；

2.幼儿调整计划图纸；

3.话筒、音响、移动滑轮、湿巾、纸巾、小抹布、套袖等。

调整过程：

一、前期计划（2023.03.15–2023.03.17）

（一）绘画计划：幼儿观察区域布局及材料，进行前期区域绘画，并根据自己的设想标记出想要调整的位置。

幼儿游戏计划

（二）引导谈话：一名教师进行引导谈话，根据幼儿的调整计划组织小组讨论。

二、调整实施（2023.3.20）

（一）空间布局

1. 主持教师通过对话引导幼儿根据小组讨论结果进行空间布局。

2. 幼儿进入游戏区移动柜子和游戏材料的位置。

3. 教师观察幼儿在游戏中的表现和问题，及时给予支持和引导。两名教师对幼儿调整过程进行拍摄记录。

（二）材料调整

幼儿根据自己的游戏意愿选择材料，将不需要的材料放到统一位置。重新将游戏材料摆放到想要放的位置。

（三）清洁整理

在挑选游戏柜和游戏材料后，幼儿清洁整理自己选择的柜子，教师可从旁指导。

幼儿调整空间布局

活动反思

本次主题化园本教研活动立足幼儿园即将带领幼儿调整自主游戏区域的实际，采用问题牵动式教研，通过发起两个核心交流话题，帮助教师在集体智慧的碰撞中，形成了适合本组的基于幼儿需求和想法的自主游戏区域创设调整的组织实施完整路径，形成了解决实践问题的关键结论和成果。反思整个教研活动，主要具有以下特点。

一、鲜明的教研主题

教研活动聚焦"基于幼儿需求的自主游戏区域创设调整策略"主题，有目的、有重点地推进了幼儿园安吉游戏背景下自主游戏区域创设调整的现实问题的解决。这一主题，一方面体现了"自上而下"的教育改革的目标和要求。我们在安吉游戏推广实施项目实践探索中，始终将丰富和完善每一处自主游戏环境视为"儿童视角"的产物，探讨组织幼儿参与自主游戏区域创设的策略是符合政策导向的。另一方面，也反映了"自下而上"的需求。通过对教师实践问题及困惑的调查，我们发现教师普遍对创设以幼儿为主体的游戏环境存在多维度的教研需求以及一系列真问题，亟待通过园本教研进行攻关破解。因此，本次教研活动的主题具有实效性、鲜明性。

二、持续的教研过程

围绕教研主题，我们采用了问题牵动、分享交流、实践转化应用等教研形式，经历了从教研问题调查到现场教研攻关再到教研成果实践转化三个阶段，突破了同一主题一次性现场教研的传统方式，实现了同一主题持续性的教研过程。同时，教研内容从发现基于幼儿需求的自主游戏区域创设的问题与困惑，到探讨如何组织幼儿参与自主游戏区域环境、材料调整，再到研讨结论在实践中真实转化，即采用不同的方式组织幼儿进行自主游戏区域调整活动，验证策略的可行性，进一步梳理最佳的组织幼儿参与环境创设和材料投放的策略。持续的教研让主题教研的实效随着实践的推进充分地体现出来，并且这种教研的持续性也体现了对活动的精心设计和对该主题系列活动的整体性策划。由此，本次教研的过程性效果就分外凸显。

三、多层的教研参与者

本次教研活动的参与者群体不单单是教师,聚焦教研主题所突出的"儿童立场",还纳入了幼儿群体。现场教研部分,主要以教师为参与者,汇集实践问题,研讨操作策略。实践转化应用部分,教师分批分组观摩了教研结论的实践落实过程,即每个组都按照研讨后形成的实施策略和流程,现场组织幼儿对自主游戏区域进行空间布局、材料投放等全面调整。因此,幼儿在教研持续推进中成为教研的参与者,教师通过对幼儿的观察以及支持性、启发性的师幼互动,不断生成新的问题,为进一步修正教研结论提供了依据,催化了一套完整的、最佳的、通用的组织实施操作指南,实现了园本教研从解决实践问题到运用实践验证的有效衔接。

四、丰富的教研收获

主题化园本教研的核心意义就是为了解决教师在安吉游戏背景下自主游戏实践中遇到的困惑和难题,真正提高教师的游戏课程实施水平和课程领导力。本次教研活动的开展,梳理了幼儿园自主游戏课程的实践经验与方法,促进了教师专业水平和专业素养的提升。不仅形成了幼儿参与自主游戏区域创设调整的组织实施操作指南,也帮助教师进一步深入、细致地思考组织过程中的基本原则和注意事项,帮助教师重塑了自主游戏区域创设的"儿童视角"理念。

幼儿自主游戏分享交流环节的组织策略研讨

大连市沙河口区第十幼儿园　徐雯婷

为了有效解决教师在自主游戏分享交流环节遇到的问题与困惑，提升自主游戏分享交流环节的整体质量，促进幼儿在游戏中的学习与发展，推动安吉游戏实践研究和《评估指南》在我园的有效贯彻落实，我园确立了"幼儿自主游戏分享交流环节的组织策略研讨"系列教研主题。本次教研活动将对"自主游戏分享交流内容价值判断和分享交流方式"进行重点研讨。

活动方案

教研主题	幼儿自主游戏分享交流环节的组织策略研讨		
教研时间	2023年3月28日 （星期二 12:40—14:10）	教研地点	幼儿园一楼多功能厅
主持人	徐雯婷	参加对象	幼儿园全体教师
教研背景	我园自2022年开展自主游戏实践探索以来，教师在组织实施游戏分享交流环节积累了一些经验，但仍存在许多问题，比如"分享交流的问题多为教师提出，教师的主导性比较强""对幼儿回顾表达游戏中自己是如何解决问题、自己解决问题后的情绪情感等方面的引导不够""及时捕捉并利用分享交流的关键信息进行游戏环境材料调整、生成基于幼儿兴趣和需求的课程的能力不足"等。 　　为了有效解决教师在组织开展自主游戏分享交流环节存在的问题，提升教师组织分享交流环节的能力，促进幼儿在游戏中的学习与发展，推动自主游戏高质量开展，我园确立了"幼儿自主游戏分享交流环节的组织策略研讨"系列主题教研活动。本次教研活动将对"自主游戏的分享交流内容价值判断和分享交流方式"进行重点研讨。		
教研目标	1. 通过观摩案例视频，引发教师对分享交流环节内容价值判断和分享交流方式的有效思考。 2. 通过交流研讨和总结提升，帮助教师明确游戏分享交流环节内容价值判断的要点及适宜的分享交流方式，提高教师的分析与思辨能力，形成对游戏分享交流环节的独特思考。		
教研准备	1. 学习《指南》关于幼儿五大领域核心发展经验和《评估指南》关于自主游戏分享交流方面的内容要求。 2. 中班组游戏分享交流环节案例视频、小组研讨记录单、培训PPT、多媒体设备。		
教研形式	案例观摩、研讨交流、总结提升		
教研过程	**一、介绍流程（12:40—12:42）** 主持人介绍教研流程，帮助教师明确教研内容。		

（续表）

教研过程	**二、案例观摩（12:42—13:10）** 主持人组织教师结合两个问题分别观摩中一班、中二班游戏分享交流环节案例视频，引发教师对游戏分享交流环节内容价值判断的要点及分享交流方式的有效思考。 问题1：每个案例中游戏分享交流的内容是什么？ 问题2：每个案例中游戏分享交流的组织策略是否适宜？ **三、小组研讨（13:10—13:35）** 主持人组织教师围绕上一环节提出的两个问题进行小组内观点交流，组长负责从"分享交流内容的价值判断""分享交流方式的适宜性及建议"两个方面对组内发言进行梳理归纳，并记录在研讨记录单上，引导教师在小组同伴互助下进行深刻思考，达成组内共识。 **四、汇报交流（13:35—13:45）** 主持人组织小组进行研讨，并进行汇报交流，引导教师拓宽视野，进一步加深对"游戏分享交流的内容价值判断要点和适宜的分享方式"的思考和认识。 **五、总结提升（13:45—14:10）** 主持人对小组汇报交流的观点进行梳理总结，并进行专题培训，帮助教师明确游戏分享交流的内容价值判断要点和适宜的分享方式。
教研成果	1. 引导教师进一步明确游戏分享交流环节的重要作用。 2. 引导教师梳理总结适宜、有效、对幼儿发展有益的自主游戏分享交流环节的内容价值判断要点和适宜的分享方式。

活动纪实

教研过程

一、介绍流程（2分钟）

主持人：在本次教研活动中，我们将通过"流程介绍、案例观摩、小组研讨、汇报交流、总结提升"五个环节，思考探索自主游戏中分享交流环节的内容价值判断要点和适宜的分享方式。

二、案例观摩（28分钟）

主持人：请大家带着以下两个问题认真观看中一班、中二班两位老师的自主游戏分享交流环节案例视频。
问题1：每个案例中游戏分享交流的内容是什么？
问题2：每个案例中游戏分享交流的组织策略是否适宜？

三、小组研讨（25分钟）

主持人：请托、小班教研组和中、大班教研组分别围绕刚才观摩的案例视频，结合"每个案例中游戏分享交流的内容是什么""每个案例中游戏分享交流的组织策略是否适宜"两个问题，开展小组问题聚焦式研讨。小班教研组组长和大班教研组组长分别负责将本组教师的发言从"分享交流内容的价值判断""分享交流方式的适宜性及建议"两个方面梳理归纳记录到小组研讨记录单上。

四、汇报交流（10分钟）

主持人：刚才两组进行了热烈的组内交流讨论，下面请每个组汇报本组研讨梳理的内容。

托、小班组汇报人A：关于分享交流内容的价值判断，在中二班老师的案例中，建构区游戏里幼儿的建构水平限于使用纸砖进行单一材料的架高和连接，能将通过生活媒介（电视、电影等）所获得的间接经验在游戏中进行再现与表达；科学探究区游戏中幼儿对光影游戏感兴趣，对颜色与光影之间的关系进行探究和思考，能比较完整清晰地表述探究方法和结果。

建构区游戏分享交流中的师幼互动

教师	幼儿
提问：今天搭建的跨海大桥与以前的有什么不同？	回答：今天搭建的是台湾和钓鱼岛的连接桥，但是纸砖不够了。
回应：可以提前到地下建构长廊带一些纸砖回来用。	

科学探究区游戏分享交流中的师幼互动

教师	幼儿
提问：你们今天在玩手电筒的时候有什么发现？	回答：把红颜色的玻璃片放到手电筒上照到天棚上是红颜色的，换成蓝颜色玻璃片照出来是蓝颜色的。
提问：小朋友还有什么发现？	回答：把玻璃片贴到手电筒上往地上照和离开手电筒一点距离往地上照光圈是一样的。
教师让幼儿演示后肯定了幼儿的发现。	

托、小班组汇报人A：在分享交流方式适宜性和建议方面，中二班老师扫描式观察后，面向全体运用互动式谈话交流的方式了解幼儿的活动内容和游戏中获得的经验，交流分享的方式是适宜的。但从基于所获信息对幼儿的学习发展做出分析、支持与推动的视角来说，采用的交流分享方式专业性不足：一是交流的话题都是由

托、小班组研讨结果

教师发起的；二是对幼儿的提问和回应缺乏让幼儿进一步去探究、去发现、去试错、去纠正的启发和引导；三是交流分享中缺乏对幼儿游戏中获得的零散经验的梳理与提升。建议教师要思考如何基于幼儿现有的游戏水平去提升幼儿的能力，激发幼儿进行新的探索和发现。

中、大班组汇报人B：在分享交流内容的价值判断方面，中一班老师的案例中，老师带领幼儿分享了益智区和美工区的游戏内容。从分享交流环节中的师幼互动表现看，我们组认为分享内容流于形式，没有发挥游戏分享交流的价值追求。

益智区游戏分享交流中的师幼互动

教师	幼儿
提问：益智区的小朋友今天拼好了几幅拼图呀？	回答：两幅。
小结：这两幅拼图都是近百块的小拼图，你们真厉害！明天看看哪些小朋友再到益智区去挑战！	

美工区游戏分享交流中的师幼互动

教师	幼儿
提问：我发现琪琪小朋友今天做的蛋糕有好几层，还用了很多材料。她用彩泥盒盖做其中的一层，用吸管做蜡烛，用毛球做蛋糕上的水果，琪琪真有创意。还有谁来介绍一下你做的蛋糕？	回答：我做的是蓝莓蛋糕；我做的是奶油蛋糕。

中、大班组汇报人 B：在分享交流方式适宜性和建议方面，中一班老师采用面向全体的重点区域活动内容的分享交流，根据自己对美工区活动的重点观察，一言堂式地点评了琪琪小朋友的作品，而对其他小朋友的作品只是简单了解了一下；对益智区的分享也只是关注了游戏结果的数量，并没有通过有效的互动交流丰富幼儿的拼插方法、了解幼儿的关键经验的获得情况等，所以是不太适宜的。

建议教师在益智区拼图游戏的分享交流中，除了要肯定幼儿的拼图成果，更重要的是引导幼儿思考快速、准确、完整地完成作品的方法，还要通过与幼儿的交流，及时了解掌握《指南》中相关领域发展目标要求幼儿的达成情况，为后续游戏活动材料的调整、课程的生成等提供支持依据。对于美工区游戏的分享交流，教师要重在调动幼儿已有生活经验，拓展幼儿新的经验，并把这些经验融入作品的创作中。

中、大班组研讨结果

五、总结提升（25 分钟）

主持人：大家能够围绕自主游戏分享交流环节案例视频聚焦问题进行深入思考，并开展了热烈的观点交流。两个小组的研讨与分析充分体现出我园教师对于自主游戏分享交流环节内容价值判断的要点的理解是一致的。

自主游戏的分享交流既是幼儿间游戏经验的传递、游戏快乐的分享、游戏兴趣的激发，也是教师了解幼儿经验、梳理幼儿经验、提升幼儿经验的重要途径，更是教师反思提升、调整环境和材料、创生活动课程的重要依据。教师通过分享交流发现幼儿游戏中的学习兴趣、学习方法、所涉及的学习领域、关键经验的出现和运用等多种智力与非智力因素，思考如何推动幼儿游戏的深入、支持幼儿游戏中的深度学习，可以将游戏中的矛盾点和创新点作为分享交流的落脚点，把游戏中的偶发性行为转化为探索行为,把幼儿零散想法转化为集中问题推动分享交流的深度开展。

如果教师分享交流的组织方式不适宜、流于形式,会让我们失去了解幼儿、支持幼儿的机会,导致幼儿在个体重复性的游戏活动中失去能力提升、发展的机会。下面我将结合大家在本次案例研讨中提出的教师在分享方式方面存在的问题,以《自主游戏分享交流环节的实践问题反思》为题做问题解决策略专题培训,帮助大家了解分享交流环节适宜的分享方式。

自主游戏分享交流环节的实践问题反思

案例中看到的问题	问题解决策略
分享交流流于形式,教师一言堂。	采用回忆、辩论、对话等多种分享交流的方式调动幼儿参与分享交流的主动性、积极性。
部分幼儿对分享交流内容缺乏兴趣,未参与其中。	通过倾听、对话了解幼儿缺乏分享交流兴趣的原因,针对具体原因通过游戏故事、游戏表征、画语解读等多种交流方式引导幼儿进行分享交流。
师幼互动较多,幼幼互动少,没有给予幼儿充分的时间表达自我。	给予幼儿及时的肯定和赞美,通过问题引发幼儿间的思维碰撞,引导幼儿自由探索、交流、谈论,鼓励幼儿大胆表述自我观点。
分享交流的内容只关注游戏的结果。	透过幼儿的游戏结果,引导幼儿交流游戏中的学习经验、学习方法、问题解决方法、学习合作等。
忽视幼儿游戏中关键经验的发现和运用。	教师需要及时反思对游戏的观察,对照幼儿分享交流的内容做出快速回应。
缺乏对幼儿经验的梳理和提升。	教师要通过师幼、幼幼的互动对幼儿零散的经验进行梳理、提升、拓展。
教师准备不足。	在交流分享前,教师应当对幼儿当日的游戏计划、环境、经验、幼儿的发展水平做到心中有数。
分享展示的作品无法让全体幼儿都看到。	教师可以拍摄多角度照片、视频或进行现场分享,让所有幼儿都看到作品或者作品制作的过程。

活动反思

本次教研活动积极引导教师在观摩案例视频中发现问题、解决问题，问题的提出有自上而下的，也有自下而上的，通过发挥团队优势、集思广益，最终形成适宜的问题解决策略。教研活动主题集中、气氛热烈、成效显著，达到预期教研目标，凸显以下特点及成效：

一、聚焦实践，直面问题

教研主题是基于教师在组织幼儿自主游戏分享交流环节中出现的"教师的主导性比较强、分享交流流于形式、分享交流中缺乏对幼儿经验的梳理与提升"等实践问题而确立的，聚焦教师自主游戏实践，切实解决教师游戏实践中的真问题。

二、朴实无华，注重实效

通过观看视频、交流研讨、总结提升等环环相扣的教研过程，形成问题解决的策略，明确游戏分享交流环节的内容价值判断要点，掌握游戏分享交流环节适宜的分享方式。聚焦目标，相互启发，形成共鸣，是一次有质量、有实效的教研活动。

三、凸显专业，关注发展

本次教研活动是一次基于具体实践案例的反思研讨式教研活动，注重实践问题的梳理与解决。教研中呈现的是教师实践中常态化的真实活动视频，教师在观摩中思考问题，通过个体、小组和集体的交流、研讨、汇报、总结，逐步发现、分析、解决教师实践层面的具体问题，在分享交流环节的内容价值判断要点和分享方式方面达成共识。教研过程提升了教师分析思辨的专业素养，教研成果为教师的实践调整指明了方向，推动了教师的专业发展。

在看到教研成效的同时，我们也要关注教研成果的实践运用和转化，积极反思教师应用教研成果的情况和运用过程中出现的新问题，通过基于问题的有效教研增强教师组织开展自主游戏分享交流环节的能力，从而提升幼儿在游戏中的学习质量。

基于学习准备培养幼儿倾听与表达能力的策略研究

大连市甘井子区教育局幼儿园　陈思佳

良好的倾听与语言表达能力是幼儿升入小学后有效学习的重要保障,但是从前期面向家长和小学老师的调查问卷中了解到,升入小学的一年级新生普遍存在倾听与表达能力不足的现象。幼儿园和家庭需要充分重视并有效培养幼儿的倾听与表达能力,这样才能更好地帮助幼儿做好学习准备,提升幼小衔接工作的实效。立足问题与需求,在协同育人幼小衔接教育理念的引领下,我园开展了本次联合教研活动。

活动方案

教研主题	基于学习准备培养幼儿倾听与表达能力的策略研究		
教研时间	2023年5月22日（星期一13:00—14:30）	教研地点	幼儿园综合活动室
主持人	陈思佳	参加对象	幼儿园课题组教师、小学一年级教师代表、幼儿家长代表
教研背景	《指导要点》在"学习准备"中明确提出："培养幼儿的倾听和表达能力。组织幼儿围绕生活和游戏中感兴趣的事情进行讨论，分享自己的发现以及探究的过程、方法。教师应给予充分的时间，鼓励和引导幼儿表达……鼓励幼儿听不懂时要主动提问，对幼儿的提问及时予以回应。坚持每天和幼儿聊一聊，说一说今天做过的事情或看过的书等，帮助幼儿学习按照一定的顺序、比较完整地进行讲述。"养成良好的倾听与表达能力是幼儿入学前学习准备的重要内容。 从前期面向家长和小学老师的调查问卷中了解到，家长焦虑点之一是幼儿上学后不会听课，这与幼儿的倾听能力息息相关，小学老师也表示当前一年级新生的确存在倾听与表达能力不足的现象。我园立足幼儿园入学准备的目标要求，基于家长的焦虑和小学老师提出的问题，确定本次教研主题为"基于学习准备培养幼儿倾听与表达能力的策略研究"，为更科学地做好幼小衔接奠定基础。		
教研目标	1.通过个人思考、小组研讨，帮助教师和家长深刻理解倾听与表达能力对幼儿学习与发展的意义。 2.通过小组研讨、汇报交流，引导教师和家长关注幼儿及一年级新生倾听与表达的行为表现，了解存在的问题及产生的原因。 3.通过小组研讨、汇报交流、总结提升，从幼儿园和家庭两个方面梳理出提升幼儿倾听与表达能力的策略，提高幼小衔接工作的实效性，帮助幼儿更好地做好入学学习准备。		
教研准备	1.研读《指南》《评估指南》《指导要点》《小学入学适应教育指导要点》《小学语文课程标准》，积累教研主题相关的理论知识。 2.课件、记录单、幼儿倾听与表达相关的日常活动视频。		
教研形式	小组交流、观摩研讨、集体分享		

（续表）

教研过程	一、活动介绍，引出主题（13:00—13:05） 介绍参加教研活动的人员，引出教研主题。 二、观看案例，思考问题（13:05—13:15） 观看视频案例，思考以下问题，填写个人记录单。 问题： 1. 倾听与表达的概念及意义。 2. 倾听与表达方面存在的问题及原因。 3. 良好的倾听与表达的行为表现。 4. 倾听与表达能力培养的途径和策略。 三、小组研讨，智慧碰撞（13:15—13:35） 参研人员按身份分成家长组、幼儿教师组、小学教师组，围绕上一环节提出的四个问题，组内成员互相交流，形成小组研讨成果。 四、梳理汇总，分享交流（13:35—14:00） 各组派人汇报研讨结果。 五、总结提炼，专业引领（14:00—14:30） 提炼总结幼儿倾听与表达能力的影响因素及培养策略。
教研成果	通过本次教研，引导幼儿园教师、家长进一步理解学习准备中倾听与表达能力的内涵及其对幼儿以后学习的重要意义，指导他们更好地培养幼儿的倾听与表达能力，更好地帮助幼儿做好学习准备。

活动纪实

教研过程

一、活动介绍，引出主题（5分钟）

主持人：欢迎各位老师、家长的到来，今天我们邀请到周水子小学一年级教研组长、一年级教师代表、两位家长代表以及幼小衔接课题组的教师参与此次教研活动。今天我们聚在一起，仍是聚焦学习准备，针对前期提出的关于幼儿倾听与表达能力的培养策略进行研讨，助推幼小衔接工作扎实开展，取得实效。

二、观看案例，思考问题（10分钟）

主持人：首先我们先来观看幼儿园在一日生活中对幼儿倾听与表达能力培养的

活动视频。幼儿园一直重视幼儿倾听与表达能力的培养，并将其贯穿于一日生活的各个环节中，今天为大家提供的是大三班游戏后分享、声动小主播、餐前播报等环节幼儿倾听与表达的内容，大家根据视频案例来完成自己手中的个人记录单。记录单上总共有四个问题，请结合自己的身份和看法写出每个问题的关键信息，为下面的小组研讨做准备。

> 1. 说一说您对倾听与表达概念及意义的理解，可以是几个关键词。
> 2. 幼儿/刚入学的一年级学生当前在倾听与表达方面存在的问题及原因。
> 3. 幼儿/刚入学的一年级学生良好的倾听与表达的行为表现是什么？
> 4. 幼儿倾听与表达能力的培养途径与策略有哪些？从幼儿园和家庭两个方面思考可行性策略。

三、小组研讨，智慧碰撞（20分钟）

主持人：大家刚才都认真填写了手中的个人记录单，下面请大家按身份自然分成三组，互相交流彼此的想法，补充完善并汇总梳理形成小组研讨成果。稍后，请各组派代表进行分享。

四、梳理汇总，分享交流（25分钟）

主持人：刚才聚焦四个问题，大家畅所欲言，互动研讨，组内形成了一致意见。下面，请各组派一位代表汇报小组研讨结果。从第一个问题开始，依次进行。

问题一：说一说您对倾听与表达概念及意义的理解，可以是几个关键词。

	幼儿教师	小学教师	家长代表
倾听	1. 有效沟通的必要部分。 2. 听取其他人的表达。 3. 是幼儿学习的第一步。 4. 不加评判地听，充分尊重不同的观点。 5. 理解、倾诉。 6. 是沟通技巧，不评判。 7. 积极主动。 8. 尊重、理解。	接纳与理解别人的一种方式。	1. 感知语言表达的行为。 2. 一种沟通方式。

（续表）

	幼儿教师	小学教师	家长代表
表达	1. 以一定的语言内容、语言形式进行交流的行为。 2. 用语言表达思想感情。 3. 提出建议。 4. 愿意说出自己的想法，喜欢说，敢说。	用语言表达自己的思想、情感。	

问题二：幼儿/刚入学的一年级学生当前在倾听与表达方面存在的问题及原因。

	幼儿教师	小学教师	家长代表
问题	1. 对于老师的指令没有反应。 2. 对接收的语言信息理解力薄弱。 3. 不敢说、不爱说。	1. 坐不住、不会听。 2. 表达不连贯、紧张。	1. 常常会有"没听着"似的表现，要喊很多遍，才肯回应一声。 2. 不认真听，和他说话时总是乱动。 3. 倾听的时间不长，讲故事讲到一半就跑开了。
原因	1. 性格比较内向，不敢表达。 2. 注意力不集中，不会倾听。	学生方面原因： 1. 注意力差、缺乏持久性。 2. 自信心不足，缺少锻炼。 3. 自我放松，缺少表达的欲望。 家庭方面原因： 1. 家长过于关注，经常包办代替。 2. 家庭中亲子交流、闲谈的机会少。	1. 接收信息时注意力不够。 2. 小时候破坏了幼儿的注意力。

问题三：幼儿/刚入学的一年级学生良好的倾听与表达的行为表现。

	幼儿教师	小学教师	家长代表
幼儿	1. 倾听他人讲述，不打断。 2. 安静倾听、理解别人说话的意思，能有效选择信息。 3. 完整表达，说连贯话。 4. 积极、热情，敢于表达。 5. 声音洪亮，落落大方地表达。 6. 口齿流利，吐字清晰。		1. 敢于表达。 2. 声音洪亮。 3. 会表达。 4. 能主动与老师和小朋友交流。

（续表）

	幼儿教师	小学教师	家长代表
刚入学的一年级学生		1.有一定的专注力，安静地听别人讲话。 2.能理解别人表达的意思。 3.能做到不懂就问。 4.乐于表达。 5.积极大胆展示自己。	1.主动倾听、善于倾听。 2.能听懂老师说话。 3.愿意表达。

问题四：幼儿倾听与表达能力的培养途径与策略有哪些？从幼儿园和家庭两个方面思考可行性策略。

	幼儿教师	小学教师	家长代表
幼儿园	1.运用游戏锻炼幼儿听觉注意、听觉辨别、听觉统合能力。 2.在一日生活中让幼儿自主表达，如讲述游戏故事、完成播报任务。 3.提供表达的机会，师幼互动时注意方式方法。	1.继续重视幼儿倾听习惯的培养，给予幼儿鼓励和表扬。 2.可多开展倾听游戏。 3.幼儿园多给幼儿表达的机会，鼓励其大胆表达。	1.多给幼儿提供倾听的环境和表达的平台。 2.带幼儿玩专注力小游戏，或者指导家长在家进行。
家庭	1.家长注意沟通时的语言要精简，避免"左耳听、右耳出"。 2.主动与幼儿聊天，倾听幼儿想法。 3.多进行亲子阅读，鼓励幼儿在别人面前表达自己想法。 4.创造机会、养成倾听习惯。 5.多玩语言游戏。 6.不包办代替，鼓励幼儿自己的事情自己做，给幼儿表达自己的机会。 7.多参加户外活动。 8.做好榜样示范，家长首先能认真倾听幼儿表达，说普通话。	1.家长要耐心倾听，以身作则。 2.睡前讲十分钟故事。 3.家长不要事事包办代替，应该大胆放手，让幼儿做事。	1.家长在家应多倾听，多与幼儿游戏。 2.多给幼儿讲故事。 3.耐心倾听。 4.不包办代替。

五、总结提炼，专业引领（30分钟）

主持人：通过研讨，我们能够认识到养成良好倾听与表达能力对幼儿发展的重要性，恰逢今年学前教育宣传月的主题是"倾听儿童，相伴成长"，希望我们能够真正地引导幼儿养成良好的倾听与表达能力，帮助幼儿顺利度过幼小衔接的适应期。下面结合大家的汇报，我们一起提炼总结一下幼儿倾听与表达能力的影响因素及培养策略。

总结提炼

（一）幼儿倾听与表达能力的影响因素

1. 家庭方面的因素

家庭是幼儿成长的重要场所，父母及家庭成员的教育观念对幼儿的影响至关重要。有的家长溺爱幼儿，包办代替，不舍得幼儿吃一点儿苦、受一点儿委屈，只要幼儿有需求就会尽力满足，使得幼儿事事依赖成人，从而降低表达需求；有的家长忽略幼儿感受，不够尊重幼儿，导致幼儿的想法没有被倾听、被接纳，从而造成幼儿不愿意表达，认为即使说了也不会被听到；有的家长缺乏耐心，总是催促，不能够给幼儿时间和机会去锻炼，剥夺了幼儿锻炼和发展的机会；有的家长自己不能以身作则，与幼儿交谈时存在随意打断的情况，没能给幼儿做出良好示范。

2. 幼儿园方面的因素

在幼儿倾听与表达能力的培养过程中，幼儿园肩负着重要的教育职责。但有时幼儿园为幼儿创设的倾听环境不够充分，使得幼儿在表达时不能被足够地听见；教师在组织游戏过程中未能充分地给幼儿提供倾听和表达的机会，偶尔存在指定人的现象，忽略了其他有表达欲望的幼儿，可能会影响幼儿的表达；有的年轻教师经验欠缺，缺乏培养幼儿倾听能力的意识和习惯，沟通中多使用指令性语言，削弱了幼儿倾听与表达的欲望。

3. 幼儿方面的因素

3~6岁幼儿自控能力较弱，且容易以自我为中心，因此时常出现打断别人说话的现象，不能耐心倾听别人的讲述。还有个别幼儿争强好胜，喜欢自己表达，习惯性忽视别人的想法，这些都影响幼儿倾听与表达能力的培养。

（二）幼儿倾听与表达能力的培养策略

1. 幼儿园方面

（1）创设适宜的环境

通过不同的方法有意识地培养幼儿良好的倾听习惯和语言表达能力，将幼儿倾听与表达能力的培养融入一日生活各环节，创设多元的倾听与表达环境，如创设涂鸦墙，以涂鸦活动引导幼儿自由创作、自主表达，鼓励幼儿讲述他们的涂鸦故事。

（2）组织多元的游戏

游戏是幼儿学习的主要方式，也是最适宜、最高效的培养幼儿倾听与表达能力的途径。教师要注重组织幼儿开展自主游戏，充分地支持幼儿自由地选择场地、材料、玩伴、玩法，激发幼儿同伴间的沟通与合作，良好的倾听与表达能力就在这个过程中自然地生成和流露。在一日生活中，教师还可以通过指令游戏（如口香糖、切水果、木头人、数字抱团）、听辨游戏（如颠倒歌、胡说歌、正话反说、传声筒）、任务游戏（如口头布置让幼儿回家和爸爸妈妈完成某项亲子小游戏、让幼儿带废旧材料到幼儿园）等培养幼儿的有意倾听习惯，提高幼儿的听知觉学习能力。

（3）开展丰富的活动

倾听从每日播报开始，幼儿园开展了"声动小主播"活动，幼儿自主选择喜欢的内容，包括故事、成语、古诗等进行每日播报，另外还有食谱播报、国旗下讲话等活动。这些活动既提高了幼儿的语言表达能力，又丰富了幼儿的生活经验，同时也逐步养成幼儿良好的倾听习惯。

2. 家庭方面的策略

（1）在榜样示范中引导幼儿倾听与表达

家长往往只关注幼儿不能做到的事情，因此与幼儿的交流语言多为否定的、消极的、抱怨的，从而破坏了幼儿想听、愿意听、喜欢听的欲望，因此家长首先要以身作则为幼儿创造轻松愉悦的语言环境，专注地倾听幼儿的想法，理解幼儿的意图，在耳濡目染中培养幼儿良好的倾听习惯；其次，家长应该把幼儿看作一个独立的个体，尊重幼儿的想法，给幼儿提供想说、敢说、喜欢说的环境，引导幼儿感受表达的力量。

（2）在陪伴引导中锻炼幼儿倾听与表达

有些家长因为工作繁忙缺少对幼儿的陪伴，但不能以此为由直接忽略幼儿成长的需要，家长可以通过和幼儿一起做听觉训练小游戏、与幼儿进行一项体育运动、睡前给幼儿讲故事等途径，让幼儿的倾听与表达能力在轻松愉悦的氛围中得到锻炼和发展。

（3）在坚持积累中激励幼儿倾听与表达

俗话说，有些苦必须要吃，有些弯路也必须要走。这句话对于幼儿的成长而言同样适用。幼儿的倾听与表达能力是在生活中一点一滴积累起来的，因此家长在生活中应该有意识地引导幼儿多倾听、多表达，培养幼儿的自信心。

附录

附录 1：个人记录单表格

时间：2023.5.22，13:00　　　　地点：综合活动室

姓名：　　　　　　　　身份：

活动专题：基于学习准备培养幼儿倾听与表达能力的策略研究

研讨题：

1. 您认为倾听与表达的概念及意义是什么？可以写几个关键词。

2. 幼儿／刚入学的一年级学生当前在倾听与表达方面存在的问题及原因。

3. 幼儿／刚入学的一年级学生良好的倾听与表达的行为表现是什么？

幼儿：

小学生：

4. 幼儿倾听与表达能力的培养途径与策略有哪些？可从幼儿园可行性策略和家庭可行性策略两个方面思考。

幼儿园：

家庭：

附录 2：个人记录单照片

小学教师个人记录单

家长个人记录单

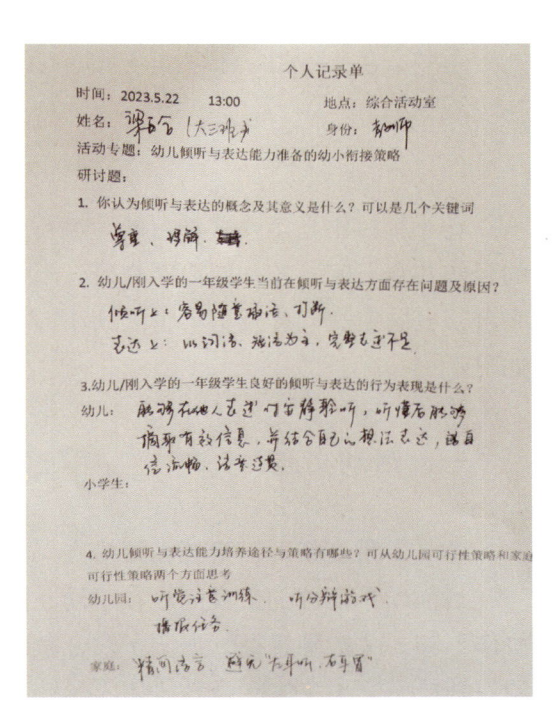

幼儿教师个人记录单

附录3：研讨记录单

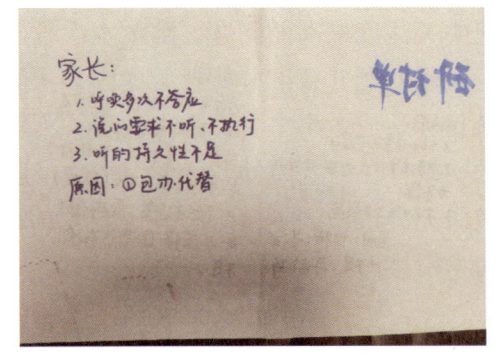

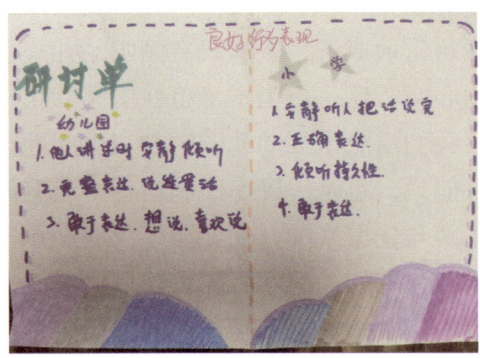

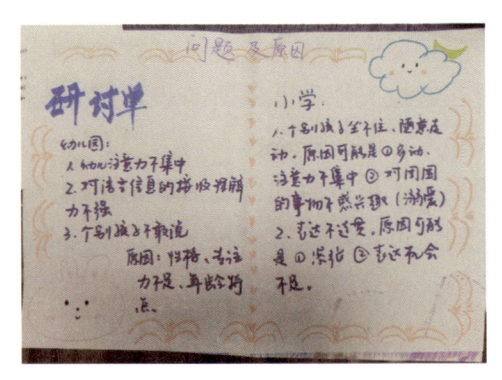

研讨记录单

活动反思

幼小衔接不是填鸭式学习的短期行为，而是家庭、学校、幼儿园三方携手并肩的合作共育。家—校—园协同教研，不仅为幼儿园和小学教师搭建了面对面交流的平台，也向家长们普及了科学的幼小衔接方法。纵观此次园本教研活动，总结反思如下：

一、活动亮点

（一）角度新颖，紧抓衔接痛点

目前幼小衔接的最大问题在于幼儿园向小学单向靠拢，家长、幼儿园、小学的协作不够。《指导意见》强调了联合教研的重要性，基于此，本次教研活动从幼儿园—学校—家长三方联合教研切入，针对共性问题集体讨论，切实引导教师和家长有效培养幼儿的倾听与表达能力，科学帮助幼儿做好学习准备，让幼小衔接不再停留于说一说，而是真正地实现做一做。

（二）目标精准，紧扣衔接重点

本次教研目标聚焦幼儿学习准备中学习能力方面的倾听与表达，这是陪伴幼儿一生的重要学习能力，也是在幼小衔接调研中关注度最高的问题。因此本次教研目标旨在通过关注幼儿倾听与表达能力现状，发现问题并精准分析背后成因，从而让教师和家长的教育观念和行为得到转变。从目标达成效果来看，本次教研，小学教师感受到了采取游戏化、活动化培养方式的实效性，对我园幼儿的学习能力予以了高度的认可。家长也表示，通过参与此次教研充分认识到了倾听与表达能力对幼儿发展的重要意义，看到了幼儿园与小学在幼小衔接过程中付出的努力。

（三）内容明确，紧跟衔接焦点

2023年学前教育宣传月的主题是"倾听儿童，相伴成长"，引导成人倾听幼儿的心声，尊重幼儿的想法，陪伴幼儿健康快乐地成长！成人只有倾听幼儿表达想法，才能了解幼儿行为背后的原因，成人耐心倾听这一行为本身也在潜移默化地为幼儿做出榜样示范。因此，在教研内容上，我们重点挖掘幼儿倾听与表达问题行为产生的原因，让家长认识到倾听不仅是一种能力，也是一种态度和素养，只有认真倾听才能更好地表达。幼儿的倾听习惯并不是与生俱来的，幼儿园、家庭、小学都肩负着重要的责任和义务，应有意识地引导和培养幼儿的倾听与表达。通过教研，家长们了解了当前幼儿倾听与表达存在的问题，也知道了问题产生的原因更多在于日常生活中的无意干扰，掌握了一些培养幼儿倾听与表达能力的策略，更加愿意配合教师的工作。教师们也更加全面系统地掌握了培养幼儿倾听与表达能力的途径和方法，学会通过创设支持性、开放性、表现性的环境来引导和鼓励幼儿的倾听和表达。

二、活动不足

（一）教研形式较为单一，不够灵活、多样

本次教研活动主要采用的形式是小组研讨，更多关注的是家长、幼儿园教师、小学教师的经验、观点和困惑，缺少对幼儿倾听与表达具体表现案例的分析，虽然列举了一些日常的幼儿活动视频，但因研讨问题不聚焦，所以分析得不够透彻和全面。

（二）教研问题比较宽泛，不够聚焦、明确

本次教研活动中，小组研讨的问题围绕"倾听与表达的概念理解""幼儿/刚入学的一年级新生倾听与表达的日常表现、存在问题及原因分析""幼儿倾听与表达能力的培养途径和策略"等方面，虽然都聚焦本次教研的主题，但问题内容比较宽泛，导致研讨出的解决策略不够具体明确，缺少对家长、幼儿教师、小学教师三方观点的一致性梳理。

（三）家长参与人数较少，不够全面、广泛

本次教研活动仅选取了2名家长参与，广泛性和代表性不足，研讨不够充分。

三、下一步打算

（一）丰富教研形式

下一步将组织家长、小学教师走进班级，走近幼儿在园一日生活，引导他们更直观地感受幼儿的学习与发展，感受衔接策略的运用及效果。

（二）开展专题研究

下一步将围绕游戏活动中的倾听与表达、生活活动中的倾听与表达、学习活动中的倾听与表达等开展系列专题研讨，细化研讨内容，提高研讨策略的针对性和实用性，更有效地助力幼儿倾听与表达能力的培养。

（三）扩大宣传引导

下一步将加大宣传引导，面向更多家长开展教研活动，吸引更多家长参与讨论、发表意见，聚焦幼儿倾听与表达能力的培养，集结更多家长的智慧，凝聚更多家长的共识，切实引导家长树立科学教育观念，转变错误教育行为，真正在倾听中陪伴幼儿快乐成长。

"我会整理书包"集体教学活动的设计与实施策略

大连高新技术产业园区中心幼儿园　王淑华　吴垒

为深入贯彻落实《指导要点》，有效推进幼小科学衔接，提升园本教研质量，我园以市、区教研部门的专业指导为引领，以行动研究为路径，以调查分析为基础，聚焦本园在实施幼小科学衔接过程中的关键问题及教师和家长在实践过程中的瓶颈与疑惑，立足关键问题的有效解决，以研发生成课程和丰富教育策略为切入点，通过实行"一活动三研式"园本教研模式，研发有效促进幼儿科学衔接的课程内容，促进幼儿身心和谐发展。

活动方案

教研主题	"我会整理书包"集体教学活动的设计与实施策略		
教研时间	2023年5月16日 2023年5月23日 2023年6月6日	教研地点	幼儿园会议室
主持人	王淑华 吴垒	参加对象	幼儿园全体教师
教研背景	《指导要点》指出:"幼儿应坚持自己的事情自己做,能分类整理和保管好自己的物品"。整理书包是幼儿进入小学每天都需要做的事情,也是培养幼儿良好学习习惯和自我服务能力的重要内容。教师在日常观察中发现,很多幼儿整理复杂的物品非常困难,在与小学教师进行联动教研的过程中,也有小学教师提出,一些幼儿进入小学后不能很好地整理书包,导致学习效率不高。 结合《指导要点》、教师日常观察、与小学教师联动教研的相关问题,选取尹老师设计执教的集体教学活动"我会整理书包",以研发生成课程和丰富教育策略为切入点,聚焦教师实践中的困惑和关键问题的有效解决,我们组织开展了"一活动三研式"园本教研活动。		
教研目标	1. 通过多次观摩和研讨,从内容选择、环节设计、策略实施以及过程评价等方面分析集体教学活动"我会整理书包"的科学性与有效性。 2. 通过互动研讨、调查交流等方式,提炼设计与实施集体教学活动"我会整理书包"的有效方法和策略,解决教师的困惑和问题,提升集体教学活动的质量。 3. 更新教师的课程设计、组织和实施观念,增强教师的问题意识,提升教师科学设计和开展入学准备教育活动的能力和水平。		
教研准备	1. 深入学习《指导要点》等相关文件要求,结合本班实际,进行课程研发的尝试与实践。 2. 通过日常观察,与小学教师联动教研,了解幼小衔接的关键问题并寻求解决办法。 3. "我会整理书包"教案、PPT、记录单、大白纸、记录笔等。		
教研形式	教学观摩、互助交流、总结提炼		

（续表）

教研过程	**一、第一次教研（2023年5月16日 星期二 13:00—14:25）** 1. 介绍背景（13:00-13:02）：结合《指导要点》、日常观察、与小学联动教研中的相关问题进行了课程的研发，针对教育活动"我会整理书包"进行观摩与研讨。 2. 教学观摩（13:02-13:38）：观看"我会整理书包"活动视频。 3. 活动反思（13:38-13:40）：执教教师进行反思。 4. 互动研讨（13:40-14:20）：围绕活动目标的设计、内容的选择、活动的组织和实施策略等方面进行研讨。 5. 梳理总结（14:20-14:25）：梳理优势、问题，确定下一次研究重点。 **二、第二次教研（2023年5月23日 星期二 13:00—14:05）** 1. 调查交流（13:00-13:30）：小学生书包里到底装有哪些物品？他们是怎样整理的？ 2. 互动研讨（13:30-14:00）：如何把物品分类整理的方法融合于教学活动中，让幼儿的学习更富于实效性和趣味性？ 3. 梳理总结（14:00-14:05）：对活动的组织和实施提出一些策略和方法。 **三、第三次教研（2023年6月6日 星期二 13:00—14:35）** 1. 教学观摩（13:00-13:35）：观看尹老师调整后的"我会整理书包"活动视频。 2. 执教反思（13:35-13:38）：尹老师对"我会整理书包"活动进行反思。 3. 互动研讨（13:38-14:28）：分组讨论，调整前后的活动有哪些不同？调整后的活动有哪些优势？还存在哪些不足或建议？ 4. 梳理总结（14:28-14:35）：将策略方法在教学实践中延伸应用。
预期效果	1. 通过观摩活动、讨论交流等多种方式，利用集体的智慧完善"我会整理书包"活动内容、形式，提升教师课程设计与实施能力。 2. 在研讨与实践中提炼有效的策略、方法，帮助教师解决具体困惑和关键问题。 3. 培养科学精神，增强问题意识，提升专业指导能力，促进幼小科学衔接。

活动纪实

教研过程

一、第一次教研（2023年5月16日）

（一）介绍背景（2分钟）

主持人：为深化幼小科学衔接教育，结合《指导要点》、日常观察、与小学联动教研中的相关问题进行了课程的研发，如"快乐跳起来""打败情绪小怪兽""红领巾的秘密""课间十分钟""好玩的田字格""我会写名字"等课程。今天我们对尹老师设计实施的教育活动"我会整理书包"进行观摩与研讨。

（二）教学观摩（36分钟）

	环节	教师提问与幼儿表现
环节一	播放"图图整理书包"动画视频	教师："图图的书包里装了什么？"
环节二	尝试整理书包	教师："图图是怎样整理书包的？我们也来试一试吧。" 幼儿：模仿图图的样子将提前准备的物品整理好放进书包里。
环节三	分享整理书包的方法	教师："图图整理书包都用了哪些方法？" 幼儿：有的幼儿分享如何将物品分类放进书包及侧面网兜里。有的幼儿说像图图一样把书本放一起，文具放一起，再装进书包里。

（三）活动反思（2分钟）

尹老师：本次活动内容的选择从幼儿生活准备出发，培养幼儿整理书包的能力。活动目标包括了解小学生书包中的物品；尝试整理书包，知道整理的方法；知道自己的事情自己做，养成整理的好习惯。活动过程主要是播放视频激发幼儿兴趣，让幼儿学习整理书包。虽然我总结了整理的方法，比如同类的放一起、大小相同的放一起、封皮或者有文字的面朝上放等，但缺乏幼儿自主学习和生成的过程，在实际整理时发现幼儿基本是模仿视频进行整理的，整理书包的方法比较单一，教学目标完成得不够。

（四）互动研讨（40分钟）

主持人：请大家从活动目标的设计、内容的选择、活动的组织和实施策略等方面进行研讨。

张老师：活动内容的选择贴近幼儿生活。上学后幼儿每天都会背书包，不会整理书包会影响幼儿的学习和对小学生活的适应。

李老师：活动设计层层递进。活动形式比较新颖，如播放视频激发兴趣。播放视频前，也可以让幼儿猜猜小学生书包里都装了些什么，让他们学会自主思考。

王老师：从内容和形式上都能以幼儿发展为本，给幼儿足够的空间去操作、体验和表达。幼儿整理书包的方法应进行强化。

孙老师：播放视频虽然能激发幼儿兴趣，但在整理书包时，我听见东东问："图图的纸巾是放在哪儿的？"萱萱说："要放在侧面的网兜里。"东东就放网兜里了。幼儿一味地模仿视频，并没有真正掌握整理书包的方法。另外视频里没有出现的东西，幼儿也不一定知道放到哪里比较合适。

李老师：幼儿对整理书包的方法认识是模糊的，换成其他物品不一定知道怎样整理。

主持人：刚才老师提到，幼儿没有习得整理书包的方法，那么我们讨论一下幼儿整理书包的方法都有哪些。

王老师：将各种本放在一起，笔放在一起，按物品的类别进行分类。

徐老师：可以按大小分类。如把大本子放一起，小本子放一起，更小的文具盒、彩笔等放一起。

张老师：应该根据书包的构造、物品的多少和大小进行摆放，如大本子放在大的夹层里，小的纸巾、湿巾放在外侧的小兜里。

李老师：我们平时比较关注幼儿整理衣服和玩具，但整理书包的经验不是很足。通过视频学习整理书包，有点束缚幼儿的思维。后期幼儿需要加以练习，包括提供更多的不一样的物品进行整理，老师总结、小伙伴分享，都是幼儿学习整理方法的途径。

王园长：本次课程内容的选择非常贴近幼儿生活，是他们将来上小学的必备能力，也是关键问题。在活动设计上，教师注意运用多种方式激发幼儿活动兴趣，通过实际操作、亲身体验让幼儿进行整理书包的学习，这些都非常好。但是实际效果却不尽如人意，让幼儿愿意整理书包、会整理书包的目标达成度还不够。那么，是什么影响了幼儿学习整理书包的效果呢？大家也提到幼儿看到视频后进行模仿，模仿不同程度地束缚了幼儿对整理书包方法的自我体验和学习，教师没有让幼儿充分体验，即便是进行方法的总结，也有些纸上谈兵。我们可以思考一下，现在小学生书包里装的只是视频里的物品吗？他们的书包里都有什么东西？小学生书包外面除了有水杯，还有桌垫之类的东西，这些东西是怎样摆放的？这些是不是我们需要了解和帮助幼儿解决的问题？

张老师：我看小学生有时会带坐垫。

孙老师：去小学观摩，看到有水果盒，还有筷子。

王园长：只从外表看都有不一样的东西，那书包里面呢？

周老师：我们可以向以前毕业的幼儿具体了解一下。

（五）梳理总结（5分钟）

主持人：经过大家的交流与讨论，我们在本节活动目标的设计、内容的选择、活动的组织和实施策略等方面达成以下共识：

优势	问题	下一次教研内容
1. 活动内容贴近幼儿生活，环节层层递进，激发幼儿参与兴趣。 2. 教师给幼儿足够的时间操作与表达，体现了自主性。 3. 分享环节，教师和幼儿一起梳理总结整理的方法，为幼儿整理方法的学习提供了经验。	1. 视频中幼儿书包里的物品与实际生活中小学生书包里的物品不贴合。 2. 幼儿没有真正习得整理书包的方法。	1. 小学生书包里都装有哪些物品？ 2. 怎样整理书包？

二、第二次教研（2023年5月23日）

（一）调查交流（30分钟）

主持人：今天教研活动的问题是小学生书包里到底装有哪些物品，是怎样整理的。请大家分享自己的调查结果。

张老师：巴特说，他书包里有课本、字典、数学计数器、小棒等学具，还有文具盒、铅笔、橡皮、尺子等，每天带水杯、一盒水果。

周老师：还有餐具，午饭时会用。

陈老师：有课程表、湿巾、纸巾，杯子每天都带。

尹老师：跳绳、彩笔、剪刀之类的需要老师通知后再带。

李老师：还有课外书，每天可以带1~2本。

小学生书包里的实际物品和图图视频中的物品对比

物 品	图图书包	小学生书包	备 注
文具盒	√	√	
铅笔、橡皮	√	√	铅笔 3~5 支
尺子		√	
课本（含字典）	√	√	
保温杯	√	√	
毽子	√		
湿巾、纸巾	√	√	
跳绳	√	√	需要带时教师通知
课程表		√	
学具		√	
本（田字格、拼音本等）		√	
课外书		√	1~2 本
餐具		√	
水果盒		√	
剪刀		√	需要带时教师通知
彩笔		√	需要带时教师通知
彩纸		√	需要带时教师通知

主持人：怎样将这些物品有序整理到书包里呢？

王老师：除了按大小和类别整理外，还可以按课程表的顺序进行整理摆放。

郭老师：可以把一节课所需的所有物品放在一个整理袋里。

李老师：整理的时候要注意一些细节，如书、本的封皮要朝上面，剪刀要放在单独的袋子里或者带个剪刀套，以免划到手。怕压的物品可以放在外侧，总之要根据物品的特性进行整理。

（二）互动研讨（30 分钟）

主持人：上次活动我们感受到幼儿在学习整理方法时，缺乏自主学习以及复杂物品的整理实践，如何把这些分类整理的方法融合于教学活动中，让幼儿的学习更有趣味性和实效性呢？

杨老师：让幼儿习得整理书包的经验是关键，如给幼儿更多的操作和探索空间，让幼儿一起准备和丰富书包里的物品。

郭老师：可以让幼儿猜猜小学生的书包里都装了什么，激发参与兴趣。

周老师：这次调查了以前毕业的幼儿，我们可以让毕业生来当小老师。

王老师：对，小学生不方便来园，可以请他们录个视频，播放给幼儿看。

赵老师：教师的梳理总结非常重要，无论是毕业生当小老师，还是幼儿分享经验都是学习的形式和过程，教师要完善总结，帮助幼儿梳理核心经验，如整理的方法有几种、怎样分类、为什么要这样分类整理等。

（三）梳理总结（5分钟）

主持人：今天我们通过调查了解到小学生书包里的物品都有什么，对于活动的组织和实施也提出了一些策略和方法。请尹老师根据本次研讨的策略与方法调整活动设计，我们将组织大家进行二次观摩。

环节	策略和方法
活动前期	毕业生来园当小老师或录制视频，介绍小学生生活，帮助幼儿积累相关经验。
导入环节	引导幼儿猜想小学生的书包里都装了什么。
总结环节	帮助幼儿梳理核心经验，如整理的方法有几种、怎样分类、为什么要这样分类整理等。
活动延伸	引导幼儿一起准备和丰富书包里的物品。

三、第三次教研（2023年6月6日）

（一）教学观摩（35分钟）

环节		具体内容
环节一	猜想思考	播放视频，说说图图的书包里都装了什么。猜想小学生的书包里装了什么，是否和图图书包里的物品一样。
环节二	调查交流	幼儿将了解到的小学生书包里的物品通过绘画形式进行记录。
环节三	播放视频	播放毕业生介绍书包里的物品和整理书包方法的视频。
环节四	操作实践	引导幼儿尝试将准备的物品整理好放进书包。

（续表）

环节		具体内容
环节五	分享经验	通过幼儿分享、教师总结归纳，共同提炼整理书包的方法，如按类别、大小、物品特性、课程顺序等方法，还可借助整理袋、小盒子等整理小的物品。

（二）执教反思（3分钟）

尹老师：感谢园长和老师们集思广益，帮助我梳理活动、调整环节、丰富实施策略，让我看到了幼儿学习的良好效果。这次活动，我注重幼儿学习的主体性，引导幼儿通过亲身体验、实际操作去了解书包中的物品，自然而然习得整理书包的方法，并与幼儿一起梳理出 5 种整理方法。活动后家长给予反馈，幼儿回家特别开心地向爸爸妈妈展示自己整理书包的方法，还要求爸爸妈妈准备更多的物品进行整理。有的还主动整理衣柜、书柜、玩具柜等，物品摆放非常有规律，也很整齐。

幼儿调查记录

（三）互动研讨（50分钟）

主持人：请大家分组讨论，调整前后的活动有哪些不同？调整后的活动有哪些优势？还有哪些不足或建议？

教师互动研讨

闪闪发亮组

1. 调整后的活动内容更丰富，形式更多样。内容选择既贴近生活，又是衔接准备的关键点。

2. 活动形式增加了小学生整理书包的视频，非常新颖，要比老师分享整理方法更吸引幼儿。

3. 教师能与幼儿通过分享、交流，总结出整理书包的几种方法，让幼儿获得整理书包的经验，解决了这次活动的核心问题，很好地完成了活动目标。教师的语言可以再简练些，应及时关注个别幼儿，让同伴去帮助较弱的幼儿。

科学衔接组

内容的选择和环节的展示非常完整,通过猜想激发幼儿好奇心,通过观看视频激发幼儿的兴趣,尝试整理书包后的幼幼互动和经验分享,让幼儿巩固整理物品的方法。请毕业生当老师可以延伸到其他活动中,丰富教育形式。活动延伸可以请幼儿进行竞赛和比拼,巩固整理的方法。

智慧衔接组

活动调整后幼儿学习的效果大大增强了。幼儿在说说、查查、做做中逐渐习得整理书包的方法。除了前两组说的优势外,教师能给幼儿自我表现表达的空间,尊重幼儿的想法并能耐心倾听,能够通过追问、引导等方式激发幼儿自主探索整理书包的方法,这点也非常好。加入小学生的视频,通过园校互动、家园互动,体现协同育人。

(四)梳理总结(7分钟)

主持人:对比两次活动,大家认为第二次活动在内容和环节上更为丰富,对幼儿的学习与发展更有实效。

优势	建议
1. 活动内容贴近幼儿生活,是幼小衔接中的关键问题。 2. 活动组织形式丰富,注重激发幼儿的学习兴趣,促进幼儿在操作中丰富认知、获得经验。 3. 教师创新性地运用了毕业生当老师的教育形式,教育资源更加丰富。	1. 将小学生当老师的教育形式延展到其他活动中。 2. 关注教师的教学语言和幼儿的个别差异。

附录

附录1:幼儿调查记录

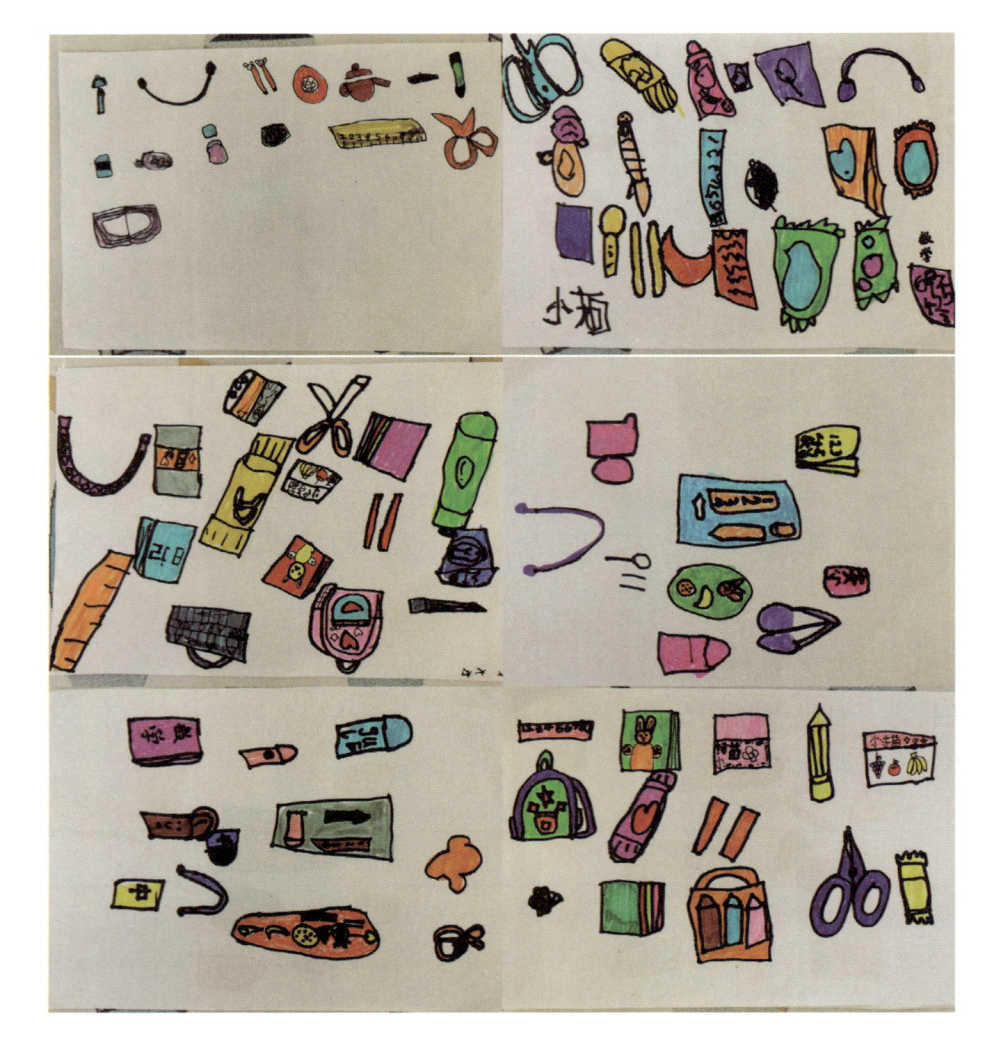

附录2：小组研讨记录单

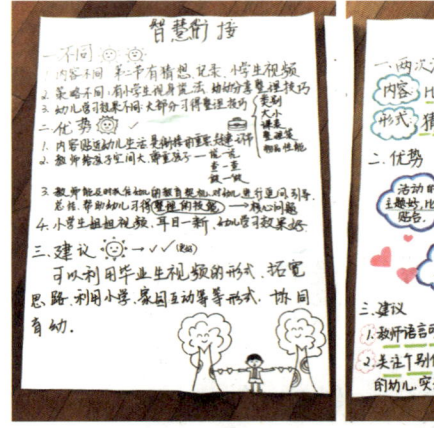

附录3：研讨记录单
第一次教研记录

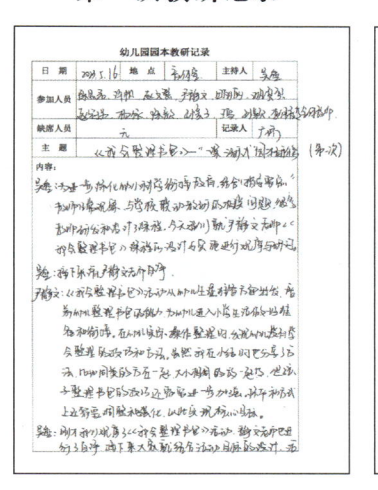

第二次教研记录

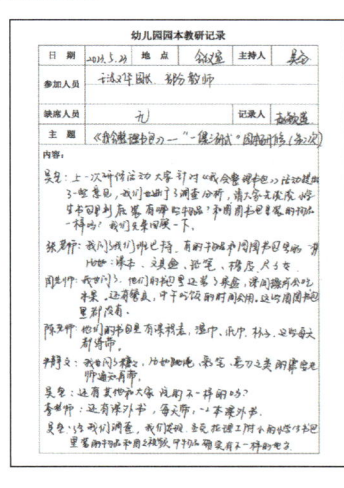

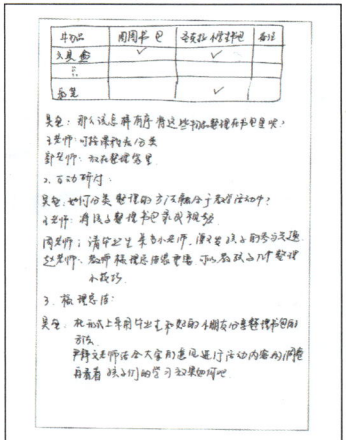

第三次教研记录

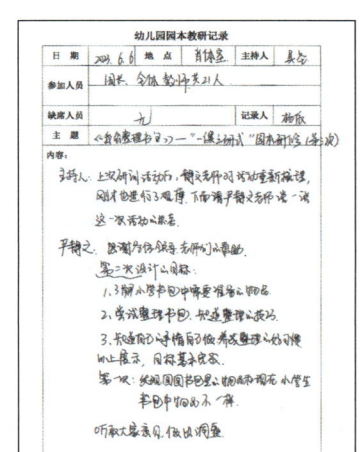

活动反思

本次教研活动紧紧围绕幼小衔接中的真现象、真问题，在"实践—研究—再实践—再研究"的不断循环往复中，进行思考与碰撞、归纳与梳理。通过观摩活动、互动交流、调查分析、反思讨论、梳理总结、实践尝试等多种方式，聚焦有效解决实践中的困惑和关键问题，以研发生成课程和丰富教育策略为切入点，促进教育观念和教育行为的转化。

1. 课程目标的设定、内容的选择、活动的设计要依据《指导要点》，基于幼儿的生活经验和发展需要，解决幼小衔接中的关键问题。

2. 深刻理解教育活动在幼儿学习与发展中的重要作用，深入分析课程内容的核心价值，通过丰富多样的活动形式和指导策略，激发幼儿参与活动的兴趣，拓展幼儿学习空间，获得更大教育实效。

3. 树立科学精神，结合实际、深入思考，聚焦问题、扎实研究，融合集体智慧，提升专业能力。

本次活动更多基于教学活动的设计与实施，因而在活动形式上还不够丰富，在教师专业引领方面也有待进一步加强。下一步我们将不断加强理论学习，继续在实践中挖掘总结有效策略，丰富教研形式，提升教师专业素养，助力幼儿科学衔接。

如何科学调整大班下学期一日生活作息安排

大连市金州区第一幼儿园　梁琳琳

大班下学期是幼儿从幼儿园到小学最重要的过渡阶段，幼儿园大班下学期一日生活作息安排直接关乎幼儿入学准备的效果。目前我园大班的一日生活作息制度只明确了环节，没有写明具体的活动内容，导致很多教师在落实过程中目标意识不强，出现活动组织松散、随意等问题。特别是早入园和晚离园环节，幼儿活动内容比较单一、枯燥，不能有效地支持幼儿做好全面的入学准备。基于此，我们生成了本次"如何科学调整大班下学期一日生活作息安排"主题教研活动。

活动方案

教研主题	如何科学调整大班下学期一日生活作息安排		
教研时间	2023年4月6日 （星期四 13:00—14:30）	教研地点	幼儿园礼堂
主持人	梁琳琳	参加对象	大班教师 小、中、大班教研组长
教研背景	大班下学期是幼儿从幼儿园到小学最重要的过渡阶段，幼儿园大班下学期一日生活作息安排直接关乎幼儿入学准备的效果，影响幼小衔接的质量。通过深入研读《指导要点》相关建议，结合前期参观小学的收获，我们发现目前幼儿园大班下学期一日生活作息时间安排不能有效地支持幼儿做好入学准备，需要合理调整。 　　从前期教研活动及日常与教师的交流中了解到，许多教师未明确调整大班作息安排的价值，也不清楚应该如何调整。基于此，我园生成了本次"如何科学调整大班下学期一日生活作息安排"主题教研活动。		
教研目标	1.通过对比，找到幼儿园大班下学期作息安排和小学作息安排的衔接点，并进行调整。 2.对照《指导要点》相关要求，梳理大班幼儿早入园和晚离园两个环节的活动建议。		
教研准备	1.围绕幼儿园与小学的作息制度做对比研讨，准备相关理论资料。 2.教研活动PPT、电脑。		
教研形式	反思交流、集中研讨、小组研讨、总结提炼		
教研过程	一、总结前期，抛出研讨主题（13:00—13:15） 主持人分析大班幼小衔接现实问题和需要，抛出研讨主题。 二、对话交流，厘清调整方向（13:15—13:35） 研讨问题： 1.目前大班的作息安排与小学的作息安排有哪些不同？怎样调整能更好地与小学作息衔接呢？ 2.对照《指导要点》，谈一谈大班现在的早入园、晚离园环节存在哪些不足。		

教研过程	三、分组研讨，明确调整内容（13:35—14:20） 教师分成两组，一组研讨上午的作息安排如何调整，另一组研讨下午的作息安排如何调整。 四、总结提升，梳理研讨成果（14:20—14:30） 1. 大班教师按照新调整的作息时间，结合梳理出的早入园和晚离园的组织实施要点在班级内尝试，验证效果。 2. 主持人布置下一阶段教研活动任务。

活动纪实

教研过程

一、总结前期，抛出研讨主题（15 分钟）

主持人：大班幼儿 3 个月后就要毕业离园了，调整大班作息安排以更好地衔接小学作息迫在眉睫。本次教研前，大班教师组织幼儿参观了小学，通过对比小学和幼儿园的一日作息，他们有很多的收获和反思。今天，我们就立足大班入学准备的需要，一起来聊一聊"如何科学调整大班下学期的作息安排"。

二、对话交流，厘清调整方向（20 分钟）

（一）对比不同，梳理衔接点

主持人：目前大班的作息安排与小学的作息安排有哪些不同？怎样调整能更好地与小学作息衔接呢？

教师 A：可以将大班的大脑放松操调整成小学的眼保健操，并参照小学安排在集中教学活动之后开展。

教师 B：小学一年级一节课教学时长是 35 分钟，将幼儿园现在的区域游戏时间缩短，集中教学时间延长。我们小朋友到小学课堂听课，前 20 分钟还能保持注意力集中，后 15 分钟明显坐不住。

教师 C：小学每天有 6 节课，我们只有 1 节。应该适当增加集体教学活动的次数，并且延长每次集体教学活动的时长。

教师 D：小学没有午睡，午休时长是 1 小时 15 分钟，主要是在操场上活动，大班幼儿午睡时长可以缩短。

教师E：大班幼儿午睡时长可以逐渐缩短，要循序渐进。

教师F：小学每两节课之间有10分钟课间活动，幼儿园可以适当增加课间10分钟，将生活活动环节弹性化。

（二）立足文件，发现薄弱点

主持人：早入园和晚离园是幼儿一日生活的两个重要环节。对照《指导要点》，请大家谈一谈大班幼儿现在的早入园、晚离园环节存在哪些不足。

保教主任：连续看了两周各班级早入园、晚离园环节，发现幼儿活动的随意性较强，比较单一、枯燥，目标性不强。早入园是一天的开始，对于即将升入小学的大班幼儿来说，他们从来园的那一刻就应该有目标意识，对要做的事情有计划性，而不是随心所欲想干什么就干什么。

小班教研组长：去年我带毕业班，幼儿来园活动是有计划的，如先观察植物并做记录，记录天气预报，晨间阅读。一段时间后不用老师提醒，幼儿一早来园就开始按照计划有条不紊地做事情。

大班教研组长：我感觉这两个环节虽然是幼儿自由选择的，但不能无组织、无目的，幼儿已经到了入学准备的最后阶段，每个环节都不能放松，尤其是早入园、晚离园环节。

主持人：对照《指导要点》的相关要求，目前大班的作息安排没有充分考虑到幼儿入学准备的需要，尤其是作息时间及早晚入园两个环节幼儿的活动，不能很好地体现教师儿童观、教育观、课程观的转变。

三、分组研讨，明确调整内容（45分钟）

（一）交流分享，深化对"弹性化"的理解

主持人：刚才大家提出生活活动环节要弹性化，在调整之前首先要弄清楚什么是弹性化作息，请大家谈一谈自己的看法。

中班教研组长：弹性就是灵活、宽松、自主。

保教主任：环节顺序也可以弹性调整。

教师A：有些环节没有必要在作息时间里做具体安排，例如如厕、喝水，因为幼儿如厕、喝水的时间不一定在同一时间段。

主持人：如厕、喝水时间虽然可以弹性化，但是弹性化的同时很难了解幼儿每日如厕、喝水的次数，难免出现个别幼儿整日一口水不喝或者个别幼儿憋便现象，怎么解决这一问题呢？

教师B：可以制作"今天你喝水了吗"或者"今天你如厕了吗"表格，幼儿每次喝完水或者如厕后自己做记录，每日离园前统计，卫生老师上下午随时关注幼儿的记录，及时提醒喝水少、不及时排便的幼儿。

（二）分组研讨，制订新的大班作息安排

主持人：大家自主分成两个研讨小组，各自研讨出上下午作息时间安排及内容，再增加一栏幼儿活动，把调整的地方用红笔标注，并在备注栏说明调整依据，然后请各组派代表分享。

> **第一组：上午需要调整的时间和内容**
>
> 大脑放松操改为眼保健操，时间由原来的10分钟改为5分钟。
> 集体教学活动时间由25分钟改为30分钟。3月、4月每周一、周三下午增加一节集中教学，5月、6月每天下午增加一节。
> 入园及晨间自主活动内容包括：整理和收纳衣物、记录天气预报、记录出勤表、观察记录植物、值日生擦桌子、每周一检查幼儿个人卫生。

> **第二组：下午需要调整的时间和内容**
>
> 调整午睡时间，3月、4月减少20分钟，5月、6月减少30分钟。
> 结合小学作息时间增加课间10分钟。
> 户外活动内容是体育游戏，材料主要是跳绳、皮筋、拍球等。
> 晚离园环节幼儿自主活动内容包括：每周五擦小椅子、每天布置一个小任务（通过表征方式记录）。

四、总结提升，梳理研讨成果（10分钟）

主持人：本次教研聚焦当下大班亟须解决的作息问题，大家集思广益，智慧碰撞，科学调整，制订出了更加适宜的大班下学期一日作息安排表，并且对照《指导要点》，对早入园和晚离园两个薄弱环节的幼儿活动给出了建议。本次调整明确了两个关键点：一是作息时间安排要弹性灵活，二是各环节幼儿的活动内容要体现目标意识、任务意识和计划性。希望大家在组织幼儿一日生活的过程中把握好这两个关键点，有效地支持幼儿做好全面的入学准备。

下一阶段教研活动将在大班年级组开展，我们将继续对照《指导要点》，把一日生活其他环节的幼儿活动建议补充完整。

活动反思

本次教研活动以《指南》《指导要点》《评估指南》文件为依据和指导，以"问题驱动"为主要形式，教研问题紧扣主题，层层递进，通过主持人不断追问引发教师深度学习、反思和讨论，激发了教师参与园本教研的积极性，最终讨论形成较为适宜的"大班下学期一日生活作息制度及各环节幼儿活动建议"。

整个过程，通过自我学习、小组学习、集中学习，教师主动思考并积极解决问题的意识和能力不断增强，专业水平得到提升。

新的作息制度及各环节幼儿活动建议让教师获得了更多的自主权，他们能够根据本班幼儿的兴趣、需求及课程特点灵活把握各环节的活动内容和时间安排，立足与小学衔接的要点，引导幼儿更有目标性和计划性地活动，使得入学准备教育的效果更显著。后续我们会将好的经验和做法在下届大班继续实施，并结合班本特点不断调整，在发现问题、解决问题的过程中不断完善入学准备关键期的一日生活作息安排。

以"有趣的形体"为例的集体教学活动组织实施策略

大连经济技术开发区港西幼儿园　毕雪琴

为深入贯彻落实《评估指南》，科学做好幼小衔接，我园通过多种教研形式组织教师学习《评估指南》关键指标，并围绕其中"活动组织"和"师幼互动"两项关键指标分析教师开展集体教学活动现状，发现教师普遍存在"游戏材料提供缺乏探究性""支持幼儿的学习方式单一""师幼互动中支持策略不足"等问题。而优化集体教学活动组织实施策略，提高教师专业能力，是提高幼小衔接质量的关键。基于此，我们确定本次教研主题为"以'有趣的形体'为例的集体教学活动组织实施策略"。

活动方案

教研主题	以"有趣的形体"为例的集体教学活动组织实施策略		
教研时间	2023年5月10日（星期三13:00—14:05）	教研地点	幼儿园多功能厅
主持人	毕雪琴	参加对象	全体教师
教研背景	《评估指南》中围绕"教育过程"提出了"活动组织""师幼互动""家园共育"三项关键指标和若干考查要点。每一个考查要点都传递出对教师组织实施教育活动理念、态度、行为、方法的要求，特别是在"活动组织"中提到："关注幼儿发展的连续性，注重幼小科学衔接。""采取多种形式，有针对性地帮助幼儿做好身心、生活、社会和学习等多方面的准备。" 　　为深入贯彻落实《评估指南》，科学做好幼小衔接，我园前期组织教师深入学习《评估指南》，并分析教师开展集体教学活动现状，发现教师普遍存在"游戏材料提供缺乏探究性""支持幼儿的学习方式单一""师幼互动中支持策略不足"等问题。因此，我们确定本次教研主题为"以'有趣的形体'为例的集体教学活动组织实施策略"。		
教研目标	1.通过观摩集体教学，研讨归纳集体教学活动组织实施策略。 2.提高教师观察、研讨及反思能力，积累活动组织与师幼互动有益经验，促进教师专业能力的提升。		
教研准备	1.查阅资料，深入学习《评估指南》中"教育过程"方面的关键指标。 2.集体记录单、个人记录单、教研流程PPT、黑板。		
教研形式	课例观摩、互动研讨、分享交流、总结提炼		
教研过程	**一、活动介绍**（13:00—13:05） 主持人介绍活动背景及大班开展"多变几何形体"主题活动的亮点和不足。 **二、执教反思**（13:05—13:10） 执教教师结合《评估指南》，从活动组织、师幼互动两方面对集体教学活动"有趣的形体"进行反思。		

（续表）

教研过程	**三、研讨交流**（13:10—13:50） 教师在集体教学活动"有趣的形体"中使用了哪些组织实施策略？采用了哪些有效的师幼互动方式？结合《评估指南》中"活动组织"和"师幼互动"两个关键指标，从活动特点、不足及改进建议三个方面进行分组研讨。 各组围绕教研问题汇报交流，梳理研讨结果并提出困惑和问题。 **四、归纳提炼**（13:50—14:00） 主持人对各组汇报结果进行点评，从活动组织、师幼互动等方面梳理出亮点、不足及建议，再进行整体提升。 **五、总结反馈**（14:00—14:05） 1. 小结本次教研活动教师参与情况。 2. 布置教研活动作业，要求教师根据研讨成果对照集体教学中的活动组织和师幼互动两方面进行反思，再一次对标《评估指南》审视教学方法和策略，帮助幼儿科学做好入学准备。

活动纪实

教研过程

一、活动介绍（5分钟）

主持人：大班开展"多变几何形体"主题活动已经有两周时间，教师在自主游戏中为幼儿提供了丰富的活动材料，支持幼儿通过自主选择材料、同伴和玩法来探究认识形体。但教师在组织集体教学活动时，采用的方法策略和师幼互动方式还存在问题和不足，主要表现在：游戏材料提供缺乏

介绍活动背景

探究性，支持幼儿的学习方式单一，师幼互动中支持策略不足等。针对教师的问题，我们确立了本次教研主题。

二、执教反思（5分钟）

主持人：教研前全体教师观摩了教师A组织的大班数学活动"有趣的形体"，下面请她结合《评估指南》中"活动组织"和"师幼互动"两项关键指标，对本节活动进行反思。

三、研讨交流（40分钟）

（一）分组研讨

主持人：教师A在活动中使用了哪些组织策略？采用了哪些有效的师幼互动方式？请大家结合《评估指南》，从活动特点、不足及改进建议三个方面进行分组研讨。左手边为一组，右手边为二组。请各组自行选好汇报员和记录员，研讨时间为30分钟，请大家把握好时间！

教师分组研讨

（二）小组汇报

主持人：刚才大家研讨得非常热烈！下面，请各组汇报员依次上前汇报本组研讨结果。

一组研讨结果梳理

活动特点	不足	改进建议
1.活动形式多样化。 　　活动开始时教师运用"摸神秘盒"游戏激发幼儿活动兴趣，集体复习正方体和长方体的特征。活动过程中，教师鼓励幼儿采用个别、小组合作等自主游戏的方式探索正方体和长方体的不同组合方式，在操作探索中感知形体之间的关系。	1.各环节活动时间安排不合理。教师应考虑集体活动各环节时间的合	1.活动时间。 　　把集体活动主要时间分配在幼儿操作环节。本次活动的分享环节占用时间较

（续表）

活动特点	不足	改进建议
2. 材料提供丰富适宜。 　　教师提供的材料种类丰富、数量充足，是幼儿生活中常见的几何形体材料，比如积木、纸砖、骰子等，这些材料平时幼儿就经常摆弄，对材料的外形特征比较了解，所以操作过程中能灵活运用，组合出多种不同的正方体和长方体。 3. 师幼互动方式有效。 　　活动中教师没有过多干预幼儿的操作，有的幼儿选择与他人合作搭建，有的选择独自搭建，为了支持幼儿深入探究，教师运用支持性的语言鼓励幼儿进行合作。如："你俩可以把它们组合在一起试一试。"简单的提示让幼儿从探索单一形体组合变成探索多样化的组合方式。活动中，当教师发现有的幼儿因忙于操作而忘记表征记录时，能及时提醒他们用图画记录自己的探究结果。	理分配。 2. 组织方法不妥当。幼儿作品应保留并展示。在分享时没有对照作品进行介绍。	长，可以改变方法，如采用个别幼儿交流，其他幼儿补充的方式等。 2. 组织方法。 　　操作前要提要求，如选择形体的要求，完成作品要保留等。其次在分享作品时，教师的组织方法要更便于幼儿介绍和展示，如结合桌子上的成品进行分享等。

二组研讨结果梳理

活动特点	不足	改进建议
1. 以问题引发深入探究。 　　在活动中，教师通过开放性的问题引发幼儿思考，如：怎样将你找到的形体进行组合变成不一样的正方体和长方体？这一问题激发了幼儿的探究兴趣，他们开始操作探索，在反复尝试中积累了多种不同的组合搭建方法。 2. 活动环节难度有递进。 　　本次活动各环节设计思路清晰，特别是两次操作搭建体现出难度的递进性，让幼儿在两次搭建过程中有不同难度的挑战。	1. 记录单使用方法不恰当。没有通过记录反映出每个幼儿的想法。 2. 个别材料提供不适宜。个别材料体积过小，幼儿无法准确辨认是长方体还是正方体，组合在一起存在争议。	1. 调整记录单使用方法。可以尝试把小组记录改成个人记录，让每个幼儿都能够表征自己的想法。 2. 调整材料。调整有争议的材料，选择特征明显、形体

（续表）

活动特点	不足	改进建议
3. 材料以低结构为主。 　　师生共同收集的材料多数是积木和生活中常见的材料，便于幼儿通过操作发现形体之间的关联。既有一定的目标隐含在材料中，又具有开放性的特点，为幼儿自主探索操作提供了支持。		较大、方便幼儿操作拼摆的几何形体。

四、归纳提炼（10分钟）

主持人归纳提炼

主持人：刚才各组将研讨成果进行交流分享，既发现教学活动的亮点也能够针对不足提出改进建议。结合大家的汇报，我再做一下梳理强调。

本节活动的亮点：

（一）操作材料丰富多样

教师为幼儿提供的材料种类丰富、数量充足，整体比较适宜，多以低结构材料为主，便于幼儿探索组合出不同的正方体和长方体，从而了解不同形体的特征及相互关系。

（二）活动组织形式灵活多变

1. 本节活动以游戏化方式进行，教师支持幼儿自主选择材料、同伴和操作方法，鼓励幼儿通过探索、重复、变通等方式搭建正方体和长方体。

2. 活动中教师采用小组讨论、集体交流、小组表征记录等方式支持幼儿分享操作结果，鼓励幼儿表达想到的所有的形体组合方法。

3. 活动的每个环节难度有递进性，主要体现在两次组合形体中。第一次是正方体和长方体组合，相对比较简单。第二次是多种形体的组合，难度提升，对幼儿有一定的挑战。

（三）师幼互动积极有效

1. 教师在活动中能够支持幼儿自主选择材料，鼓励幼儿与同伴合作，并与同伴一起研究搭建各种形体的方法。

2. 在幼儿操作环节，教师一直在认真观察幼儿搭建正方体和长方体的方法，当个别幼儿操作出现问题时，教师能给予适时适度的支持，如一名幼儿还未完整搭建出正方体就急于去搭建别的形体，教师通过问题引导他认真观察并主动思考缺少的部分，帮助幼儿获得搭建经验。

活动调整建议：

（一）改进作品展示方式

教师对作品展示方面提出了两点建议，我认为第一种方式更加直观，即幼儿看着自己的作品进行分享介绍，相互学习效果会更好。

（二）改进记录单表征方式

对本次活动是否需要提供记录单大家有不同的看法。结合大家的意见，我认为关键要看记录单能否发挥出作用，帮助幼儿回顾自己的发现。本次活动中可以把小组记录改成个别记录，让每个幼儿都有机会表征记录自己的探究过程。

五、总结反馈（5分钟）

主持人：本次教研活动后，教师要根据研讨成果，对标《评估指南》再次审视自己的教学，提高组织实施教学活动的能力，帮助幼儿科学做好入学准备。

附录

集体教学观摩研讨记录单

活动名称：大班数学活动"有趣的形体"

适合年龄段：5~6岁

活动时间：2023年5月10日

活动目标：

1. 复习正方体和长方体的主要特征。
2. 尝试将各种形体移动、旋转拼搭成正方体和长方体，发现形体变换的奥秘，感知部分与整体的关系。
3. 乐意尝试运用不同的方法和同伴合作拼搭，感受合作的乐趣。

特点	
不足	
改进建议	

活动反思

幼儿园教师在集体教学中的组织实施策略关系着幼小衔接的质量。有效的活动组织和师幼互动能够帮助幼儿科学做好身心、生活、社会、学习等多方面的准备。本次教研，我们通过多种方式不断推进教研问题的解决，教研成效显著，凸显出三个亮点：

一、对标文件　深研主题

本次教研活动的主题来源于教师在集体教学活动组织方面存在的困惑和不足。教研前，教师深入学习《评估指南》中"活动组织"和"师幼互动"两项关键指标，积累与教研主题相关的理论知识。教研中，教师将理论与实践一一对应，找到了解决问题的策略。

二、层层推进　达成目标

教研前教师观摩了集体教学活动"有趣的形体"，教研中以此活动为案例，通过"个别交流—互动研讨—分组交流—归纳提炼"的形式层层推进，逐步找到解决问题的策略。教研中，教师基于自我观察和同伴研讨不断反思自己的教育实践，从多视角逐步积累了活动组织与师幼互动的有效方法，提升了专业能力，达成了教研目标。

三、广泛参与　汇聚成果

教研过程中教师开拓思路、全员参与、积极互动，结合《评估指南》，围绕集体教学活动组织实施策略，从低结构材料的投放、游戏化教育活动的组织方式、师幼互动的有效策略等方面梳理出了教研成果。整个活动融合了大家的智慧，组织者和教师在思想上相互碰撞和启发，保证了研讨的深度，提升了教研活动的整体质量。

基于一日生活探索适宜幼儿参与的劳动内容

大连市甘井子区教育局第三幼儿园　丁欣

　　劳动教育是幼儿园教育的重要组成部分，也是幼小衔接生活准备的重要内容。我园以劳动教育为载体，全面推进幼儿入学准备教育取得实效。在日常教育实践中，教师们努力挖掘适宜幼儿参与的劳动内容，但是思路始终不够开阔，基于此，我们开展了本次园本教研活动，以期指导教师在幼儿园一日生活中挖掘更多适合不同年龄段幼儿参与的劳动内容，深挖其教育价值，更好地推动幼小衔接取得实效。

活动方案

教研主题	基于一日生活探索适宜幼儿参与的劳动内容		
教研时间	2023年5月22日（星期一 13:00—14:00）	教研地点	幼儿园三楼音体室
主持人	丁欣	参加对象	幼儿园全体教师
教研背景	《指导要点》明确提出：幼儿园要把"参与劳动"作为生活准备方面的发展目标，提出了"引导幼儿承担适当的劳动任务""鼓励幼儿参与力所能及的家务劳动""引导幼儿尊重身边的劳动者，珍惜劳动成果"的教育建议。在政策文件的指引下，我园将劳动教育作为开展幼小衔接工作的有力抓手，开展"以劳动教育为载体全面推进幼儿园入学准备教育"的实践研究，挖掘入学准备各发展目标中适合幼儿参与的劳动内容，推动入学准备教育更高效地开展。 在日常教育实践中，教师们积极探索如何将劳动教育融入四方面入学准备教育中，特别是围绕与劳动教育关系最密切的生活准备教育，教师们努力挖掘适宜幼儿参与的劳动内容，但是思路始终不够开阔。除了常见的种植、值日生工作外，在幼儿园一日生活中挖掘更多适合不同年龄段幼儿参与的劳动内容并了解其教育价值是目前需要思考解决的问题。基于此，幼儿园开展以"基于一日生活探索适宜幼儿参与的劳动内容"为主题的教研活动。		
教研目标	1.通过互动研讨和汇报交流，梳理出一日生活中适宜各年龄段幼儿参与的劳动内容。 2.通过总结梳理和专题培训，帮助教师明确不同劳动内容的教育价值，掌握挖掘劳动教育内容的途径和方法。 3.通过参与教研活动，引导教师主动思考、反思日常幼儿劳动教育实践中的经验、困惑和不足，提升教师理论联系实际的能力。		
教研准备	1.教师自学《指导要点》中四个准备方面的内容，梳理教研主题相关知识。 2.PPT、签到表、小组记录单、彩笔、电子集体记录单。		
教研形式	互动研讨、分享交流、总结梳理、理论提升		

(续表)

教研过程	一、介绍背景，引出主题（13:00—13:02） 主持人介绍教研活动背景，引出教研主题。 二、回顾文件，夯实理论（13:02—13:05） 参研人员对照《指导要点》，共同学习梳理四个准备的相关内容，明确其发展目标和具体表现。 三、分组讨论，研思共享（13:05—13:30） 以小、中、大班教研组为单位分组研讨。 研讨问题：一日生活中适宜幼儿参与的劳动有哪些？对照幼小衔接四个准备有哪些教育价值？ 四、汇报交流，凝聚智慧（13:30—13:45） 每组汇报员依次进行汇报，组内其他成员补充，其他组成员可提出疑问或进行补充。研讨过程中主持人随时提出问题与教师深入研讨。 五、专业引领，赋能成长（13:30—14:00） 1. 主持人梳理提炼三个组的研讨结果，凝聚共识。 2. 主持人开展《挖掘劳动教育内容的途径》专题讲座。

活动纪实

教研过程

一、介绍背景，引出主题（2分钟）

主持人：我园以幼儿劳动教育为载体，全面实施身心、生活、社会、学习四项入学准备教育，助力幼儿顺利从幼儿园过渡到小学。但是教师们的思路不够开阔，不能很好地挖掘出一日生活中适宜幼儿参与的劳动内容，对各项劳动的教育价值分析也不够透彻。今天，我们聚焦与幼儿劳动教育关系最密切的生活准备，共同探讨适宜幼儿参与的劳动内容。

教研活动背景介绍

二、回顾文件，夯实理论（3分钟）

主持人：首先，我们一起回顾一下《指导要点》中关于四个准备的内容。

三、分组讨论，研思共享（25分钟）

主持人：请以教研组为单位，围绕"基于一日生活探索适宜幼儿参与的劳动内容"进行讨论。时间为25分钟，在此过程中推选出一位记录员、一位汇报员，由教研组长全程把控，尽量让每位教师都有发言的机会，尤其要多关注新教师，多倾听新教师的想法，多给新教师锻炼的机会。

教师分组研讨

四、汇报交流，凝聚智慧（15分钟）

主持人：刚才各组的研讨都很热烈。下面，请各组汇报员依次汇报本组研讨结果。

（一）大班组汇报

分类	内容	教育价值
幼儿自理	穿衣服、系鞋带、洗手、整理图书	动作协调；养成良好生活习惯，喜欢参与劳动，能主动承担并完成班级劳动；任务意识增强，热爱集体，增强交往合作能力，诚实守规；好奇好问，喜欢刨根问底
种养劳动	播种、浇水、施肥、除草、喂养小动物	
园内劳动	摘菜、大扫除、小值日生、修补图书	
社会劳动	捡垃圾、铲小广告、角色扮演	

主持人：为什么把角色扮演归类到社会劳动内容中呢？

教师A：《指导要点》中指出"能自觉遵守基本的安全规则和交通规则，有自我保护的意识"，如在生活区开展餐厅游戏会让幼儿在扮演角色的同时掌握生活技能和厨房安全知识，提高自我保护能力。

主持人：让幼儿了解不同的职业，在角色扮演的过程中体验不同职业的工作内容，了解其中存在的危险，提高幼儿的自我保护意识和能力。所以说，我们的劳动教育不仅仅是参与劳动，更是让幼儿了解各行各业，为他们今后融入社会打下坚实的基础。

主持人：这位老师能对照《指导要点》中的目标探索出适宜幼儿参与的劳动内容，并了解其中的教育价值，真是特别有想法，很棒！

（二）中班组汇报

分类	内容	教育价值
生活劳动	整理衣物、洗漱（洗脸、梳头、刷牙）、叠被褥、自主打餐、值日生工作（扫地、擦桌子、浇花、喂动物、分发材料、收放毛巾、抬桌子）	向往入学，劳动兴趣高，喜欢参与劳动；卫生习惯好，爱锻炼身体，时间观念变强；同伴合作解决问题，任务意识增强，热爱集体；提高科学认知，有探究意识，有计划地做事
生产劳动	种植（种子认知、植物栽培、植物养护）、手工（编织、缝制、刺绣）、木工（钉钉子、拧螺丝）、饲养（小动物、昆虫）	
烹饪劳动	认识厨房用品、了解营养搭配、简单美食制作、清洗整理	
家庭劳动	洗袜子、刷碗、照顾父母	

（三）小班组汇报

分类	内容	教育价值
自我服务	穿脱衣服、整理衣服、自主搬椅子、自主打餐、整理床铺	养成良好的生活习惯，具有生活自理能力，喜欢参与劳动；有自我服务意识，能合作劳动；养成良好的学习习惯，有一定的学习能力
服务他人	清洁日活动、择菜洗菜、分餐具、擦桌子、收拾玩具、整理游戏材料	
服务家庭	刷碗、拿碗筷、烹饪、按摩、洗衣服袜子	
其他	玩泥巴、扎染、穿编、区域游戏、种植、饲养	

主持人：刚才的汇报中，各组都提到了洗漱、整理衣物等内容，有没有老师有不同意见？

教师B：洗漱应该不属于幼儿能参与的劳动内容。

教师C：它应该属于一种常规培养，不应该归类为劳动内容。

主持人：在梳理劳动内容的时候要思路清晰，要明确挖掘的是不是劳动内容，不要为了对照入学准备目标生硬地拼凑。

五、专业引领，赋能成长（30分钟）

（一）梳理提炼

主持人：聚焦幼儿通过一日生活参与劳动需达成的四个发展目标，各组成员畅所欲言，互动交流，分别梳理出了每个发展目标下适宜幼儿参与的劳动内容，非常具体和全面。下面，我们将三个组的研讨结果进行归纳提炼，分析一下这些劳动内容对幼儿的教育价值，为大家接下来更好地开展幼儿劳动教育明确方向，理顺思路。

主持人梳理提炼

一日生活中适宜幼儿参与的劳动内容及教育价值

劳动类别	劳动内容	教育价值
自助劳动	整理玩具、整理书包、整理换衣箱、整理床铺、自己拎东西、打扫自己的房间、整理书桌、整理书架	保持良好的个人卫生习惯，坚持自己的事情自己做，能分类整理和保管好自己的物品
生产劳动	穿编、刺绣、扎染、美食制作、种植、饲养、独自使用工具（剪刀、胶棒、拆卸工具等）、插花、角色游戏（超市游戏、医院游戏、警察游戏、美发店游戏等）	手部动作协调，能使用简单的工具和材料，有自我保护意识；能与同伴友好相处，与同伴分工完成任务，遇到困难互帮互助，发生冲突时尝试协商解决；能遵守游戏和生活中的规则
服务劳动	义工（打扫社区环境、捡垃圾、清除小广告、清洗公交车、地铁维乘、敬老院或孤儿院慰问、周五小蜜蜂大清扫、义卖、动物救助等）、值日生（整理水杯毛巾、室内文明管理、班级卫生打扫、分发餐具、协助备餐、图书玩具整理修复等）、布置教室、临时助手管理、倒垃圾、大手拉小手（帮助弟弟妹妹穿衣服等）、梳头、切送水果、择菜、剥干果等	喜爱自己的班级和幼儿园，愿意为集体出主意、想办法、做事情；能主动承担并完成分餐、清洁、整理等班级劳动；能坚持做完一件事，遇到困难不放弃，做事有一定的计划性

（续表）

劳动类别	劳动内容	教育价值
家庭劳动	家庭扫除、摆放餐具、收拾餐桌、洗碗、简单做菜、清洗蔬菜水果、使用家庭生活工具、洗小件衣物（毛巾、袜子）、倒垃圾、照顾长辈（端水、递物、洗脚、捶背等）	能做一些力所能及的家务劳动

（二）理论提升

主持人：下面进行《挖掘劳动教育内容的途径》专题讲座，希望通过讲座，能让大家更清楚地认识到幼儿一日生活中蕴含的劳动教育的价值，对大家接下来更科学地开展幼儿劳动教育有所启迪和帮助。

（三）教研作业

主持人：希望大家能利用今天研讨梳理出的劳动教育内容，结合班级幼儿发展水平，不断开展幼儿劳动教育实践，并在实践过程中不断反思和创新，丰富劳动教育的内容，拓展劳动教育的途径。下一步，请各教研组进一步梳理汇总适宜本年龄段幼儿参与的劳动内容，更好地引导幼儿在参与劳动的过程中全面做好入学准备。

专题讲座

附录

附录1：记录单

附录2：教研成果

一日生活中适宜小班幼儿参与的劳动内容

劳动类别	劳动内容
自助劳动	1. 整理玩具 2. 整理衣柜 3. 自己的事情自己做（自己拎东西）
生产劳动	1. 种植（植物栽培、植物养护、劳动收获） 2. 独立使用工具（剪刀、画笔、胶棒等） 3. 拆卸玩具（拧螺丝等） 4. 饲养（小动物、昆虫、鱼类） 5. 角色扮演（理发师、医生等） 6. 穿编（穿珠子） 7. 扎染（染废旧的白色T恤、白色袜子）
服务劳动	1. 班级的清扫活动（擦桌子、椅子、柜面，洗毛巾、玩具等） 2. 择菜（菠菜、生菜、金针菇等） 3. 剥果壳（花生、核桃等） 4. 分发餐具 5. 整理毛巾水杯 6. 扫地 7. 布置教室（幼儿绘画、制作手工来布置教室环境等） 8. 倒垃圾
家庭劳动	1. 照顾长辈（按摩、捶背） 2. 整理餐桌（摆放餐具） 3. 清洗蔬菜水果 4. 洗小件衣物（袜子、小方巾等） 5. 倒垃圾

一日生活中适宜中班幼儿参与的劳动内容

劳动类别	劳动内容
自助劳动	1. 整理床铺（叠被子） 2. 整理衣柜（叠放自己的换洗衣服）
服务劳动	1. 大清扫（每周五） 2. 义工活动（捡拾垃圾、垃圾分类、清除小广告） 3. 切水果 4. 择菜 5. 值日生工作（扫地、擦桌子、浇花、喂动物、分发材料、收放毛巾、抬桌椅等）
生产劳动	1. 种植：植物栽培、植物养护、收获劳动 2. 手工：编制、缝制、刺绣、扎染、织布 3. 木工：钉钉子、拧螺丝 4. 饲养：小动物、昆虫、鱼类 5. 烹饪：简单美食制作、清洗整理厨具 6. 独立使用工具（剪刀、直尺、拆卸工具）
家庭劳动	1. 刷碗 2. 整理餐桌（摆放餐具） 3. 清洗蔬菜水果 4. 洗小件衣物 5. 倒垃圾 6. 给父母洗脚、捶背

一日生活中适宜大班幼儿参与的劳动内容

劳动类别	劳动内容
自助劳动	1. 整理床铺（叠被子） 2. 整理衣柜（叠放自己的换洗衣服、外套） 3. 自己的事情自己做（自己拎东西、自己准备第二天要穿的衣服、整理书包）
服务劳动	1. 布置教室环境 2. 义工活动（捡拾垃圾、垃圾分类、清除小广告） 3. 切送水果

基于一日生活探索适宜幼儿参与的劳动内容

（续表）

劳动类别	劳动内容
服务劳动	4. 择菜 5. 值日生工作 6. 临时助手管理 7. 倒垃圾 8. 大手拉小手（帮弟弟妹妹穿衣服）
生产劳动	1. 种植：种子知识、种植养护及植物种植规律探索 2. 手工：穿编、缝制、刺绣、扎染、织布、插花 3. 饲养：小动物、昆虫、鱼类 4. 烹饪：剥干果、洗菜、简单美食制作、清洗整理厨具 5. 拆卸安装简单玩具 6. 独立使用工具（剪刀、画笔、胶棒等工具）
家庭劳动	1. 洗小件衣物 2. 晾晒衣物 3. 倒垃圾 4. 清洗蔬菜水果 5. 刷碗 6. 给父母按摩、捶背、洗脚

活动反思

本次教研活动以国家政策文件精神为指引，立足幼儿园幼小衔接工作开展的实然现状和应然需求，指导帮助教师开展教育实践，以使幼儿做好入学准备，幼儿园提升保教质量。

一、活动亮点

（一）调研把脉，聚焦问题

教研前通过个别访谈、进班观察、查阅教师计划笔记等，自下而上收集教研问题，找到教研活动的起点。教研前提前告知教师教研主题，教师自主查阅文件，学习有关内容，做好充分的经验准备。教研过程紧扣教研主题，引导教师聚焦研讨问题，层层深入地认识、思考和探究教研主题，旨在切实解决教师在教育实践中的问题和困惑。

（二）任务驱动，思维碰撞

研讨题目拟订得比较合理、新颖，紧紧围绕教师一日工作，解决教育实践中的问题。每位教师能认真思考、讨论、质疑和释疑，充分挖掘适宜各年龄段幼儿参与的劳动内容，促进教师在主动学习和相互启发中逐渐成长。

（三）分享交流，优势互补

小组研讨以教研组为单位，研讨过程中以老带新，给予不同层次教师充分交流表达的机会。在倾听各组汇报时，教师能互相及时进行补充或提出困惑，再次深入研讨，在互动、互助、互判的过程中让资源得以共享，让问题得到解决。

（四）更新理念，角色转换

本次园本教研活动从计划的制订、问题的提出到活动的进行，教师始终参与其中，深入理解开展此次教研活动的目的及要达成的目标。心对心的热切讨论也衍生出一些新问题，围绕新问题再追问、再阐述，让不明朗的逐渐清晰，不准确的逐渐准确，不全面的逐渐完善。每一位教师实实在在地投入教研活动，成为教研的主人，主持人也由以往的组织者、评价者转变为倾听者和支持者。

（五）积极探寻，达成目标

本次教研依靠教师的集体智慧，秉承着一日生活皆教育的理念，大家开拓思路、积极探寻一日生活中适宜幼儿参与的劳动内容，遇到问题大家讨论、思考，提出建议，整个过程中用事实说话，融合了大家的智慧。当总结出一些新颖的劳动内容时，运用《指导要点》中生活准备的一些理念进行解读分析，使理论与实际工作相结合，从而保证了研讨的深度，达成教研目标。

（六）理论提升，助力实践

理论提升部分围绕幼儿一日生活几大板块、课程规划、游戏及社会实践探索劳动内容，让教师在熟知的工作中充分打开思路，有益于教师在今后的工作中挖掘出更多的适宜幼儿参与的劳动内容。

二、反思不足及下一步打算

在讨论环节，由于主持人缺乏对突发问题的预设，教师对值日生劳动的具体内容讨论不够细致，造成部分教师对此部分内容理解不够深入，理念层次不足。

下一步，我们将立足幼儿园新任教师较多、经验不足、理论水平有限、对幼小科学衔接背景下幼儿参与劳动助力衔接小学理念掌握参差不齐的情况，建立不同的教研体系，追踪实践，让教研成果真实落地。同时，将继续深入研究本次活动梳理出的适宜幼儿参与的劳动内容，探索出观察要点及指导策略，以交互辐射、共享成长为路径赋能教师专业成长，为幼儿从幼儿园向小学顺利过渡打下坚实基础。

幼小衔接背景下开展值日生活动的策略

大连市长兴岛经济技术开发区三堂幼儿园　刘鹏程

《指导要点》中提出:"具备任务意识和执行任务的能力,有助于幼儿适应小学学习生活的要求,逐步做到独立完成各项学习任务。"值日生工作能有效地帮助幼儿树立自信,培养良好的劳动习惯、社会责任感、动手实践能力等,让幼儿在生活中得到学习与发展。结合当下我园开展幼儿值日生活动的实际情况,以"一题三研"的教研模式,对"幼小衔接背景下开展值日生活动的策略"进行连续性的研究。

活动方案

教研主题	幼小衔接背景下开展值日生活动的策略		
教研时间	2023年4月—6月	教研地点	幼儿园教研室
主持人	刘鹏程	参加对象	幼儿园中、大班教师
教研背景	《指导要点》中提出："具备任务意识和执行任务的能力，有助于幼儿适应小学学习生活的要求，逐步做到独立完成各项学习任务。"参与劳动有助于培养幼儿良好的劳动习惯，提高幼儿的自理能力和动手能力，增强自信心，培养初步的责任感。 通过调研了解，当下存在家长包办代替情况较多、幼儿任务意识和执行任务的能力较差、教师对于开展值日生工作认识较浅等诸多问题。基于以上问题，我们确立教研专题为"幼小衔接背景下开展值日生活动的策略"。 教研专题采用"一题三研"形式，进行连续性的研讨、交流、反思、调整、创新，逐渐转变教师观念，帮助幼儿具备任务意识与执行任务的能力，真正做到以幼儿为主体。		
教研目标	1. 引导教师重视幼儿生活能力与责任意识的培养。 2. 帮助教师以值日生活动为例开展自主游戏活动课程的研究。 3. 营造教师间善于思考、乐于交流、勇于实践的教研氛围。		
第一阶段教研（4月10日 星期一）			
教研目标	1. 交流在开展值日生活动中存在的困惑。 2. 研讨在开展值日生活动中存在问题的解决策略。 3. 形成积极参与、主动反思的教研氛围。		
教研准备	1. 下发研讨问题记录单，教师提前梳理班级开展值日生活动的现状与问题。 2. 大白纸、记录笔等。		
教研形式	互动交流、总结提炼		
教研过程	一、热身活动（12:40—12:45） 通过游戏活动，让教师放松身心，活跃气氛，为教研做准备。		

（续表）

教研过程	**二、前期回顾**（12:45—13:00） 介绍班级开展值日生活动的现状。 **三、交流研讨**（13:00—13:30） 结合班级值日生活动开展的实际进行分组研讨。 1. 班级值日生的任务有哪些？如何确定？ 2. 班级的值日生活动如何实施？ 3. 如何评价值日生的工作？ **四、总结提炼**（13:30—13:50） 对教师提出的想法进行梳理、总结。 **五、布置任务**（13:50—13:55） 教师运用研讨出的策略进行班级值日生活动环境创设，同时积累新生问题。
	第二阶段教研（5月15日 星期一）
教研目标	1. 交流班级值日生活动开展的预设方案。 2. 调整完善幼儿任务意识与执行任务能力的培养策略，并研讨解决新生问题。 3. 形成积极参与、主动反思、指导实践的良好教研氛围。
教研准备	1. 班级值日生活动开展的预设方案。 2. 大白纸、记录笔等。
教研形式	互动交流、总结提炼
教研过程	**一、介绍主题**（12:40—12:45） 本次教研围绕班级值日生活动开展的预设方案进行交流，重点研讨如何提高幼儿任务意识与执行任务的能力。 **二、交流研讨**（12:45—13:15） 1. 各班级介绍值日生活动开展的预设方案，并进行补充、完善，现场调整。 2. 对新生问题现场研讨。 **三、总结提炼**（13:15—13:35） 1. 梳理幼儿具备任务意识与执行任务能力的培养策略。 2. 值日生活动开展与调整的关键因素。 **四、布置任务**（13:35—13:40） 创设值日生活动环境，认真开展值日生活动，重点关注幼儿的任务意识与执行任务的能力，并引导幼儿进行表征表达。

（续表）

\	第三阶段教研（6月12日 星期一）	
教研目标	1. 梳理提升幼儿任务意识与执行任务能力的策略。 2. 形成积极参与、主动反思、指导实践的良好教研氛围。	
教研准备	1. 值日生活动的相应环境创设、值日生活动开展中的亮点与困惑。 2. 大白纸、笔等。	
教研形式	现场观摩、案例分析、互动交流	
教研过程	一、**热身活动**（12:40—12:45） 通过幼儿所绘画的《值日生工作》，教师猜测幼儿所表达的内容。 二、**观摩研讨**（12:45—13:45） 1. 现场观摩 参观各班级值日生活动环境创设，各班介绍环境创设理念以及活动开展过程中幼儿相关的活动表征。 2. 经验介绍 中二班介绍在幼小衔接背景下，教师提升幼儿任务意识与执行任务能力的策略。 3. 研讨交流 研讨问题：中二班教师提升幼儿任务意识和执行任务能力的策略有哪些？ 三、**总结提炼**（13:45—13:55） 梳理提升幼儿任务意识与执行任务能力的策略。 四、**布置任务**（13:55—14:00） 认真观察幼儿在值日生活动中任务意识与执行任务能力的变化，尝试以此为切入点，将梳理的经验落实到其他游戏活动中。	

活动纪实

教研过程

一、第一阶段教研

（一）热身活动（5分钟）

游戏名称：我来比画你来猜

游戏规则：教师按班级分为大班组和中班组，由大班年级组长根据事先准备好的"幼儿值日生"相关工作任务词卡进行比画，每个词卡限时10秒，其他教师进行猜测并抢答，答对组获一分。一共10个任务词卡，最后得分多的组获胜。

游戏词卡：浇花、喂鱼、擦桌子、扫地、抬桌子、套垃圾袋、检查餐盘、整理图书、分餐、晾晒手绢。

（二）前期回顾（15分钟）

主持人：近期对我园中、大班的值日生活动开展情况进行了调研，调研中发现一些问题，主要集中在以下三个方面。

1. 未全部开展值日生活动：8个班级中有7个班级开展值日生活动，1个班级未开展值日生活动。

2. 未以幼儿为主体：大部分班级值日生活动的发起与任务的布置以教师为主导，未充分尊重幼儿的想法，没有重点关注幼儿任务意识与执行任务能力的培养，只是单纯安排幼儿象征性完成任务。

3. 环境互动性不强：值日生活动的开展与活动环境不吻合，环境停留在"看"的阶段。

（三）交流研讨（30分钟）

主持人：各班级已经提前梳理班级开展值日生活动的现状与问题。接下来进行分组研讨，限时15分钟，每组确定1名汇报员进行汇报交流。

1. 分组研讨

研讨问题：

★班级值日生的任务有哪些？如何确定？

★班级的值日生活动如何实施？（建议：可从实施时间、参与者、任务确定、实施要求等方面进行讨论）

★如何评价值日生的工作？

2. 汇报交流

中班组教师代表：对照《指南》里中班年龄段幼儿应具备的生活能力，与幼儿共同梳理值日生任务。通过谈话活动，引导幼儿明确值日生的任务。根据幼儿年龄特点，中班采取先由部分幼儿自荐和教师推荐的方式确定值日生，下一步以师带徒等方式让更多幼儿参与其中。

大班组教师代表：值日生活动的发起应来源于幼儿服务和帮助他人做事情的自主意识；对于大班幼儿，可以在班会中，通过谈话、交流等方式让幼儿对能参与值日生活动感到光荣；值日生任务应来自幼儿自身能做的事情和班级的需要；值日生活动评价应来自幼儿对自己的评价、幼儿间的互评和教师的评价，最终通过绘画、拍照等方式记录自己值日过程中的感受。

（四）总结提炼（20分钟）

主持人：现在将中班组和大班组的研讨结果进行梳理。

任务来源	1. 班级幼儿能力水平 2.《指南》中的要求 3. 幼儿一日生活需要
实施方式	1. 全班承担式 2. 幼儿自荐式 3. 教师推荐式 4. 师带徒式
评价标准	1. 无需提醒，按时完成 2. 完成质量与效果

主持人：希望通过本次教研活动，大家能明确值日生活动的价值，并能够重视此项活动，在一日生活中，有意识地培养幼儿的任务意识和执行任务能力。

（五）布置任务（5分钟）

主持人：结合以上三个问题，重新进行班级值日生环境创设，同时搜集新生问题，一并作为下次教研内容。

二、第二阶段教研

（一）介绍主题（5分钟）

主持人：上次教研活动后，各班级重新进行了值日生活动环境创设，本次教研主要围绕班级值日生活动开展的预设方案进行交流，研讨如何提高幼儿的任务意识与执行任务能力。

（二）交流研讨（30分钟）

1. 各班级介绍值日生活动开展的预设方案

主持人：接下来，以各自年级组为小组，以班级为单位，介绍各班级的值日生活动方案，主要围绕原环境、调整后的环境和补充内容进行，其他教师可以随时进行补充、完善，现场调整。

2. 对新生问题现场研讨

主持人：在教研过程中，在幼儿任务意识与执行任务的能力培养方面又出现了新的问题，请各组针对新生问题的解决策略进行研讨。

问题	解决策略
值日生活动中如何提高幼儿的任务意识与执行任务的能力？	★绘制表格：教师与幼儿共同讨论值日生可以完成的工作内容，制成图文并茂的一览表。 ★自主分配：幼儿通过自主选择、竞选等多种方式对值日生工作内容进行分配。
如何引导幼儿围绕"任务意识与执行任务的能力"进行评价？	★谈话活动：开展谈话活动，引导幼儿思考值日生工作的"任务意识与执行任务的能力"评价标准应该有哪些，并鼓励幼儿大胆交流，用绘画的形式记录下来。 ★环境支持：教师可将幼儿制订的评价标准展示在班级环境中，便于提醒幼儿值日生工作任务。 ★评价鼓励：教师重视值日生工作，每天进行个别化点评，并激励其认真做好值日生工作。

（三）总结提炼（20分钟）

1. 环境位置要适宜且固定：调整值日生活动环境位置，放至班级门口处，幼儿入园时完成，帮助幼儿形成任务意识。

2. 任务来源于幼儿：值日生任务不是教师确定的，也不是教师用图片呈现的，而是在与幼儿交流讨论后，幼儿用绘画、语言表述等多种形式表现出来的。

3. 鼓励幼儿大胆表征：改变教师理念，充分给予幼儿自主的机会，从教师统一呈现的幼儿姓名、照片或学号，调整为用幼儿自己独特的形式来表现。

4. 尝试深挖内涵：结合各班级幼儿实际情况，开展值日生工作。引导幼儿自主探索为什么安排值日生，值日生应该怎样做，你在做值日生的时候做了哪些工作、如何做的、有什么发现或者感想等。

5. 评价标准要清晰：与幼儿谈论值日生的评价点有哪些，引导幼儿梳理出"是否能记住自己的任务""是否按时完成任务""任务完成的结果如何"等评价细则，并把这些评价细则直观地表现出来，让幼儿更加清楚。

（四）布置任务（5分钟）

主持人：请各班级根据研讨内容及工作经验，完善班级的预设方案，及时调整值日生活动环境，认真开展值日生活动，重点关注幼儿的任务意识与执行任务的能力，并引导幼儿进行表征表达。

三、第三阶段教研

（一）热身活动（5分钟）

主持人：请中二班教师带我们做游戏热身活动。游戏规则为所有教师通过幼儿所绘画的《值日生工作》，猜测幼儿想表达的内容。

绘画《值日生工作》	幼儿解读	教师解读
	如果值日生忘记值日，小朋友可以提醒他。	1. 两个值日生要相互合作。 2. 值日生任务没有完成不高兴。
	时间到了值日生就要去值日，不用提醒。	1. 值日生要快速完成工作。 2. 值日生要及时值日。
	我要把桌子擦得闪闪发光。	1. 值日生在擦桌子。 2. 值日生把桌子上的脏东西擦干净。

主持人：希望通过游戏，教师能了解幼儿的想法，并愿意蹲下身子观察、倾听、了解幼儿内心的想法。

（二）观摩研讨（60分钟）

1. 现场观摩

教师按照班级顺序进行现场参观，由各班班长介绍本班值日生环境创设以及活动开展过程中幼儿相关的活动表征。

2. 经验介绍

主持人：由中二班教师进行介绍。

环境创设	解读
	1. 环境名称：我的任务我做主。 2. 来源：幼儿自主设置值日生任务。 3. 达到的能力目标： （1）值日生能按时值日。 （2）值日生能完成相应的任务，如桌面要擦得干净、玩具要整理整齐等。 （3）在值日生活动中学会合作。
	1. 环境名称：我的值日生记录。 2. 记录板块： 第一板块——值日时间与值日生。 第二板块——值日内容。 第三板块——值日生工作中的发现。 3. 达到的能力目标： （1）学习记录的方法。 （2）了解值日生活动的内容。 （3）初步具备用已有的生活经验解决问题的能力。 （4）感受做值日生的乐趣，积极参加集体活动。

3. 研讨交流

主持人：中二班教师在活动中是如何促进幼儿的任务意识和执行任务能力提升的？请大家聚焦中二班的值日生活动，分组研讨这个问题。稍后请每组派一名教师代表汇报交流。

中班组	1. 明确任务：值日生的劳动标准是由教师和幼儿谈话约定而成的，我们看到的"闪闪发光""及时值日"等表征作品就是幼儿对任务标准的认知。 2. 关注幼儿情感：将版面的二分之一供幼儿展示自己值日生劳动时的所做所想，就是充分尊重幼儿想法的体现。教师要对幼儿在值日生活动中的表现给予及时关注与回应，促进幼儿在值日生活动中观察与思考能力的提高。
大班组	1. 重视幼儿的劳动技能：通过值日生连续性的劳动记录可以看出教师非常关注幼儿劳动技能的培养。如：教师对值日生绘画的叠手绢步骤和幼儿解读进行观察、分析，给予幼儿一对一的指导，并及时追踪幼儿连续性的表征，从而促进幼儿劳动技能的提升。 2. 任务认知：通过幼儿的记录发现，游戏的趣味性、操作性增加了幼儿对任务内容、要求的记忆，并增强了他们在完成任务过程中的主动性。如：值日生即使看到玩具柜里的玩具摆放得很整齐，还继续给自己提出"要经常去看看"的任务，由此可见，幼儿清晰地知道值日生的任务是什么。这有利于培养幼儿的责任心、独立性、坚持性。

4. 提炼梳理

主持人：大家在任务认知、任务情感、任务技能等方面提到了促进幼儿任务意识和执行任务能力提升的策略。现在，我们结合班级的实践进行总结梳理。

关键词	具体措施
任务认知	任务清楚——做什么 标准清晰——怎么做
任务情感	多倾听、多关注、多尊重、多鼓励
任务技能	教师示范、同伴互助、榜样引领、师带徒、家园携手

（三）总结提炼（10分钟）

1. 提高幼儿的任务认知：帮助幼儿明确任务的目的性，清楚其任务与标准。

2. 增强幼儿的任务情感：在值日生活动中观察幼儿，鼓励与肯定幼儿的进步；通过同伴互助、榜样影响，增强幼儿的任务意识；做事遇到困难，幼儿主动请教成人或同伴，不怕挫折，相信自己能把事情做完、做好；教师要尊重幼儿，经常倾听幼儿的想法。

3. 提升执行任务的技能：家园携手，减少包办代替，多提供平台，鼓励幼儿积极参与劳动。

主持人：通过每个班级的展示、中二班的经验介绍以及小组交流研讨，能够梳理出提升幼儿任务意识和劳动能力的有效策略，帮助幼儿积累幼小衔接的关键经验，以便更好地适应小学生活。

（四）布置任务（5分钟）

主持人：请各位老师认真观察幼儿的任务意识与执行任务能力的变化，尝试以此为切入点，举一反三，落实到游戏活动中，逐渐转变自己的观念，真正做到以幼儿为主体。

附录

附录1：三阶段研讨经验汇总

序号	第一阶段	第二阶段	第三阶段
调整内容	明确三个关键问题，形成值日生活动预设方案。	调整、创设值日生活动环境，开展值日生活动。	实施中，重点关注幼儿任务意识和劳动能力的培养。
经验梳理	值日生活动任务来源： 1. 班级幼儿能力水平。 2.《指南》。 3. 幼儿一日生活需要。 值日生活动实施方式： 1. 全班承担式。 2. 幼儿自荐+教师推荐式。 3. 师带徒式。 值日生活动评价标准： 1. 无须提醒，按时完成。 2. 完成质量与效果。	1. 环境位置要适宜且固定。 2. 任务来源于幼儿。 3. 鼓励幼儿大胆表征。 4. 尝试深挖内涵。 5. 评价标准要清晰。	1. 提高幼儿的任务认知。 2. 增强幼儿的任务情感。 3. 提升执行任务的技能。

附录2：教研活动前后班级值日生活动环境对比图

班级	教研前	教研后
中一		
中二		
中三		
中四		
大一		

（续表）

班级	教研前	教研后
大二		
大三		
大四		

附录3：个人记录单

幼小衔接背景下开展值日生活动的策略

附录4：幼儿值日生活动相关表征

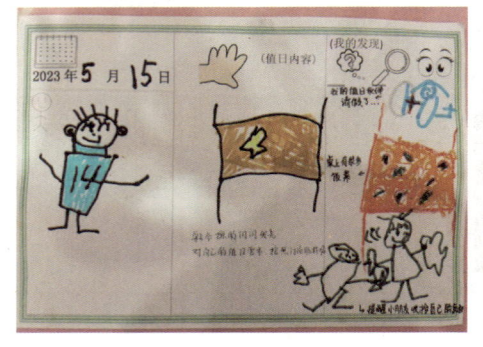

活动反思

"幼小衔接背景下开展值日生活动的策略"研讨是一次系列化专题研讨活动，以"真问题""真研讨""真实践"为导向，教师在同伴互助下，梳理出促进幼儿任务意识和劳动能力提升的策略以及相关经验，有助于幼儿做好全面的入学准备，培养幼儿终身发展所需的习惯与能力。

一、真问题——教研问题自下而上

教师在开展值日生活动中存在各种困惑，恰逢专家来园调研，与教师现场互动交流。教师自下而上反映困惑，专家提纲挈领、指出问题、给予建议，教师迅速整改，边整改、边研讨、边学习。研讨问题来源于教师，因此整个研讨活动中，教师参与度很高，能够做到有话可说、有惑必问、有疑共解。

二、真研讨——共研共学共同成长

教研前，教师根据研讨主题自学、自查相关内容，研讨时共享信息，群策群力。教师们不拘泥预设的教研方案，主持人根据研讨中出现的新问题，灵活调整研讨进度，直至问题解决。专题式系列研讨使问题解决更有深度、有广度、有高度。

三、真实践——教研服务保教实践

教师将教研中获得的有益经验运用到保教工作实践中。每一次研讨后，教师根据研讨梳理出的解决策略及时调整相关教育实践，如：值日生活动环境位置的调整、值日生任务的承担、值日生任务的评价等。虽然教研活动结束了，但教师的实践反思之路并未结束，教师在平日工作中仍需观察分析幼儿值日生活动的质量与效果，不断反思和改进。"值日生活动中如何以老带新提高幼儿的劳动能力""值日生活动中如何培养幼儿的社会交往能力"等仍是教师持续思考并有待研究解决的问题。

"幼小衔接背景下开展值日生活动的策略"系列教研活动还有很多不足之处，最为明显的是缺少理论培训、引领与提升，所梳理的成果也仅限于教师在同伴互助下的经验汇总。下一步将引导教师阅读更多专业书籍与文章，使教师的理论水平更上一层楼，为教师提供更多专业成长的机会！

节气主题课程中幼儿"好奇好问"学习品质的捕捉与支持

大连市甘井子区教育局蓝山幼儿园　章慧平

我园开展的幼小衔接问卷调查结果显示，50%的教师对指导幼儿做好学习准备存在困惑。在节气主题课程开展过程中我们也发现，许多教师不能很好地将学习准备的内容渗透到幼儿的游戏和生活中，尤其是在幼儿"好奇好问"学习品质的培养方面，许多教师不能及时捕捉幼儿的兴趣需要，也不知道如何有效支持幼儿的持续探究和深入学习。基于此，我们生成了本次园本教研活动。

活动方案

教研主题	节气主题课程中幼儿"好奇好问"学习品质的捕捉与支持		
教研时间	2023年5月22日 （星期一 13:00—14:00）	教研地点	幼儿园二楼综合活动室
主持人	章慧平	参加对象	幼儿园全体教师
教研背景	中华优秀传统文化对幼儿的成长和学习有重要的意义，我们应当利用传统节日等契机适当向幼儿介绍我国的传统文化，对幼儿进行传统文化的启蒙教育。基于此，我园构建了二十四节气主题园本课程，以充分发挥节气文化对幼儿发展的教育价值。随着教育部《指导意见》的出台，在开展节气主题课程过程中，我们开始越发关注幼儿入学准备教育的融入。我们发现教师在实践过程中遇到了诸多的问题和困惑，尤其是在幼儿的学习准备方面，许多教师不能很好地将学习准备的内容渗透到幼儿的游戏和生活中，特别是在幼儿"好奇好问"学习品质的培养方面，教师不能及时捕捉幼儿的兴趣需要，也不知道如何有效支持幼儿的持续探究和深入学习。 　　《指导要点》中指出："好奇心是终身学习的原动力。呵护幼儿的好奇心，尊重幼儿好问的天性，有助于幼儿对周围世界保持持续的探究欲望，不怕困难，积极主动学习。"教师要善于捕捉并有效支持幼儿"好奇好问"的学习品质，这既是指导幼儿做好小学入学准备的需要，更是为幼儿终身学习奠基的需要。立足当前教育实践的问题和需求，我们生成了本次园本教研活动。		
教研目标	1.通过学习分享和小组研讨，了解节气主题课程中幼儿"好奇好问"的具体表现。 2.通过分组研讨，梳理节气主题课程中影响幼儿"好奇好问"的因素，提炼支持幼儿养成"好奇好问"学习品质的策略。 3.通过同伴间的经验交流，引导教师主动反思日常教育行为的不足，提升教师培养幼儿良好学习品质的意识和能力。		

（续表）

教研准备	1. 通过前期问卷调查，了解教师关于幼儿入学准备教育的困惑和需求。 2. 教研前教师自主学习《指导要点》中关于"学习准备"的内容，重点研读"好奇好问"的具体表现和教育建议。 3. 多媒体设备、PPT、研讨记录单等。
教研形式	热身游戏、学习分享、小组研讨、集体汇报
教研过程	一、游戏热身，激活思维（13:00—13:05） 通过"我来比画你来猜"的游戏，调动教师参与教研活动的热情。 二、聚焦问题，引出主题（13:05—13:08） 引出主题——如何在节气主题课程中捕捉与支持幼儿的"好奇好问"？ 三、立足文件，分享学习（13:08—13:13） 学习《指导要点》中"学习准备"部分的相关内容，并重点研读"好奇好问"目标下的具体表现和教育建议。 四、分组研讨，交流分享（13:13—13:50） 1. 幼儿"好奇好问"的积极态度和良好行为倾向是如何体现的？ 2. 幼儿在活动中的"好奇好问"受到哪些因素的影响？可以采用哪些手段来支持幼儿的"好奇好问"学习品质的养成？ 五、梳理提炼，总结提升（13:50—14:00） 通过本次教研，形成支持幼儿养成"好奇好问"学习品质的教育策略，提升教师观察、分析及解读的能力，加强教师反思能力，在以后的节气主题活动中，能够以本次教研活动为新的起点，用敏锐的眼光捕捉幼儿的学习行为，并用专业的视角进行分析，从而更有效地支持幼儿的学习。

活动纪实

教研过程

一、游戏热身，激活思维（5分钟）

主持人：我们先来玩一个"我来比画你来猜"的游戏。我手中有10张成语词卡，我会逐张翻阅词卡，用语言和动作向大家描述词卡上的成语，但不会直接描述成语的读音或写法，也不会出现成语中的同音字及外语翻译。在我比画的过程中，大家可以提出任何有助于猜出成语的问题。我们以年龄组为单位，哪个组猜对成语的个数最多，哪个组就获胜。

二、聚焦问题，引出主题（3分钟）

主持人：通过前期问卷调查，我们发现大家对幼小衔接中的学习准备有很多困惑，不清楚如何将发展目标分解到日常活动中，对于如何将教育建议落实到日常实践中也很迷茫。养成"好奇好问"的学习品质是幼儿做好学习准备的首要发展目标。本次教研活动，我们就一起探讨如何在节气主题课程中捕捉与支持幼儿"好奇好问"这一学习品质，挖掘课程"金子"，将有价值的个体经验提升为集体经验，开展对应的探究和学习活动。

三、立足文件，分享学习（5分钟）

主持人：教研前，大家自主学习了《指导要点》中"学习准备"部分的相关内容，并重点研读了发展目标"好奇好问"的具体表现和教育建议。现在请大家结合日常幼儿游戏中的观察发现，谈一谈自己的学习感悟。

教师A：文件中提到"对身边的新事物感兴趣，有好奇心和探究欲"，这让我想到班级开展"立春"主题活动时，幼儿提出"迎春花和连翘花有什么不一样？为什么人们很容易弄错？"我觉得特别有价值，就生成班级的主题课程鼓励幼儿去探究答案，并且还带动家长参与进来一起研究。

教师B：关于文件中提到的"喜欢刨根问底"，班级幼儿在聆听谷雨节气的来历时，问道"谷子喜欢雨，那麦子也喜欢雨吗"，我觉得这个就是幼儿"好奇好问"的表现。基于幼儿的兴趣，我们延伸出了后续关于植物生长的活动。

教师C：幼儿提出的问题看似有点可笑，但其实他们的理解很直接，也很到位，比如我们班在开展"春分"节气活动时，幼儿直接问："春分是把春天分开吗？"当时我觉得幼儿的想法太天真，但我查过资料后才知道"春分"就是平分春季的意思，昼夜平分、寒暑平衡。这就更加肯定了我对幼儿问题价值的认识，从他们的问题中延伸课程。

主持人：三位老师结合日常教育实践中的具体案例分享了她们对文件精神的理解，让我们感受到了幼儿"好奇好问"的天性，也看到了教师对幼儿"好奇好问"的回应和支持。相信三位老师的发言一定勾起了大家对幼儿"好奇好问"学习品质的思考和感悟。下面我们进行分组研讨，一起深入交流相关的内容。

四、分组研讨，交流分享（37分钟）

主持人：接下来请大家以年龄组为单位，结合班级重点开展的节气活动，依据本组幼儿的身心发展特点和《指南》中幼儿在各领域的发展目标，研讨两个问题：一是在班级节气活动中，幼儿"好奇好问"的积极态度和良好行为倾向是如何体现的？二是幼儿在活动中的"好奇好问"受到哪些因素的影响？可以采用哪些手段来支持幼儿"好奇好问"学习品质的养成？请各组将研讨结果记录到研讨记录单上，稍后请各组推选一位教师代表本组进行汇报。

大班组教师：大班幼儿能够提出很有"深度"的问题，如"连翘花和迎春花有什么不同"、"立夏了，天为什么没有马上热起来"或"如何知道要下雨了"等，可以深入研究的"点"很多，这和大班幼儿的身心发展水平、日常经验积累有很大关系。比如，幼儿能够观察到树木很细微的变化，会说出"今天的树整体绿了一些，但是还没有变绿"的语言。因此对大班幼儿的支持就不能仅仅是带领他们多到户外进行体验，还要通过视频、绘本以及专业书籍等支持幼儿的持续探究，给予幼儿明确的、科学的概念和知识。同时幼儿之间相互学习也是很好的方式，对于同伴的经验他们更愿意接受，也能更主动地去学习。

大班组研讨结果梳理

探究主题	"好奇好问"学习品质的体现	影响因素	教师的支持
立春	1."家门口的树为什么发出了新芽？" 2."草地上为什么有的小草没发芽？" 3."怎样区分连翘花与迎春花？"	1.幼儿观察身边事物变化的意识和能力。 2.幼儿的直接经验。 3.幼儿参与活动的程度。 4.教师、家长的引导。	1.通过观看图片、视频或阅读图书等方式，引导幼儿了解立春节气的特点。 2.鼓励家长带幼儿到户外亲近自然，感受和发现春天。 3.自主游戏、幼儿表征记录和解读。
立夏	1."立夏了，天为什么没有马上热起来？" 2."知了要叫了吗？"	1.幼儿的感受。如夏天幼儿萌发了对气温的探究兴趣。 2.幼儿的观察。如	1.查阅资料，向幼儿介绍立夏节气的气候变化，通过带领幼儿观看图片或视频，让幼儿了解大自然，观察

(续表)

探究主题	"好奇好问"学习品质的体现	影响因素	教师的支持
立夏	3. "我们怎么知道要下雨了？" 4. "为什么用手抓不住雨？"	幼儿看到树上的知了后萌生了对知了的探究兴趣。 3. 幼儿的生活经验储备。	季节的变化，让幼儿了解夏季的变化，带领幼儿在室内外活动中体验夏天。 2. 阅读或吟诵有关夏天的诗词。

中班组教师：中班幼儿的问题很"可爱"。在开展"雨水"主题活动时就有幼儿问道："雨水的雨和其他的雨不一样吗？"这与幼儿强烈的求知欲有很大关系。在日常生活中幼儿也有非常多的问题，为了有效支持幼儿的探究，一方面，我们要和家长密切配合，尊重幼儿的想法，倾听幼儿的表达，为幼儿"好奇好问"学习品质的形成和巩固营造宽松自在的氛围；另一方面，我们要不断增加自身知识储备，掌握沟通技巧，追随幼儿的发现和兴趣，支持幼儿的持续探究和深度学习。

中班组研讨结果梳理

探究主题	"好奇好问"学习品质的体现	影响因素	教师的支持
雨水	1. "前几天下雨了，妈妈告诉我'春雨贵如油'，油有多贵呀？" 2. "雨水就一定会下雨吗？" 3. "下雨了应该怎么避雨呀？" 4. "雨水的雨和其他的雨不一样吗？"	1. 幼儿的已有经验。如前期对雨水节气有所了解，听到别人探讨相关内容就会产生兴趣。 2. 家长的陪伴引导。家长和幼儿一起收集资料，了解雨水节气的习俗、特点，促使幼儿萌发探究的兴趣。 3. 班级的环境创设。如班级阅读区投放了节气主题的绘本，激发了幼儿的探究兴趣。	1. 用绘画表现雨水节气的特点，猜想各类避雨方式。 2. 观察雨中的幼儿园、户外各类活动器械，踩一踩雨后的操场，闻一闻雨后的空气。 3. 通过阅读绘本了解雨水节气的民俗活动。
立夏	1. "夏天怎么能凉快一些呢？" 2. "夏天天气热，	1. 教师的提问引导。如："人们夏天穿的服装和春天穿的服装有什么不同？"	1. 通过视频，让幼儿直观地感受夏季季节特点和饮食变化。

219

（续表）

探究主题	"好奇好问"学习品质的体现	影响因素	教师的支持
立夏	怎样可以防止食物变质呢？"	"有什么好吃的能清凉解渴？"通过提问激发幼儿的思考和探究。 2. 家长的日常教导。如：在日常生活中有意识地引导幼儿了解夏季的特点，对比夏季与其他季节的不同，引导幼儿萌发对夏季的主动思考和探究。	2. 注重家园共育，引导幼儿回家询问爸爸妈妈，或者通过自己观察，阅读相关图书，观看相关视频，自己讲讲或与同伴分享对夏季的认识，一起感受夏季的快乐。 3. 在自主游戏、区域活动、主题活动中增加有关夏天的内容，引导幼儿体验并记录感受。

小班组教师：相比起来，小班幼儿的问题有一些"荒诞不经"，很多时候是从字面意思去理解某一个现象的，比如幼儿会提出"春分就是把春天分开吗？""谷雨只能种谷子，那能种麦子吗？"等问题。作为教师，我们会尽可能多地给幼儿提供直接感知、实际操作和亲身体验的机会，鼓励幼儿通过语言、绘画、动作等多种表征方式记录和表达自己的发现。同时，我们还会鼓励家长多带幼儿去户外活动，积极引导幼儿观察、发现和探究自然，引发幼儿的好奇心和求知欲。

小班组研讨结果梳理

探究主题	"好奇好问"学习品质的体现	影响因素	教师的支持
春分	1. "春分是把春天分开吗？" 2. "生的鸡蛋可以站起来吗？" 3. "为什么没有风就不能放风筝？"	1. 教师的鼓励和支持。 2. 幼儿的感受。春天气温的变化、植物的变化、穿衣的变化激发了幼儿的兴趣。 3. 幼儿了解春分的民间习俗。	1. 帮助幼儿了解春分节气特点。为幼儿提供图片、视频等，促进其知识累积，带幼儿到户外感受季节特点。 2. 注重家园共育，鼓励幼儿和家长共同探究春天。 3. 开展探究春分习俗的活动。

（续表）

探究主题	"好奇好问"学习品质的体现	影响因素	教师的支持
谷雨	1."谷子喜欢雨，那麦子也喜欢雨吗？" 2."谷雨一定会下雨吗？" 3."谷雨只能种谷子，能种别的吗？"	1. 幼儿生活中的观察。如："谷雨时，植物有什么变化？" 2. 教师的提问引导。如："谷雨有哪些习俗？"	1. 以多种形式如图片、视频、家园共育等帮助幼儿了解谷雨的季节特点。 2. 营造充分的条件和机会，让幼儿感受谷雨时的变化。
夏至	1."夏至是什么意思？" 2."夏至可以多吃冰激凌吗？"	1. 教师的支持引导。 2. 幼儿的生活经验。 3. 幼儿的兴趣爱好。如幼儿喜欢吃冰激凌，常常会探讨与冰激凌有关的话题。	1. 通过了解夏至的相关常识、夏至的习俗，加深幼儿对夏至节气的认识。 2. 激发幼儿进一步探究民俗文化的兴趣，加深对中国传统节日的热爱之情。

五、梳理提炼，总结提升（10分钟）

主持人："好奇好问"是幼儿的天性。在节气主题课程开展过程中，节气的名称、节气相关的饮食习俗、节气带来的气温和着装变化等都很容易成为幼儿的兴趣点，引发幼儿的关注和讨论。从小班到大班，幼儿的求知欲越发增强，对事物的探究也越发深入。不同年龄段幼儿"好奇好问"的具体表现不同，我们一起梳理提炼一下影响幼儿"好奇好问"的因素有哪些。

影响幼儿"好奇好问"的因素

幼儿方面的因素：
1. 身心发展特点
2. 性格特征
3. 经历和经验
4. 观察意识和能力
5. 兴趣爱好
6. 参与活动的程度

教师方面的因素：

1. 日常师幼互动的氛围
2. 对待幼儿提问的态度
3. 组织活动的层次性
4. 对幼儿问题的回应
5. 支持和引导策略
6. 活动材料、资源的丰富性

家长方面的因素：

1. 和幼儿的相处方式
2. 对待幼儿提问的态度
3. 对幼儿问题的回应
4. 对幼儿的陪伴和教导

主持人："好奇好问"是幼儿探索和理解世界的重要途径。在日复一日的教育实践中，我们要对幼儿的"好奇好问"进行观察、记录、教育和引导，多途径、多形式、多方面支持幼儿积极探索周围的世界。结合刚才大家的汇报，我们一起提炼总结一下在节气主题课程中如何有效支持幼儿的"好奇好问"。

支持幼儿"好奇好问"的策略

1. 营造宽松氛围。在宽松自由的环境里，幼儿"好奇好问"的天性更能够得到充分的释放。教师要保护幼儿的好奇心，充分尊重、耐心倾听、积极鼓励幼儿主动提问，肯定幼儿提问的价值，要用开放、包容、认真的态度回应幼儿的各种问题，鼓励、支持、引导幼儿大胆尝试、勇敢探索。

2. 提供探究资源。教师要尊重幼儿的想法和兴趣，和幼儿一起收集与节气相关的图片、视频、图书等资源，支持幼儿的探究，丰富幼儿的经验。

3. 开展丰富活动。教师要珍视幼儿的想法，结合幼儿的兴趣点，组织开展丰富多彩的活动，比如节气习俗体验活动、节气感受表征活动等，通过活动给幼儿提供直接感知、实际操作和亲身体验的机会，支持幼儿的深入探究和学习。

4. 提升专业储备。教师需要根据相关节气活动提前做好知识、活动、材料等准备，保证能够对幼儿的"好奇好问"给予有效、准确地回应，并能根据幼儿的经验和兴趣进行追问、延伸和拓展，激发幼儿继续探究的欲望。

5. 携手家长共育。要充分认识到家长对培养幼儿"好奇好问"等良好学习品质的重要性，引导家长认真倾听幼儿的问题，及时鼓励幼儿的想法，对于模糊不清的问题，不敷衍幼儿，而是和幼儿一起查阅资料，探究问题的答案。要鼓励家长多带幼儿去户外亲近自然，和幼儿一起感受和探究不同季节的特点和变化。

附录

附录1：研讨记录单

时间：　　　　　　主持人：

主题：幼小衔接——"学习准备"中幼儿"好奇好问"学习品质的捕捉与支持

组长：　　　　　　记录员：

组员：

研讨问题：

1. 在班级节气活动中，幼儿的"好奇好问"积极态度和良好行为倾向是如何体现的？

2. 幼儿在活动中的"好奇好问"受到哪些因素的影响？可以采用哪些有效手段来支持幼儿的"好奇好问"学习品质的养成？

附录2：节气主题课程中幼儿的表征记录示例

活动反思

春去秋来，四季轮回，大自然有诸多的奥秘，节气主题课程承载着这些奥秘，萌发了幼儿强烈的好奇心和求知欲。只有珍视幼儿"好奇好问"的学习品质，积极回应并有效支持幼儿的想法和需要，才能充分地发挥节气主题教育课程的价值，让节气主题课程更好地赋能幼儿的后续学习和终身发展。本次教研活动基于儿童发展的立场，立足提高节气主题课程质量的需要，呈现出如下特点：

一、准备充分，体现计划性

充分的准备是高质量教研的保障。本次教研活动开展前，主持人制订了详细的教研活动方案，明确了教研的目标、形式、流程、预期成果等内容，为较好地把握整个教研活动的节奏做好了铺垫。活动前，全体参研教师自主学习了《指导要点》中"学习准备"的相关内容，主持人还通过问卷调查，了解了教师们开展幼小衔接工作中的困惑和问题，做足了准备。整个教研活动"有备而来"，充分保障了研讨的效果。

二、内容聚焦，体现主题性

本次教研活动各环节紧扣"好奇好问"这一主题，先通过热身游戏引发教师的好奇好问，激活教师的思维；后又通过分享学习体会、研讨实践问题、提炼教育策略等方式层层深入地引导教师共话幼儿"好奇好问"的学习品质，从教师日常和幼儿的交流活动出发，让参研教师有话说，研讨结果紧扣以后开展的活动，保证了教研的实效性。

三、过程融洽，体现互动性

在整个教研活动中，教师们始终保持着浓厚的参与热情，特别是小组研讨环节，每位教师都能结合自身的教育实践经验，积极思考、主动发言，与同伴互动交流、碰撞思想、共享经验，为解决问题献计献策，教师个人经验与小组共同经验交叉促进，结合集体智慧的活动延伸与提炼，有力地助推了教师们的共同成长。

四、效果明显，体现诊断性

本次教研引导教师们自我诊断日常教育行为的不足：一是平时对幼儿的游戏活动观察缺少目的性和持续跟进性，对幼儿言语行为的分析和研究停留在表面，没有做到举一反三，也没有思考如何持续支持幼儿更深入的探究；二是在幼儿的游戏活动中，教师有退到幼儿身后观察幼儿活动的意识，但是不会捕捉幼儿有意义的学习点，支持幼儿经验迁移和深化探究的能力有待增强。

本次教研活动解决了教师在捕捉及支持幼儿"好奇好问"学习品质方面的问题和困惑，提升了教师的专业能力。我们将持续以提升幼儿学习品质、深化幼儿探究行为为目标，指导教师们把本次教研的成果有效运用到接下来的班级节气主题课程实践中。下一阶段，我们将开展班级节气主题活动观摩，在互相学习和借鉴中赋能教师的专业成长，进一步提升课程质量，助力幼儿良好学习品质的形成和巩固。

幼儿园生成活动的来源及实施策略

大连市甘井子区教育局第二幼儿园　李红霖

　　生成活动是幼儿园自主游戏深入开展的必要途径，也是必然结果。但是教师在基于自主游戏开展生成活动的过程中存在很多问题和困惑，比如"开展生成活动不会捕捉有价值的内容""不会判断生成活动的价值""不能有效地通过生成活动支持幼儿的探究学习"等。以问题为导向，我们开展了"幼儿园生成活动的来源及实施策略"园本教研活动。

活动方案

教研主题	幼儿园生成活动的来源及实施策略		
教研时间	2023年5月15日 （星期一 13:00—14:05）	教研地点	幼儿园会议室
主持人	李红霖	参加对象	幼儿园全体教师
教研背景	以《指南》《评估指南》为指引，在日常自主游戏实践中，教师通过观察、解读与分析幼儿游戏，捕捉教育生长点，尝试抓住活动中幼儿感兴趣或有意义的问题和情境，为幼儿的学习和探究提供有效支持。但在游戏实践中发现，教师不能及时捕捉游戏中偶发的教育契机，存在为了生成而生成的现象。基于幼儿的学习特点，为解决教师的实际困惑和需求，我们开展本次教研活动，帮助教师明确生成活动来源，提升教师在生成活动中的支持与指导能力。		
教研目标	1. 通过案例解析，引发教师对生成活动内容、价值以及活动中支持幼儿探究学习的策略的思考。 2. 通过分组研讨、梳理提升，明确生成活动的来源，掌握支持幼儿探究学习的有效策略，提高教师实施生成活动的能力。		
教研准备	1. 制订活动方案，准备好PPT，调试好设备。 2. 教师结合工作实际提前认真思考，填写研讨表。 3. 教师生成活动电子案例2篇。 4. 记录单、记录笔。		
教研形式	案例分析、互动研讨、汇报交流、总结提升		
教研过程	**一、基于问题，明确教研主题（13:00—13:05）** 主持人介绍教研主题及由来。 **二、基于案例，引发思考交流（13:05—13:20）** 主持人和参研教师共同聚焦生成活动案例"恐龙乐园"和"轮子转转转"，分析、交流生成活动的来源、价值及教师支持策略。		

	（续表）
教研过程	三、基于研讨，梳理知识经验（13:20—13:40） 以教研组为单位，参研教师围绕问题互动，交流研讨。研讨两个问题： 1. 生成活动的来源有哪些？ 2. 如何实施生成活动支持幼儿的探究与学习？ 四、基于汇报，分享智慧经验（13:40—13:55） 各教研组汇报小组研讨结果，主持人进行梳理归纳。 五、基于总结，提炼教研成果（13:55—14:05） 主持人将三个教研组的研讨结果汇总提炼，形成系统化教研成果，同时对本次活动进行简单小结。

活动纪实

教研过程

一、基于问题，明确教研主题（5分钟）

主持人：根据我们幼儿园开展安吉游戏推广实施的阶段任务和计划，本学期我们重点研究游戏回应与支持。各班的周保教计划中，在环境支持、集体/小组活动等项目中都有留白，每周有即时生成的活动，也有教师尝试根据幼儿兴趣点创生的课程。但是我们在批阅大家生成活动案例的过程中发现，生成活动的水平参差不齐，存在许多问题，主要表现在：教师的观察流于表面，捕捉不到幼儿的兴趣点和有价值的学习点，生成的活动牵强、粗浅；游戏分享之后缺少延伸与巩固，部分教师没有将游戏与课程有机融合，两者还处于割裂状态。基于以上问题，我们开展教研活动——幼儿园生成活动的来源及实施策略。

二、基于案例，引发思考交流（15分钟）

主持人：今天跟大家分享两个教师在日常教育实践中生成的游戏活动案例，在阅读案例的过程中，请大家重点分析活动的来源以及教师的支持策略，对生成活动是否有价值、有意义，教师的支持是否有效等问题，大家可以自由表达自己的想法。

案例：恐龙乐园（小班）

班里有一名幼儿害怕恐龙，妈妈为了帮助他克服对恐龙的恐惧，带他去了侏罗纪公园，看了宫西达也的话剧《你看起来好像很好吃》。通过对恐龙的了解，他逐渐对恐龙有了兴趣，并将自己周末的活动经验与他人分享，于是有了这次玩沙游戏——恐龙乐园。

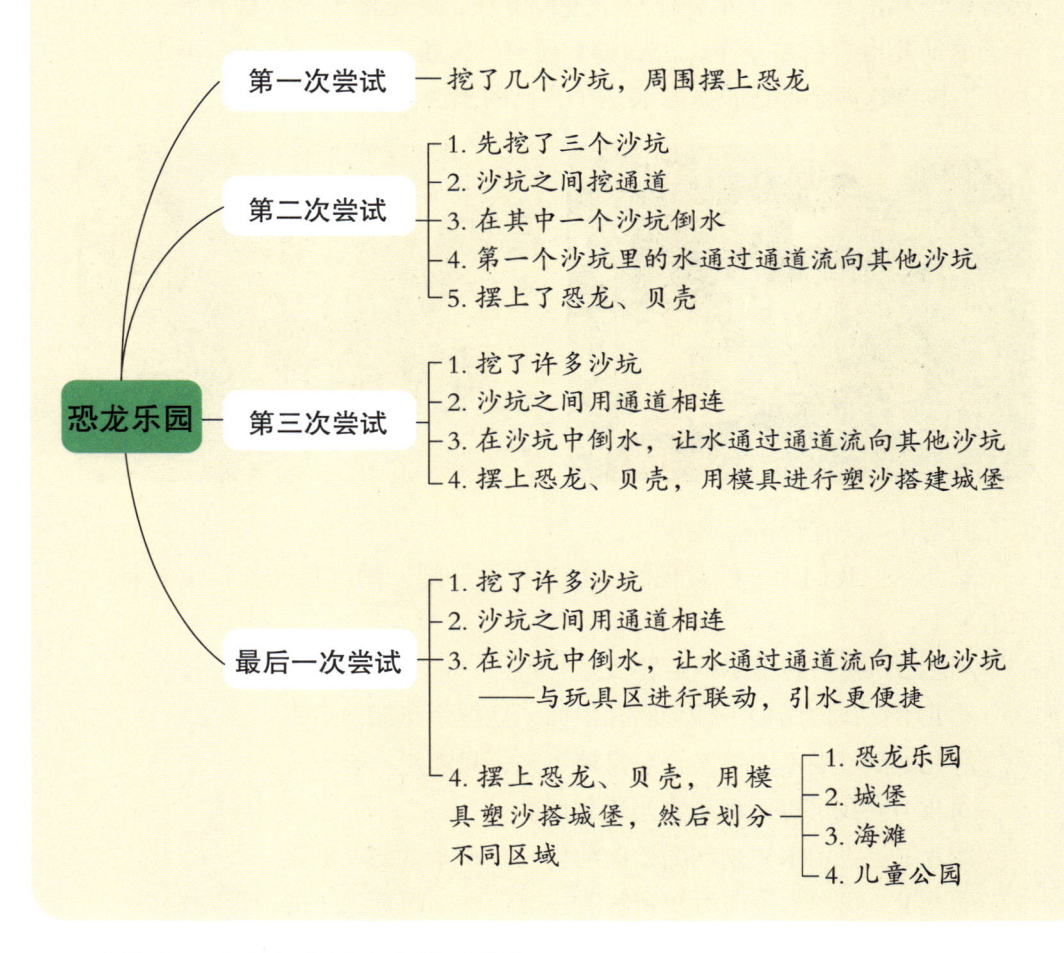

恐龙乐园
- 第一次尝试：挖了几个沙坑，周围摆上恐龙
- 第二次尝试：
  1. 先挖了三个沙坑
  2. 沙坑之间挖通道
  3. 在其中一个沙坑倒水
  4. 第一个沙坑里的水通过通道流向其他沙坑
  5. 摆上了恐龙、贝壳
- 第三次尝试：
  1. 挖了许多沙坑
  2. 沙坑之间用通道相连
  3. 在沙坑中倒水，让水通过通道流向其他沙坑
  4. 摆上恐龙、贝壳，用模具进行塑沙搭建城堡
- 最后一次尝试：
  1. 挖了许多沙坑
  2. 沙坑之间用通道相连
  3. 在沙坑中倒水，让水通过通道流向其他沙坑——与玩具区进行联动，引水更便捷
  4. 摆上恐龙、贝壳，用模具塑沙搭城堡，然后划分不同区域
     1. 恐龙乐园
     2. 城堡
     3. 海滩
     4. 儿童公园

主持人：这个生成活动来源于哪儿？
教师A：幼儿感兴趣、了解的事物。
主持人：教师的支持策略有哪些？
教师B：材料支持，提供丰富的游戏材料。
教师C：和幼儿讨论，探索解决问题。
教师D：不断激发幼儿的探究欲望，鼓励幼儿主动探索和学习。
教师E：启发性提问，帮助幼儿解决问题。

主持人：游戏课程内容是师幼共同建构的过程，"生成"强调从幼儿自身的兴趣中生发出来，而"课程"表明教师的存在，计划的存在。

案例：轮子转转转（大班）

今天在户外游戏中，幼儿发现了新的游戏材料——轮子。他们十分喜欢将轮子和木板、梯子组合成小车进行游戏，但是轮子的数量有限，没有轮子的幼儿也想搭建小车，怎么办？还有的人说："我们的小车不走怎么办？"围绕这两个问题，大家表达了自己的想法。

问题1：没有轮子怎么办？

幼儿A：我们用一些黄色的圆盘当作轮子吧，用红色的长棍也能将它们组装上。

问题2：我们的小车不走怎么办？

幼儿B：我们用棍子插到圆孔里面，这样小车能前后走。

幼儿C：可是不太结实，总是掉下来，只能走一点点。

幼儿D：我可以用棍子来当桨划船。

幼儿E：我用木棍来划船，向前使劲，小车就能往后走。

幼儿F：我用木棍向后使劲就能往前走了，而且我还能走得特别快。

幼儿G：我们四个人一人一根木棍能走得更快，我们得齐心协力。

主持人：这个生成活动来源于哪儿？

教师A：幼儿游戏中遇到的问题。

主持人：教师有哪些支持策略？

教师B：通过提问，启发幼儿思考，解决游戏中的困难。

主持人：如何判断这个生成活动是否有价值呢？

教师C：看幼儿是否增长了有益的经验，是否获得了新的知识和技能。

主持人：对，除此之外，还要看活动能否帮助幼儿解决学习、生活中亟待解决的问题或遇到的困难，是否符合幼儿的年龄特点，是否有利于激发幼儿对某一事物的好奇心，是否适于集体或小组操作，是否对现有主题进行了有利补充与拓展。

三、基于研讨，梳理知识经验（20分钟）

主持人：请全体教师以教研组为单位结合日常生成活动的实际经验，围绕以下两个问题展开研讨：

1. 生成活动的来源有哪些？
2. 如何实施生成活动，支持幼儿的探究与学习？

研讨要求：请各教研组积极回溯经验，结合案例进行思考、交流与分析，及时梳理与汇总，研讨时间为20分钟，请自行安排记录员和汇报员。

四、基于汇报，分享智慧经验（15分钟）

主持人：请各教研组汇报本组研讨结果。各组汇报过程中，其他组如有补充和疑问可以提出。

主持人针对各教研组汇报中的问题与教师有效互动，进行提问与追问，帮助教师梳理与归纳研讨结果。

各教研组研讨结果梳理

	生成活动的来源有哪些？	如何实施生成活动，支持幼儿的探究与学习？
小班组	1. 幼儿在活动中的突发奇想； 2. 幼儿在活动中遇到的问题与困难； 3. 幼儿比较感兴趣的话题。	1. 利用大自然和实际经验； 2. 提供适宜的探究材料； 3. 进行家园共育； 4. 提高教师的知识储备。
中班组	1. 幼儿在活动中的兴趣点和关注点； 2. 教师在游戏中发现有意义、有教育价值的点。	1. 根据幼儿的游戏需求提供材料，引导幼儿做好经验准备； 2. 进行家园共育； 3. 创设幼儿产生问题或认知冲突的情境。

	生成活动的来源有哪些？	如何实施生成活动，支持幼儿的探究与学习？
大班组	1. 室内外游戏中幼儿出现的问题和困难； 2. 幼儿的兴趣点。	1. 与幼儿交流讨论； 2. 展示图片，引导幼儿观察图片，讲述游戏玩法与经验； 3. 提供丰富的材料； 4. 根据幼儿活动灵活调整； 5. 情境再现，获得直接经验； 6. 丰富教师经验储备。

五、基于总结，提炼教研成果（10分钟）

主持人：刚才各组都进行了汇报，梳理出生成活动的来源和支持策略，各组存在共性的观点，说明大家对此问题达成了一些共识；也有不同的观点，大家互相补充，丰富我们的研讨结果。现在对大家的研讨结果做梳理和拓展补充。

幼儿园生成活动的来源及实施策略

生成活动的来源	1. 幼儿在教师预设活动中的突发奇想或者活动的延伸； 2. 幼儿对游戏中遇到的问题与困难的探索； 3. 幼儿感兴趣的话题和事物，在活动中形成的兴趣点和关注点； 4. 日常生活中的偶发事件、热门话题和生活中的随机事件； 5. 幼儿谈话或讨论中的矛盾点。
生成活动的实施策略	1. 通过提问，启发思考，迁移幼儿的经验； 2. 组织游戏分享和交流讨论，拓展幼儿的经验； 3. 根据幼儿的游戏需求创设适宜的环境，提供恰当的探究材料与资源，在生成活动持续的过程中根据幼儿的活动情况调整、添补材料； 4. 进行家园共育，鼓励家长参与活动，帮助幼儿拓展相关的知识点； 5. 提高教师的知识储备。生成课程虽然强调生成，但是教师开展活动时不能一点准备都没有，要做出简单的预设，只是这个预设具有较大的弹性空间； 6. 根据幼儿的需要随机调整保教计划，从幼儿展现的问题和兴趣出发，选取适合开展的探究活动内容，明确探究的方向，支持幼儿探究。

主持人：各位老师，以上就是关于生成活动和大家一起分享的内容，希望大家理解内化，把今天达成的共识运用到实践中，生成并开展有价值、有意义的活动，持续观察与支持，拓展幼儿的游戏经验，促进幼儿的主动学习。

附录

各组研讨记录单

活动反思

本次教研活动是在幼儿园探索"由预设到生成，由教授到自主"的课程转型背景下进行的，是推进园本、班本课程的积极尝试。全体教师参加了本次教研活动，立足实践困惑与需求，聚焦案例分析研讨，梳理有益经验，达成了一致观点。

一、教研亮点

（一）教研问题适切

教研活动聚焦幼儿园课程实践中的问题，活动主题来自教师组织实施生成活动的薄弱环节。教师在尝试生成活动时，对于生成活动的概念理解不清，找不到课程的生成点，缺乏支持幼儿探究行为以及促进幼儿核心经验提升的有效策略。基于这些真实的问题做精准教研，能在一定程度上解决教师在生成活动中遇到的问题。

（二）教研准备充分

本次教研活动准备比较充分，活动前制订活动方案，并制作PPT，在活动中有效运用。活动前，教师结合工作实际提前认真思考自己是如何生成活动，如何支持幼儿探究学习的，填写了研讨表，避免了研讨过程的盲目性，大大提高了研讨的质量和效率。

（三）教研过程充实

本次教研活动时间安排合理，环节比较紧凑，按照计划完成了活动主要内容。背景介绍环节，简明扼要地点出开展生成活动的意义以及本次教研活动要解决的问题，让教师能够快速理解本次教研主题，调动关于生成活动的既有经验，带着问题进入教研活动。本次活动采取案例分析和理论学习相结合的形式，准备了两个教师生成活动的电子案例，教师结合具体的案例分析生成活动是否有价值，支持策略是否适切。发现问题一对一诊断，剖析原因。以案促研，一定程度上再现了游戏情境，让教师的研讨更加聚焦工作实际，问题更有针对性和目的性。同时对于生成活动的目标、内容、方法等进行再认知，做到学用结合。

（四）教研氛围浓郁

教师按照教研组进行分组研讨，教研过程聚焦、紧凑，紧紧围绕教研目标和教研内容。骨干教师能够发挥引领作用，积极表达自己的想法，大部分教师能够各抒己见，大胆表达，即使有分歧，也能够积极寻找依据，说明理由，最后达成共识。新教师也能够认真倾听和学习，适时表达自己的看法，研讨参与度总体较高。

（五）教研效果显著

小组汇报过程中，教师能够清楚地表达研讨内容，大家互相补充，丰富研讨结果。教师结合生成活动的开展，聚焦共性问题进行研讨，共同梳理出生成活动的来源，掌握帮助幼儿提升经验、支持幼儿学习的策略，活动目标基本达成，为之后的生成实践活动做了很好的铺垫。

二、不足与改进措施

虽然本次教研活动基于课程实践中的真实问题，但问题是由教学管理者发现提出的，在接下来的教研活动中，我们将通过收集问题、确定主要问题、分析问题成因、设计活动方案，使教研活动更具有针对性和系统性。

个别教师活动前的准备不充分，对理论知识不够熟悉，个别新教师讨论不够积极主动，发言也比较拘谨。针对这一问题，以后开展教研活动前，可以将选题的动因、活动过程安排、活动效果预估、活动资源等教研活动方案中的主要内容，以简洁的表单方式呈现，帮助教师提前了解活动要点，做到有备而来。在活动形式上让教师有更多参与的机会，发挥教师在教研中的主体性，让教师体验到思维被激活的快乐，产生更多主动表达想法的愿望。

　　本次教研活动后，希望教师根据研讨结果，及时调整一日生活的保教策略，创设更加科学、合理的游戏环境，充分观察幼儿、倾听幼儿、理解幼儿，捕捉有意义的课程生长点，为幼儿的学习与发展提供有效支持。

户外自主游戏中教师有效介入的策略

大连高新技术产业园区第二实验幼儿园　陈姝均　赵磊

户外自主游戏是幼儿园游戏的重要组成部分。组织幼儿进行户外自主游戏，能够提高幼儿的运动能力，增强幼儿的身体素质，同时在游戏中，激发其自主探究的潜能，促进其身心协调发展。在幼儿园户外自主游戏中，教师的介入指导是不可或缺的。但是，从当前我园户外自主游戏开展情况来看，教师的介入要么干预太多，导致幼儿在游戏中处处受到约束，难以尽情体验自主游戏的乐趣；要么干脆"放羊"，不介入，让他们在散漫的游戏过程中随意玩闹。这两种极端情况都无法真正落实户外自主游戏的教育培养目标。教师在组织户外自主游戏过程中，应调整教育理念，协调与幼儿的关系，运用合理有效的介入指导策略。基于大家的困惑，我园开展了以"户外自主游戏中教师有效介入的策略"为主题的教研活动。

活动方案

教研主题	户外自主游戏中教师有效介入的策略		
教研时间	2023年5月19日（星期五 12:50—14:00）	教研地点	幼儿园多功能室
主持人	陈姝均　赵磊	参加对象	幼儿园全体教师
教研背景	\multicolumn{3}{l	}{　　天气渐暖，幼儿进行户外自主游戏的时长增加，半日活动中有两个小时是在户外度过的。随着户外自主游戏的开展，我们发现幼儿在游戏中很容易出现游戏中断、兴趣不持续以及重复游戏等现象，同时也会出现教师主导游戏的局面，影响了幼儿户外自主游戏的开展，导致幼儿难以获得游戏的满足感与经验，而有时教师的介入并没有解决实际问题，也很难发挥游戏的教育作用。 　　《评估指南》中明确提出幼儿园要"认真观察幼儿在各类活动中的行为表现并做必要记录，根据一段时间的持续观察，对幼儿的发展情况和需要做出客观全面的分析，提供有针对性的支持。不急于介入或干扰幼儿的活动"。前期经过理论学习，我们认为教师的介入主要是指教师仔细观察幼儿游戏，在保障幼儿游戏效果的基础上，与幼儿发生互动；在确保幼儿享受游戏快乐的同时，提升幼儿发现问题、解决问题、持续学习的能力。对幼儿的游戏有积极作用的教师良性行为都可以称为支持，确定了不急于介入，适当"等待"也是一种有效的支持。随后教师又生发出"什么情况下的介入才算是有效的介入？""在观察时要关注什么？思考什么？""采取什么样的有效教育行为来支持幼儿？"等问题，因此本次教研活动主要围绕以上问题的解决来开展，以提高参研教师教育行为的有效性。
教研目标	\multicolumn{3}{l	}{1.通过案例分享和互动研讨，了解户外自主游戏中教师介入的价值和意义。 2.通过分组研讨和汇报分享，梳理户外自主游戏中教师介入的时机和方法。 3.通过对户外自主游戏教师介入策略的梳理，优化教师的教育行为，提升教师主动思考、有效运用策略的能力。}

（续表）

教研准备	1. 各年龄段典型户外自主游戏的视频案例片段。 2. 教研活动前，请教师思考在组织户外自主游戏时遇到的共性问题： ★游戏前教师需要引导幼儿做哪些准备？ ★游戏中教师选择什么时机、什么方式介入比较适宜？会达到怎样的效果？ 3. 教师分组研讨记录单、彩笔、大白纸、教研PPT、多媒体设备。
教研形式	热身游戏、案例分享、小组讨论、理论提升
教研过程	**一、热身游戏**（12:50—13:00） 组织教师玩"捉泥鳅"游戏，提升教师参与活动的积极性，通过游戏的胜负选出教研活动中每组的汇报者。 **二、案例分享**（13:00—13:20） 主持人抛出本次教研活动聚焦的问题，让教师了解本次教研活动的目的。四位教师分享游戏案例。 1. 小班游戏案例：淘气堡乐园——玩转安吉箱 2. 中班游戏案例：嬉水乐园——竹管道运水记 3. 大班游戏案例：高级滑梯乐园——箱子不齐怎么办 4. 大班游戏案例：野趣挑战区——滚筒对对碰 **三、分组研讨**（13:20—13:50） 针对四个视频案例分组研讨： 1. 游戏前教师引导幼儿做了哪些准备？ 2. 游戏中教师选择什么样的时机，如何介入？是否有效？达到了什么效果？ 3. 你认为什么情况下需要介入？什么情况下不需要介入？ **四、梳理汇总**（13:50—14:00） 主持人梳理汇总户外自主游戏中教师介入的时机和策略，并对本次教研结果以及要注意的问题进行梳理总结。

活动纪实

教研过程

一、热身游戏（10分钟）

主持人：请所有教师围成圆圈，右手张开做"网"，左手食指伸出做"泥鳅"，随着音乐《捉泥鳅》旋律开始律动。当听到歌曲中出现"泥鳅"的时候，"网"要收拢去捉旁边的"泥鳅"，而"泥鳅"要快速逃脱。被捉到次数最多的老师将作为今天教研活动中每组的汇报者。

教师进行热身游戏

二、案例分享（20分钟）

主持人：《评估指南》"A3教育过程 B8师幼互动"第27条提出："认真观察幼儿在各类活动中的行为表现并做必要记录，根据一段时间的持续观察，对幼儿的发展情况和需要做出客观全面的分析，提供有针对性的支持。不急于介入或干扰幼儿的活动。"通过前期对户外游戏材料的添加与调整，我们观察到幼儿运用材料进行游戏的水平大大提升了，游戏环境也更加宽松自由了，教师在游戏中的作用也逐渐凸显出来，比如：关注户外自主游戏中幼儿的运动量；当幼儿进行一些简单而重复的游戏或者无所事事时教师到底要不要介入，如何有效介入；当幼儿有意义的学习出现时，教师通过什么样的方式介入游戏启发和引导他们深入探究，持续学习等。

今天请四位教师分别分享户外自主游戏案例片段，我们共同研讨，分析和梳理户外自主游戏中教师介入的有效策略。

案例分享围绕以下问题进行：

具体问题	1. 在这个游戏中，幼儿有哪些动作发展？ 2. 教师在游戏前做了哪些准备？ 3. 游戏中教师在什么情况下介入？效果如何？

户外自主游戏案例一：淘气堡乐园——玩转安吉箱

教师A：

在游戏案例中，幼儿的肢体动作发展体现在平衡、协调以及四肢大肌肉群的锻炼上。这是新开设的游戏场地，游戏之前我先带领幼儿参观了该场地，让幼儿看一看、摸一摸，了解材料的用途、场地的大小和位置等，一起商讨在这里可以玩什么、怎么玩，制订口头游戏计划。我们将这些想法记录下来，尽量支持幼儿的游戏需要。同时，我也有一些自己的思考，比如：我班幼儿对玩滑梯比较感兴趣，如何引导他们进行组合游戏呢？他们在做搬运、攀爬、跳跃安吉箱等动作时会锻炼上肢和下肢的力量，需要提前进行热身活动，防止拉伤扭伤。场地是否存在安全隐患，要怎样支持幼儿自主、安全地探索多种游戏玩法等。

在游戏中，我在保证安全的前提下一直观察记录幼儿的游戏情况。开始幼儿对从安吉箱上跳下来特别感兴趣，循环往复、乐在其中，玩了几天后已经不满足于在一个安吉箱上跳，他们想再叠放一个，但是自己放不上去，于是他们向我求助："老师，我想从更高的地方往下跳"，我觉得再加一层对于小班幼儿来说有点高，又不想否定幼儿的想法，于是我建议他们一点一点地增高，一个高度一个高度地挑战。大家来了兴趣，用不同高度的木箱逐层进行挑战，体验成功的喜悦。在游戏中，我观察到有的幼儿胆小不敢挑战，我以参与者的身份在另一侧用木板搭建了一个滑梯，在我的带领下大家又有了新的玩法，之后在不同的方位出现了高低不同、长短不一的各式滑梯。幼儿的兴趣不减，继续探索着。

主持人小结：

通过教师的有效介入与支持，幼儿的安吉箱游戏一直持续探索着。游戏前教师带领幼儿熟悉游戏材料，和幼儿一起商讨计划，拓展幼儿的经验；游戏中，当幼儿想要尝试更高难度的挑战时，教师不仅支持，还能以指导者和参与者的身份，依据幼儿的年龄特点、发展水平和兴趣点满足幼儿的游戏需求，尊重幼儿意愿，和幼儿一起探索新的游戏玩法。

户外自主游戏案例二：嬉水乐园——竹管道运水记

教师L：

今天我分享的案例是沙水游戏，没有高强度的运动。游戏前，我和幼儿进行了讨论，如：可以使用哪些材料和工具进行游戏，可以怎样玩，和谁一起玩，有哪些计划等。

幼儿在游戏中遇到了困难，他们想将水引入沙池中间的"池塘"，于是反复尝试用绳子、胶带连接竹管道，但都没有成功。幼儿一个个流露出失落的表情，有要放弃游戏的倾向。这时候我走了过去，拿起两根竹管道叠放起来，当幼儿看到这个方法解决了他们的问题时，也尝试起来。旁边的一名幼儿惊喜地喊出"哎呀，这个办法真棒，成功了！"大家开心极了，他们用同样的方法，将竹管一根一根叠加起来，经过共同努力，他们成功地把水引入到了沙池中。我运用了平行游戏的方式，让幼儿通过观察获得了游戏经验，体会到成功的快乐。

主持人小结：

当幼儿在游戏中遇到瓶颈，产生畏难情绪时，教师用平行游戏的方式提示幼儿解决困难的办法，给予了幼儿持续探究游戏的信心。幼儿在游戏的过程中坚持不放弃，努力尝试各种方法解决问题，这才是最宝贵的学习品质。

户外自主游戏案例三：高级滑梯乐园——箱子不齐怎么办

教师S：

我的游戏案例是在冒险岛游戏区进行的，幼儿的动作发展主要体现在搬运箱子和梯子等大型器械时的大肌肉动作，以及在梯子上行走、滑下来的肢体协调能力的发展上。

我在游戏中观察到，当幼儿发现有两个箱子叠放得不整齐的时候，他们相互商讨起来：

幼儿A：没关系，咱们继续玩吧，掉不下来的。

幼儿B：不行，这样会倒的，太危险了。

幼儿C坐在地上用脚使劲蹬下面的箱子，尝试对齐，但是没有成功。

幼儿D和幼儿B一起用力推上面的箱子，也没有成功。

这时我来到了他们的身边，提出了问题："想想是上面箱子的问题，还是下面箱子的问题呢？"他们通过观察发现是上面箱子上的木板梯子的问题，幼儿C和幼儿D将木板梯子拿下来，然后再分别用力推上下两个箱子，终于对整齐了。他们高兴极了。我的介入没有给出具体解决办法，只是通过启发性的提问让他们不要局限于解决箱子的问题，发散幼儿的思维，提示他们思考解决问题的办法。

主持人小结：

我们要对是否介入游戏进行判断，同时还要思考怎样做既能够启发幼儿，又不会限制他们的想法，而不是直接给答案。教师的做法就很好，启发式提问，既帮助幼儿打破游戏僵局，又能促使幼儿自主解决问题。

户外自主游戏案例四：野趣挑战区——滚筒对对碰

教师D：

这个案例也是在冒险岛游戏区进行的，幼儿的运动主要体现在钻爬、平衡和跳跃上。视频中的两个幼儿一直在滚筒上练习行走的方法，反复体验后，觉得自己已经能够驾驭，他们开始不满足于一个人走，想尝试着两个人相向走，交汇后交换滚筒。他们试了很多次交换的方法都没有成功，总是在交汇处掉下来。我觉得这个游戏很有意思，并且能够发展幼儿的平衡能力，但是又感觉有点危险，所以一直在关注他们。在第三次掉下来后，我选择了介入，让他们看看两个人的滚筒是否对齐了，还建议他们拉手试试看能否固定住滚筒，最后他们请了一个小助手，帮助他们对齐，在反复尝试了很多遍之后，终于成功了。

主持人小结：

当幼儿在游戏中遇到问题的时候，教师以引导者的身份介入游戏，启发幼儿解决问题。当游戏的经验超出幼儿的认知范围，教师就选择了直接介入，帮助幼儿解决问题，丰富游戏经验，提升游戏质量。

三、分组研讨（30分钟）

主持人：下面请大家分成四个小组，根据以上四个案例进行研讨，主要围绕以下问题：

> 1. 游戏前教师引导幼儿做了哪些准备？
> 2. 游戏中教师是如何介入的？选择了什么样的时机介入？有什么效果？
> 3. 你认为在什么情况下需要教师介入？在什么情况下不需要教师介入？

第一组：淘气堡乐园研讨

教师L：幼儿爬上梯子从两个叠放在一起的安吉箱（除去底下体操垫的高度约为105厘米）上面向下跳的时候，体现出幼儿具有一定平衡能力，动作比较协调。

教师D：我认为在游戏前教师一定带领幼儿熟悉了游戏场地和材料，因为幼儿对于材料的选择和运用是很熟练的。

教师W：两个安吉箱如果要叠放在一起，幼儿的能力显然达不到，这时候教师是应该介入的，否则游戏无法继续了。

教师C：教师以尊重幼儿意愿为前提，同时也考虑到幼儿的安全问题选择了介入，我认为是有必要的，所以我认为安全是教师介入时应该考虑的问题之一。

第一组研讨结果

问题	策略
1. 游戏前教师引导幼儿做了哪些准备？	1. 熟悉场地与材料。 2. 进行讨论，做计划。 3. 针对大运动量的场地游戏，开始前做热身准备。 4. 检查场地安全隐患。
2. 游戏中教师是如何介入的？	平行介入，以支持者身份帮助幼儿解决困难。
3. 选择了什么样的时机介入？你认为什么情况下需要教师介入？	1. 幼儿遇到自己无法解决的困难。 2. 有一定安全隐患时。
4. 是否有效？有什么效果？	有效。助推游戏进展。
5. 什么情况下不需要教师介入？	虽然遇到困难，但在保证安全的前提下可以继续游戏，建议或启发幼儿自己想办法解决。

第二组：竹管道运水记研讨

教师W：幼儿来到场地上有明确的目的性，可以看出游戏前是有详细计划的。游戏的时候，体现出了一定的平衡能力，动作比较协调。

教师D：游戏的难点在于管道的连接问题，怎样解决连接点漏水的问题，幼儿反复尝试不成功，教师虽然没有直接介入，但属于鼓励式介入了。

教师Q：对，不断尝试寻找解决问题的办法，幼儿尝试用更多的沙子堆积，用小玩具垫在接口下面，这就是一种良好的学习品质。

教师Z：我觉得还是可以再等等，幼儿反复尝试就是学习的过程。教师的态度和言行对幼儿是一种鼓励、认可和信任。

第二组研讨结果

问题	策略
1. 游戏前教师引导幼儿做了哪些准备？	1. 熟悉场地与材料。 2. 做游戏计划。
2. 游戏中教师是如何介入的？	用积极的语气、语调、语言、态度，不断鼓励幼儿。
3. 选择了什么样的时机介入？你认为什么情况下需要教师介入？	1. 幼儿遇到问题，反复尝试不成功，想要放弃的时候。 2. 当游戏中出现促进幼儿发展的核心经验时。
4. 是否有效？有什么效果？	有效。让幼儿有信心去挑战困难，持续探究。
5. 什么情况下不需要教师介入？	幼儿的探究兴趣始终很浓厚，即使失败了，也不放弃。

第三组："箱子不齐怎么办"研讨

教师H：箱子摆不齐，幼儿努力寻找解决的办法，这个过程本身就体现出幼儿积极思考、勇于探究的良好学习品质。

教师L：这个过程中我感觉教师介入是有效的，因为最后幼儿把上面的梯子拿了下来。

教师W：大班幼儿解决问题的能力比较强，合作意识也很好，教师不介入，幼儿也不一定就想不出办法。

教师Z：我也认为如果教师没有介入，幼儿是不会想到把上面箱子上的长板撤掉的，他们总是聚焦在下面的箱子上。

第三组研讨结果

问题	策略
1. 游戏前教师引导幼儿做了哪些准备？	做计划，讨论问题。
2. 游戏中教师是如何介入的？	交叉介入，以建议者身份启发幼儿思考。
3. 选择了什么样的时机介入？你认为什么情况下需要教师介入？	1. 遇到问题无法解决，或始终聚焦在一个问题上，遇到瓶颈的时候。 2. 幼儿想要放弃的时候。
4. 是否有效？有什么效果？	有效。促使游戏进一步发展。
5. 什么情况下不需要教师介入？	幼儿兴趣始终浓厚，不放弃探究时。

第四组：滚筒对对碰研讨

教师W：这两名幼儿的身体协调性非常好，他们有了交换滚筒行走的愿望，想要获得新的经验，教师及时指导，我觉得是有效的介入。

教师Z：幼儿的这种探究行为很值得表扬，但是我认为教师如果不介入，幼儿也许能找到解决的办法，因为他们很专注，一点儿也没有因为总失败而气馁。

教师L：我也认为如果教师没有介入，幼儿也应该能解决，教师还是有点急于想让幼儿成功，而这个成功的结果，也只是教师心目中的成功，不代表幼儿。

教师D：是否选择介入，要看幼儿的状态。我觉得就算今天没有成功，明天再来玩，他们也还是会尝试，我也认为教师可以不介入。

户外自主游戏中教师有效介入的策略

第四组研讨结果

问题	策略
1. 游戏前教师引导幼儿做了哪些准备?	做计划,讨论问题。
2. 游戏中教师是如何介入的?	直接介入。
3. 选择了什么样的时机介入?你认为什么情况下需要教师介入?	1. 幼儿遇到问题,在反复尝试。 2. 幼儿的游戏受到了阻碍,无法进行下去,想要放弃的时候。
4. 是否有效?有什么效果?	无效。阻碍了幼儿自主探究。

四、梳理汇总（10分钟）

主持人：各组的研讨都非常热烈,汇报也很精彩。游戏中教师的等待和介入都是有必要的,但是要根据具体情况灵活转换,无论是等待还是介入,都要基于教师对幼儿游戏行为的观察分析和思考。下面我们共同来看看大家的研讨结果：

主持人：关于游戏前教师的准备，也就是游戏前的介入,大家的策略主要集中在引导幼儿做游戏计划、讨论上次游戏的问题方面。除此之外,第一组教师结合教师 M 的案例,还梳理出了检查场地安全,让幼儿熟悉材料的功能和做好必要的热身等有效策略。

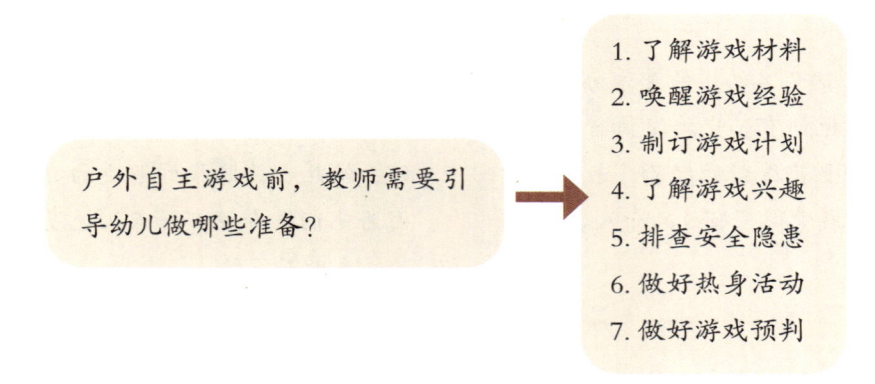

户外自主游戏前,教师需要引导幼儿做哪些准备? →
1. 了解游戏材料
2. 唤醒游戏经验
3. 制订游戏计划
4. 了解游戏兴趣
5. 排查安全隐患
6. 做好热身活动
7. 做好游戏预判

主持人：关于教师介入的方式。游戏中四位教师分别选择了不同的介入方式——平行介入、积极鼓励、交叉介入、直接介入,均有不同的效果。这说明介入的方式有很多种,我们要根据游戏现场的实际情况灵活选择和使用。

常用的介入方式有平行介入、隐性介入(调整环境材料)、动作示范、鼓励创新、同伴学习等,要思考并选择适宜的方式介入。

户外自主游戏中，教师的介入方式有哪些？ → 1. 垂直介入　2. 平行介入　3. 交叉介入　4. 隐性介入

主持人：关于教师介入的时机。大家达成的共识是当幼儿遇到问题的时候，同时各组也有自己不同的想法，比如：幼儿自己无法完成的时候；存在安全隐患的时候；反复尝试不成功，想要放弃的时候；遇到问题无法解决的时候；始终聚焦在同一个问题上，遇到瓶颈的时候。

根据各组研讨结果我梳理了一下不同的介入时机：

选择怎样的时机介入比较适宜？ →
1. 幼儿难以参与同伴游戏
2. 幼儿影响他人游戏，出现纠纷
3. 幼儿出现沮丧情绪准备放弃
4. 游戏过程存在安全隐患
5. 幼儿长时间无法投入游戏
6. 幼儿向老师求助
7. 幼儿经验不足
8. 幼儿缺乏自己解决问题的能力

主持人：关于介入效果。针对以上四位教师的介入行为，大家认为前三位是有效的，最后一位是无效的。大家一致认为，当幼儿的探究兴趣很浓厚，尽管遇到困难，但仍不放弃，在排除了安全隐患后，我们可以选择关注，但不介入。那么除了分析什么情况下需要介入之外，我认为最重要的是我们还要对自己的介入行为进行判断。

怎样判断自己的介入行为是否有效？ →
1. 介入是否尊重幼儿的游戏意愿？
2. 是否帮助幼儿获得了新的经验？
3. 是否有助于幼儿提升游戏水平？
4. 幼儿是否积极响应教师的介入？

主持人：今天我们总结的策略和方法，请大家在实际工作中实践与检验，并随时调整与补充。下周请每位教师提供一个关于游戏中介入的效果分析案例，在下次教研活动进行分享。我们也会持续跟进研究，陆续开展"户外自主游戏中教师行为的有效性"及"户外自主游戏中如何引发幼儿深度学习"等一系列有效促进师幼互动的教研活动。

活动反思

一、教研效果分析

本次教研活动主题确定有价值，教研问题紧扣教研主题，目标明确，体现阶段性研讨的递进性，源自教师开展户外自主游戏中遇到的问题，聚焦当下教育教学中教师急需解决的困惑，也是开展户外自主游戏的难点之一。

四个案例具有典型性，能够更直观地呈现幼儿的游戏现场及教师的行为，产生的核心话题引发教师共鸣，让每位教师都能够结合自己的实际有话可说，有话能说。整个教研活动有序推进，利用热身游戏激发参与热情，结合现场观摩视频案例、观察者反思、分组研讨、经验分享互动等方式开展，形式多样，体现出组织者对教研活动的精心策划和准备。

本次教研活动是在教师原有经验基础上展开的，环节安排有序，让教师在原有问题的讨论中逐渐进入新的问题情境，将个体的经验相互碰撞，汇总升华为集体智慧。教研现场教师的参与度和积极性都很高，表现出良好的专业素养，他们热烈交流，自信表达，有理有据，体现出在新课改理念下，教师的儿童观、教育观、教育行为都在发生着巨大的改变。

组织者在整个教研活动中起到了重要引领作用，将主动权更多地交给教师，给每位教师交流和表达的机会，并能利用自身的专业经验，将小组讨论中出现的若干想法和问题进行梳理、汇总和提升，帮助教师厘清思路，总结经验，提炼有效策略，引导教师进行下一步的研究。

二、教研问题的解决

通过本次教研活动，教师明确了在户外自主游戏中教师的等待和介入都是有必要的，但是要基于教师对幼儿游戏行为的观察分析和思考，要根据具体情况灵活转换。不需要介入的情况，重点观察幼儿的状态和神态，是积极探索解决问题，还是沮丧想要放弃；是积极自信，还是胆怯退后。也梳理出关于游戏介入的标准和策略：当幼儿遇到困难，想要放弃的时候；游戏中出现亮点（即能够促进幼儿发展的核心经验）的时候；存在安全隐患；幼儿游戏的发展遇到瓶颈，进行不下去的时候；幼儿出现不良行为或争吵升级到打架的时候。

除了分析什么情况下介入，教师还明确了如何判断介入的时机，比如：教师的介入是否尊重幼儿的游戏意愿？是否帮助幼儿获得了新的经验？是否有助于幼儿提升游戏水平？幼儿是否积极响应教师的介入？当然，不同情况下介入的方式也有所不同，教师要根据实际情况灵活运用，比如：平行介入、隐性介入（调整环境材料）、动作示范、鼓励创新、同伴学习等，要思考并选择适宜的方式。我们将介入的方式总结为：游戏前，幼儿对场地及游戏材料必须要熟悉；排查游戏场地安全隐患；幼儿了解即将开展的游戏计划和规则；根据游戏的强度，进行一些必要的热身活动；教师本身对该游戏区域要有一些预判。游戏中，教师作为支持者、鼓励者、合作者，助推游戏的进一步发展。游戏后，把捕捉到的有意义的学习点，及时生成热点话题，进行小组或集体的分享和交流。

三、存在问题与下一步计划

本次教研活动也存在一些不足，比如准备的案例还应该再丰富一些，应呈现出不同活动场地的游戏状态以及教师应对情况。在本次交流的四个案例中，安吉箱游戏区的案例就占了两个，这也反映出其他游戏场地中教师对游戏资源的挖掘仍有欠缺，因此我们还要关注户外其他区域自主游戏的开展情况。

本次教研活动总结的关于介入的策略已经共享到幼儿园教师微信群，供大家参考并随时提出补充和建议，各班教师已根据实际情况将介入策略运用到教学实践中。后续我们将持续跟进，在下一次的教研活动中，会请教师分享交流游戏活动中关于介入的效果分析案例，还要进一步思考，除了语言引导、投放材料外，教师的介入方式还有哪些。我们还会将有效的经验汇总，形成教师指导手册，指导以后的教学工作。

幼儿与环境互动的支持性策略

大连瓦房店轴承幼儿园　刘志宏

环境是幼儿自主游戏的基础和前提，对于幼儿游戏活动的开展具有重要的意义和价值。随着自主游戏的开展，园长和教师们越来越重视幼儿园的环境创设。但是在日常教育实践中我们发现，许多教师对科学创设环境的认识和能力不足，不能很好地支持幼儿与环境的互动，基于此，今天我们就以"幼儿与环境互动的支持性策略"为主题展开交流与研讨。

活动方案

教研主题	幼儿与环境互动的支持性策略		
教研时间	2023年3月30日 （星期四 14:10—16:20）	教研地点	幼儿园多功能室
主持人	刘志宏	参加对象	区域内幼儿园教师代表
教研背景	《评估指南》中明确提出了幼儿园要"因地制宜为幼儿创设游戏环境，提供丰富适宜的游戏材料"。安吉幼儿园的教师并没有教幼儿如何游戏，但幼儿的游戏水平却很高，这完全得益于他们为幼儿创设的丰富适宜的游戏环境。 我们在推进安吉游戏园本化实践过程中，发现许多教师认识不到环境对幼儿的教育价值，创设的环境不能满足幼儿的游戏需求。如何提高教师对科学创设环境的认识和能力，让环境真正为幼儿服务，是我们开展安吉游戏园本化实践迫切需要解决的一个共性问题。基于此，我们生成了本次教研活动——幼儿与环境互动的支持性策略。		
教研目标	1.通过观察幼儿与环境的有效互动，共同梳理出支持幼儿与环境互动的策略。 2.通过教研提高教师对科学创设环境的认识和能力，让环境真正为幼儿服务。		
教研准备	1.会场布置：桌子、椅子分组摆放。 2.一副扑克牌中所有的A~8共32张牌，记录单、笔、培训笔记、签到表。 3.多媒体设备、园本教研活动PPT。 4.提前做好现场观摩准备。		
教研形式	游戏分组、现场观摩、小组研讨、经验提升		
教研过程	**一、热身游戏，趣味分组**（14:10—14:15） 主持人通过"扑克牌找朋友"的趣味分组游戏，将参研教师分成四个小组，通过抽取扑克选出每组组长、发言人、时间管理员、版面设计员、记录人等。		

（续表）

教研过程	二、抛出问题，观摩现场（14:15—15:00） 主持人介绍观摩安排，提出要求，并抛出两个问题，明确观摩任务。 1. 你看到了哪些有教育价值的环境创设？ 2. 如何支持幼儿与环境互动？ 三、分组研讨，成果分享（15:00—15:30） 结合观摩任务，小组内共同研讨以上两个问题，发言人汇报本组研讨结果。 四、梳理汇总，经验提升（15:30—16:00） 主持人梳理提炼各组汇报结果，结合汇报中发现的困惑和存在的误区，开展经验分享式总结和培训。 五、专家视角，现场点评（16:00—16:20） 参加活动的两位专家对本次活动进行现场点评。

活动纪实

教研过程

一、热身游戏，趣味分组（5分钟）

主持人：通过"扑克牌找朋友"游戏，我们进行趣味分组，从 A~8 共 32 张牌中任意抽取一张，现场随机分成"草花""红花""方片""黑桃"四个小组，每组的扑克牌"A"为组长，"2"为发言人，"4"为时间管理员，版面设计员、记录人等由小组自主安排。

二、抛出问题，观摩现场（45分钟）

主持人：幼儿园的 17 个班级教室、公共区域、专项室、户外场地等同时开放，老师们现在可以自由进行观摩，观摩结束后，我们将以小组为单位组织大家研讨汇报。观摩过程中请思考两个问题：
1. 你看到了哪些有教育价值的环境创设？
2. 如何支持幼儿与环境互动？

三、分组研讨，成果分享（30分钟）

主持人：请各组交流研讨观摩前让大家思考的两个问题，将研讨结果记录下来。15分钟后，请各组发言人汇报本组研讨结果。

"草花"组：

你眼中的环境创设	幼儿与环境互动的支持性策略
植物角及观察记录、值日生展示板、气象记录展示板	1. 每位幼儿都有记录，摆放的位置便于幼儿观察和记录； 2. 值日生展示板的设计便于幼儿操作和自由选择，为每位幼儿提供自我服务的机会； 3. 小、中、大班按照幼儿的年龄段设计气象记录展示板，便于幼儿操作。
主题墙、作品展示、游戏故事表征	1. 主题墙的经验呈现有脉络，比较清晰，便于幼儿学习； 2. 主题墙的内容是幼儿感兴趣的内容，与班级投放的主题材料吻合； 3. 幼儿游戏故事表征有教师细致的解读； 4. 作品展示形式多样，为幼儿提供展示作品的空间和方式。
班级活动区的设置、材料的投放	1. 班级游戏区划分合理，为幼儿游戏提供适宜的场地； 2. 游戏材料丰富，种类齐全，方便幼儿取放； 3. 游戏材料分类清晰、摆放合理。
喝水标识、地面提示、区域材料标识	隐性提示，让幼儿学会自我管理。
户外游戏场地、材料	1. 创设沙水游戏区，有野趣的环境满足幼儿的不同需求； 2. 户外游戏材料丰富，满足不同类型运动的需要。
公共区域的环境	公共区域呈现幼儿的作品、照片和梳理的经验。
专项室	专项室的布局富有童趣，提供的游戏是教室环境不能给予的，能满足幼儿的兴趣需要。
户外种植区、饲养区	便于幼儿照顾和观察，工具、材料的摆放方便幼儿拿取。

"红桃"组:

你眼中的环境创设	幼儿与环境互动的支持性策略
户外建构区、操场游戏设施和材料	1. 创设大型建构区,满足幼儿大型搭建的需要,游戏材料安全、多样; 2. 游戏场地设置合理,游戏材料满足幼儿的需要。
班级自然角、气象记录展示板	重视幼儿的观察记录,例如:天气、自然角,统计一周或一个月的天气情况。
值日生展示板、喝水标识	1. 中、大班安排值日生工作,幼儿亲自照顾植物,做力所能及的事,浇花、修补图书、整理图书; 2. 重视幼儿的生活管理,幼儿自己喝水并记录。
记录单、游戏故事表征	游戏中的经验幼儿记录在操作单上,游戏故事的表征有延续,能看到幼儿持续学习的痕迹。
主题墙、作品栏	1. 让幼儿主动参与班级环境设计,包括主题墙、作品栏等,产生归属感和亲近感; 2. 主题墙要会说话,幼儿通过与主题墙的互动,积累前期经验,巩固已有经验,拓展新的经验。
楼梯拐角、走廊公共区域的环境	公共区域和楼梯拐角展现幼儿的作品与经验,让更多的幼儿有展示的机会。
班级活动区的设置、材料的投放	1. 尊重幼儿的选择权,活动区数量要多,满足不同幼儿的需要; 2. 材料丰富多样、种类齐全,满足幼儿的游戏需要。
专项室	专项室的材料投放满足不同年龄段幼儿的需要,温馨有童趣,设计的活动有创意。
户外种植区、饲养区	满足幼儿随时照顾植物和动物的需要,看到幼儿活动的痕迹。

"方片"组：

你眼中的环境创设	幼儿与环境互动的支持性策略
班级活动区材料	1. 游戏材料丰富，种类齐全，满足幼儿的游戏兴趣和需要； 2. 游戏材料位置方便幼儿取放，够得着，拿得下； 3. 游戏材料分类摆放，方便幼儿按种类收放； 4. 活动区规划合理，摆放便于幼儿游戏。
植物角、值日生展示板、气象记录展示板	1. 便于幼儿操作和积累经验，拓展知识面； 2. 植物角的创设便于幼儿观察和记录，有助于幼儿获得直接经验。
主题墙、表征墙、留白墙、作品墙	1. 主题墙梳理了幼儿的兴趣、在探索中获得的经验； 2. 主题墙有留白，让幼儿继续探索； 3. 表征墙展示每个幼儿的经验，教师进行解读； 4. 作品墙从幼儿的视角，呈现游戏中的学习痕迹。
记录单、游戏故事表征	游戏中的经验幼儿记录在操作单上，游戏故事的表征有延续，能看到幼儿持续学习的痕迹。
公共区域的环境	公共区域的环境由教师和幼儿共同打造，多展现幼儿的作品与经验。
专项室	专项室的布局符合幼儿的年龄特点，温馨有童趣，设计的游戏新颖有创意。
户外游戏场地、材料	1. 创设开放、自由、有野趣的环境； 2. 游戏材料满足不同类型活动的需要。
户外种植区、饲养区	贴近幼儿的生活，幼儿能随时照顾和观察植物和动物的生长变化。

"黑桃"组：

你眼中的环境创设	幼儿与环境互动的支持性策略
公共区域的环境	1. 公共区域供幼儿展示自己作品和经验，幼儿可以自主展示； 2. 公共区域满足了幼儿游戏时扩大游戏范围的需要。

（续表）

你眼中的环境创设	幼儿与环境互动的支持性策略
图书室、美术室、涂鸦区等专项室	布局合理，充满童趣：图书室温馨，分类清晰，种类多样；涂鸦区，涂鸦工具、材料丰富，满足幼儿的自主创意。
户外操场的材料、场地分布	开放、自由的运动环境，游戏材料满足不同种类活动的需要。
户外种植区、饲养区	方便幼儿随时照顾小动物、观察植物，工具取放方便。
班级内活动场地、材料	1. 活动区的布局风格统一，比较清新、整齐； 2. 活动区规划合理，摆放便于幼儿游戏； 3. 材料方便幼儿取放，游戏材料丰富，满足幼儿的游戏兴趣和需要； 4. 游戏材料分类摆放，方便幼儿按种类收放； 5. 游戏时，幼儿可以自由、自主地创设和选择游戏场地。
主题墙、作品墙	1. 主题墙梳理了幼儿的经验，有留白，让幼儿继续探索； 2. 作品墙展示每个幼儿作品表征的经验，教师进行解读。
故事表征墙、幼儿的游戏故事表征	游戏故事的表征有教师的细致解读，能看到幼儿持续学习的痕迹。
植物角	便于幼儿观察和记录，有助于幼儿获得直接经验。
值日生展示板、气象记录展示板	有助于幼儿的操作、统计，使幼儿更直观地获取经验。

四、梳理汇总，经验提升（30分钟）

主持人：我们一起汇总一下大家研讨的幼儿与环境互动的支持性策略。

幼儿与环境互动的原则	在环境创设时，要把握尊重、开放、多元、互动四个要点，深入开展探索活动，教师要运用智慧，努力、积极地为幼儿打造一个灵动、温馨、富有童趣、互动性强的生活与游戏空间，让园所的角角落落都充盈着幼儿欢快游戏、学习的足迹。

幼儿与环境互动的支持性策略	生活环境（值日生展示板、气象记录展示板、植物角、户外种植区、饲养区）	1. 班级在环境创设的过程中要逐渐形成自己的风格和特色，有自己独特的环境布置元素，同时保持统一的整体风格。 2. 环境创设要充分地考虑到幼儿的年龄特点，让幼儿主动地参与到一日生活各个环节的自我管理和自我服务中。 3. 环境创设时，要减少过塑纸、双面胶、泡面胶的使用，多使用小夹子、展示架，给幼儿自由、自主创设环境的机会。环境要跟随幼儿的变化而变化。
	课程环境（主题墙、作品墙、表征墙）	1. 主题墙创设时，教师要思考版块的划分，包括主题来源、前期调查、活动实践、各领域教学内容、作品展示等。 2. 教师要多听取幼儿的意见和建议，从幼儿前期经验出发，随着一系列主题活动的开展更新主题墙饰，墙饰要充满幼儿的创意，实现主题墙饰的动态变化。 3. 墙面布置越来越多地呈现幼儿的表征，深入幼儿的学习生活，记录他们的成长过程。 4. 解读幼儿的表达表征，慢慢地走进幼儿的游戏世界，发现更多游戏故事，发现更多精彩，支持他们的持续发展。 5. 幼儿自主绘画想要表达的内容，把直接经验表征出来，幼儿可以不断地、反复地去看，跟自己的游戏对话，当看到自己的经验时，会再次回忆思考自己的游戏。
	游戏环境（活动区、专项室、公共区域）	1. 游戏布局可以由幼儿和教师一起创设，帮助幼儿了解班级空间布局，各区域之间要留空隙，方便幼儿到各个区域拿取材料。 2. 依据幼儿的游戏需求提供游戏材料，要以低结构材料为主，利于幼儿的游戏创新。材料要丰富多样，且是动态的，根据幼儿的游戏需要随时调整、更换。 3. 把游戏材料和工具的分类、分区、标识制作等任务交给幼儿，让他们成为创设班级活动区的主人。 4. 帮助幼儿创设梳理、展示经验的空间。 5. 充分利用公共空间，满足幼儿的游戏需要。

主持人：结合大家的汇报，立足幼儿园的实践，下面我重点从幼儿与班级活动区的互动、幼儿与主题墙和表征墙的互动两个方面对如何有效支持幼儿与环境互动做进一步梳理总结。

经验分享

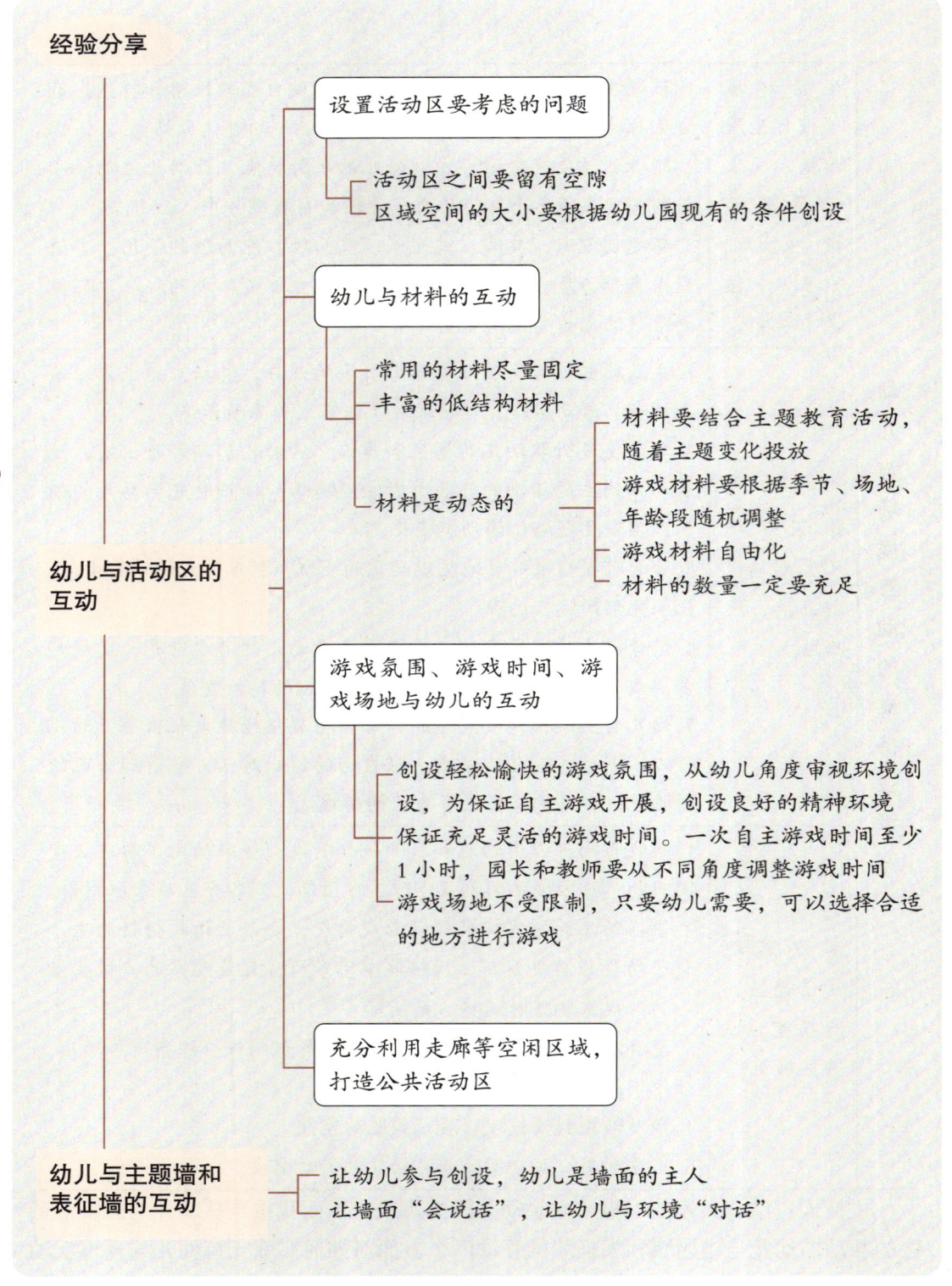

- **幼儿与活动区的互动**
  - 设置活动区要考虑的问题
    - 活动区之间要留有空隙
    - 区域空间的大小要根据幼儿园现有的条件创设
  - 幼儿与材料的互动
    - 常用的材料尽量固定
    - 丰富的低结构材料
    - 材料是动态的
      - 材料要结合主题教育活动,随着主题变化投放
      - 游戏材料要根据季节、场地、年龄段随机调整
      - 游戏材料自由化
      - 材料的数量一定要充足
  - 游戏氛围、游戏时间、游戏场地与幼儿的互动
    - 创设轻松愉快的游戏氛围,从幼儿角度审视环境创设,为保证自主游戏开展,创设良好的精神环境
    - 保证充足灵活的游戏时间。一次自主游戏时间至少1小时,园长和教师要从不同角度调整游戏时间
    - 游戏场地不受限制,只要幼儿需要,可以选择合适的地方进行游戏
  - 充分利用走廊等空闲区域,打造公共活动区
- **幼儿与主题墙和表征墙的互动**
  - 让幼儿参与创设,幼儿是墙面的主人
  - 让墙面"会说话",让幼儿与环境"对话"

主持人:在刚才小组汇报的过程中,我发现大家对"表征"和"留白"这两个概念还有很多的困惑、存在一些误区,下面我向大家全面地介绍一下这两个概念。

专业解读

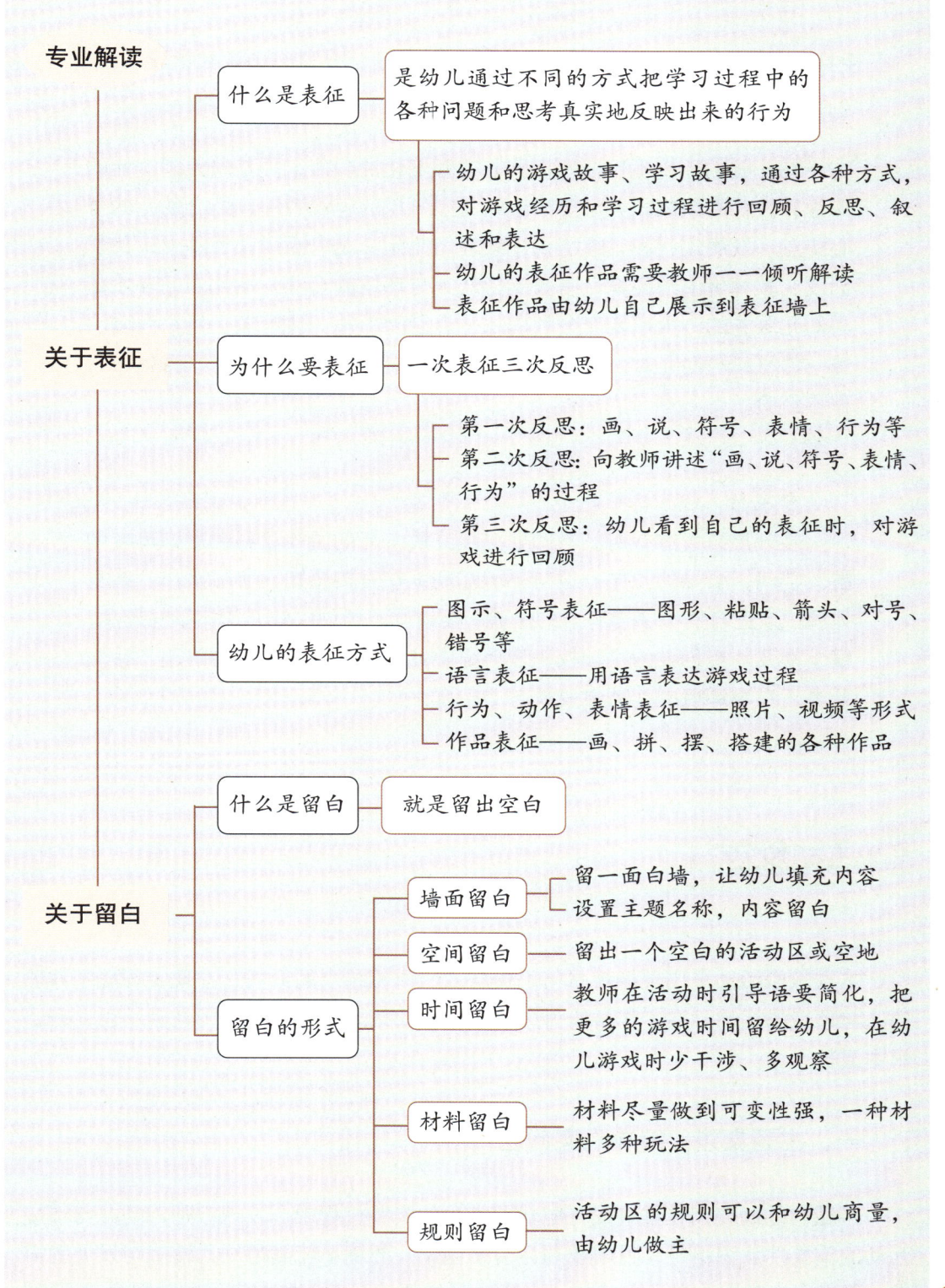

关于表征

- **什么是表征**：是幼儿通过不同的方式把学习过程中的各种问题和思考真实地反映出来的行为
  - 幼儿的游戏故事、学习故事，通过各种方式，对游戏经历和学习过程进行回顾、反思、叙述和表达
  - 幼儿的表征作品需要教师一一倾听解读
  - 表征作品由幼儿自己展示到表征墙上

- **为什么要表征**：一次表征三次反思
  - 第一次反思：画、说、符号、表情、行为等
  - 第二次反思：向教师讲述"画、说、符号、表情、行为"的过程
  - 第三次反思：幼儿看到自己的表征时，对游戏进行回顾

- **幼儿的表征方式**
  - 图示、符号表征——图形、粘贴、箭头、对号、错号等
  - 语言表征——用语言表达游戏过程
  - 行为、动作、表情表征——照片、视频等形式
  - 作品表征——画、拼、摆、搭建的各种作品

关于留白

- **什么是留白**：就是留出空白

- **留白的形式**
  - 墙面留白：留一面白墙，让幼儿填充内容；设置主题名称，内容留白
  - 空间留白：留出一个空白的活动区或空地
  - 时间留白：教师在活动时引导语要简化，把更多的游戏时间留给幼儿，在幼儿游戏时少干涉、多观察
  - 材料留白：材料尽量做到可变性强，一种材料多种玩法
  - 规则留白：活动区的规则可以和幼儿商量，由幼儿做主

幼儿与环境互动的支持性策略

五、专家视角，现场点评（20分钟）

主持人：接下来，有请两位专家对今天的教研活动进行点评和指导。

专家A：

幼儿园的环境不仅仅发挥着装饰和美化的功能，更是幼儿园鲜活的课程和教育的载体。大家要结合幼儿园环境的客观条件，结合幼儿的身心特点、发展现状和兴趣需要，结合幼儿园文化内涵和课程理念，科学创设有教育价值的环境，有效支持幼儿与环境的互动。幼儿园的环境是为幼儿服务的，大家要充分利用每一个空间、每一块区域、每一面墙、每一件材料与幼儿对话交流，引导幼儿在与环境的积极互动中丰富认知，积累经验。

专家B：

在开展自主游戏时，教师要提供开放多元的游戏材料和动态可变的游戏空间，引导幼儿充分地与环境互动，在直接感知、实际操作、亲身体验、亲近自然中获得有益的经验。要树立"环创以幼儿为本"的理念，赋予幼儿环境创设的主动权，让环境中处处体现幼儿学习的痕迹，让幼儿真正在与环境的互动中成长。

活动反思

本次教研活动采用现场观摩与工作坊式研讨相结合的形式，在现实环境中体验幼儿与环境的互动。在工作坊研讨中凝智慧，共拓展，使参研教师在观、思、行、学中成长。

一、主题聚焦，解决现实问题

区域内的幼儿园在推进安吉游戏园本化的实践过程中，发现教师对幼儿与环境互动的重要性认识不足，目前教师为幼儿创设的环境不能满足幼儿游戏与发展的需求。所以本次教研主题聚焦"如何支持幼儿与环境互动"的现实问题，围绕"环境"

和"互动"两个关键词展开观摩与研讨。本次教研活动参与的人数达到110余人，大家的积极参与也凸显了本次教研活动的价值。

二、准备充足，突出教研内涵

活动前区域内的教研员与园长、主持人进行多次沟通，确定了最终的教研方案。在教研目标、教研过程上深思熟虑，力求突出教研内涵，确保教研活动的实效性，让每个参研的教师有所收获。不足的是，由于教研场地有限，为保证教研质量，限制了参研人员的数量。

教研活动前，主持人将本次教研活动的通知发给大家，鼓励大家提前查阅与"环境"和"互动"有关的资料，了解相关内容，结合幼儿园目前环创现状，提前做好教研准备，树立"研"的意识，避免了教研时缩手缩脚，让大家带着问题与想法大胆表达自己的观点。

俗话说："给别人一滴水，自己要有一桶水。"主持人基于教研主题做了大量的专业知识储备工作。首先，预设教研内容，如：参研教师对环境与幼儿互动话题中的关注点有哪些；教师观察环境与幼儿互动行为的点有哪些；教师会从哪几方面考虑策略的梳理；经验分享从哪些角度进行等。其次，结合教研主题科学安排观摩现场，包括观摩任务、观摩路线、观摩时间、观摩地点、观摩空间等。最后，根据预设内容查阅资料，如：幼儿与环境互动体现在哪些方面；"表征""留白"的相关知识等，并制作了详细的PPT，结合实际案例图文并茂地做了经验分享式研讨。

三、氛围轻松，促进成果提炼

教研活动开始前，在颇有神秘感的"扑克牌找朋友"游戏中，根据花色随机分组，当主持人宣布手持扑克牌"2"的教师作为每组的发言人时，笑声一片，教研气氛瞬间轻松。

现场观摩也在自由轻松的氛围中愉快进行，教师们在不打扰幼儿游戏的前提下，拍照、录像、记录并积极与班级教师互动，询问活动区的设置、主题墙和表征墙与幼儿如何互动、呈现的作品如何解读等，体验材料的创意变化……

观摩结束后，小组交流环节是整个活动的亮点，围绕"幼儿与环境互动的支持性策略"这一教研任务，大家打破幼儿园间的界限与隔阂，成为一个教研主体，积极表达在观摩中的所见所闻、所感所悟，梳理出小组策略。主持人汇总了支持幼儿与环境互动的策略，成果满满的同时，教研目标顺利实现。

美中不足的是在这次教研活动中，因为参研人数较多，只能从每个幼儿园中选几名教师代表参与，主持人建议各幼儿园结合本幼儿园的实际情况进行二次教研，结合实际有效地改变幼儿园环境创设现状。

四、适时引领，确保教研实效

在共同梳理中，针对教师们提到的"重视幼儿的表征，细心解读，了解幼儿对环境的需要"策略，主持人抓住时机迅速做出回应，临时组织生成性教研内容：什么是表征？表征的方式有哪些？教师们积极发言：把游戏故事画出来就是表征，把幼儿作品照出来，把幼儿讲述的游戏过程录下来……从大家的发言中，主持人捕捉到参研教师在观摩中的收获、对"表征"的理解程度、对环境与幼儿互动的认识程度，及时调整经验分享式培训内容：把"幼儿与材料的互动"作为经验分享的重点，明确材料在幼儿游戏中的重要作用；把"表征""留白"作为专业培训重点，引领参研教师理解"表征"对促进幼儿深度学习的意义，强调不要为了表征而表征，要看到表征背后幼儿的发展和需要，以便提供更合适的环境，确保了教研实效。

为保证教研质量，本次教研重点放在室内环境创设，室外环境创设的研究可以作为下一次的教研主题，继续探讨幼儿与户外环境互动的支持性策略。

如何实施有针对性的入学准备教育

大连市实验幼儿园　潘丽新

《指导要点》中指出："应根据大班幼儿即将进入小学的特殊需要……实施有针对性的入学准备教育。"然而，现实问题是园、校衔接工作都是"一头热"，尤其在幼儿园入学准备和小学入学适应方面有单向开展教育课程实践的问题，即幼儿园教师不了解幼儿上了小学一年级究竟哪些方面适应得好，哪些方面薄弱；小学教师则在很多入学适应方面都要从零开始培养，幼小衔接出现偏离，呈现浅表化样态。因此，我园和大连市实验小学围绕加强入学准备和入学适应的全面衔接开展联合教研，立足问题，形成了本期"如何实施有针对性的入学准备教育"的联合教研主题。

活动方案

教研主题	如何实施有针对性的入学准备教育		
教研时间	2022年11月16日 （星期三 13:00—14:00）	教研地点	腾讯会议线上教研
主持人	潘丽新	参加对象	大连市实验幼儿园园长及大班组教师 / 大连市实验小学校长及一年级教师
教研背景	《指导要点》指出："应根据大班幼儿即将进入小学的特殊需要，围绕社会交往、自我调控、规则意识、专注坚持等进入小学所需的关键素质，提出科学有效的途径和方法，实施有针对性的入学准备教育。" 　　在幼小衔接园、校"协作体"的带动下，我园和大连市实验小学客观地反思了过去各自衔接工作"一头热"的问题，尤其提到在幼儿园入学准备和小学入学适应方面开展教育实践的单向性问题，即幼儿园教师不了解幼儿上了小学一年级究竟哪些方面适应得好，哪些方面薄弱；小学教师则在很多入学适应方面都要从零开始培养，幼小衔接出现偏离，呈现浅表化样态。因此，双方围绕加强入学准备和入学适应的全面衔接展开联合教研，立足问题，形成了本期"如何实施有针对性的入学准备教育"的联合教研主题。		
教研目标	1.通过园、校双方联合教研的方式，聚焦一年级学生入学适应现状，依据小学一年级教师教育实践经验，帮助幼儿园教师有针对性地收集当前入学适应中的入学准备需求。 2.从身心、生活、社会、学习各方面厘清在幼儿园阶段实施幼小衔接教育的内容要点，引导教师进一步探索科学有效的幼小衔接途径和方法，实施有针对性的入学准备教育。		
教研准备	1.查阅资料进行理论学习，深入了解入学准备教育的方式方法。 2.建立线上研讨交流微信群、教研活动PPT、教研成果记录表等。		
教研形式	案例分享、问题驱动、交流研讨、总结提升		

（续表）

教研过程	一、联合教研活动背景及流程介绍（13:00—13:05） ★主持人从政策依据、现实问题和持续发展需求三个维度，对本次教研活动主题确立的背景进行介绍。 ★主持人介绍本次教研活动的流程。 二、园、校幼小衔接典型课程案例分享（13:05—13:35） ★小学校长介绍学校办学基本情况与教育特色。展示学校为满足大班幼儿"小学体验日"云观摩需求录制的校庆纪录片，呈现小学校园文化、环境，介绍小学学习、生活作息，展示多元、生动的课程活动。 ★幼儿园教师分享幼小衔接课程案例——《我要上学了》。 三、入学准备系列问题线上研讨（13:35—13:55） ★线上抛出研讨问题，引导园、校双方教师以文字方式发表观点，并进行研讨交流。 研讨问题一：基于一年级新生入学现状，请小学教师谈一谈，幼儿园阶段需要帮助幼儿做好哪些方面准备工作？（可围绕身心、生活、社会、学习四个准备具体讨论） 研讨问题二：为更好地顺应当前幼小衔接需求，实施有针对性的入学准备教育，还有哪些科学有效的途径和方法？ 四、教研结论梳理与总结（13:55—14:00） ★主持人对线上研讨生成的观点与结论进行梳理总结，针对典型的有效观点进行进一步专业提升。 ★教研记录员将全部研讨观点进行汇总，线上发布教研成果记录表。

活动纪实

教研过程

一、联合教研活动背景及流程介绍（5分钟）

（一）主持人针对《指导意见》中关于"建立联合教研制度"的内容，分析当前园、校幼小衔接协作体联合教研的主要特点及存在问题，重构联合教研机制和目标，进一步明确园、校联合教研活动的重要意义。

（二）主持人以《指导要点》中关于"实施有针对性的入学准备教育"的指导

要点为实践依据，分析园、校各自衔接工作"一头热"现象，以解决"幼儿园入学准备和小学入学适应方面衔接偏离问题"为核心教研任务，提出了"如何实施有针对性的入学准备教育"的教研主题。

二、园、校幼小衔接典型课程案例分享（30分钟）

主持人："向往小学"是《指导要点》中"身心准备"的首要发展目标，文件中强调："建立积极的入学期待。发现每个幼儿对小学学习生活的兴趣点……帮助幼儿初步了解小学生活。"为促进园、校双方有针对性地实施身心准备教育，本次教研活动中，学校、幼儿园将分别进行不同视角的案例分享。

（一）《小学体验日》专题片云观摩

小学校长介绍学校办学情况与教育特色。参研人员集体观看呈现小学校园环境、文化，介绍小学学习、生活情况，展示多元、生动的课程活动的《小学体验日》专题片，帮助幼儿园教师更生动地了解小学生活。

参研人员观看《小学体验日》专题片

（二）幼儿园幼小衔接课程案例分享

幼儿园教师分享幼小衔接课程案例——《我要上学了》。

案例概述：

在一次大班谈话活动中，有几名幼儿说起自己哥哥姐姐的小学生活，使大家对自己未来的小学生活也充满了好奇心。为营造积极向上的心理氛围，激发幼儿对即将到来的小学生活的向往，我在班级里发起了"我心目中的小学"主题绘画活动，由此引发了一系列了解小学生活、建立对小学向往的课程活动。在本次教研活动中，我想通过《小学体验日》云观摩，体验小学的课程及生活方式，用给未来的自己（伙伴）写一封信、参观博物馆等多种途径和方法引导和支持幼儿建立对小学的积极向往，从多维度正面引导，组织幼儿讨论、分享对小学的认识、期待和担心。通过同伴交流和教师的针对性引导，减少幼儿对小学学习生活的负面感受，强化入学期待，缓解入学焦虑。

| 刘隽辰 | 王俊树 | 王芷涵 |

《我要上学了》幼小衔接课程案例资源

三、入学准备系列问题线上研讨（20分钟）

围绕"如何实施有针对性的入学准备教育"这一教研主题，分解出两个递进性的教研问题，主持人引导参研者理解问题、分析问题、提出观点，采用微信对话互动方式，展开线上研讨交流。

问题一：基于一年级新生入学现状，请小学教师谈一谈幼儿园需要帮助幼儿做好哪些方面的具体准备。（可围绕身心、生活、社会、学习四个准备具体讨论）

研讨实录：

教师 A：我认为学习习惯培养很重要，好的习惯比掌握多少知识更重要。一年级学生整理书包、收拾个人物品的能力普遍薄弱，还要从自理能力方面做好准备。

教师 B：培养幼儿自信心，为他们提供自己选择、自己计划、自己决定的机会和条件，鼓励他们去探索。培养独立性、时间观念，让幼儿知道什么时候做什么事，逐渐减少成人的照顾。

教师 C：让幼儿学会与同伴相处。幼儿的人际交往能力表现在入学后对新的人际环境的适应上。人际交往能力差的幼儿不能主动与同伴交往，或不能与同伴友好相处，遇到问题也不会向教师反映或寻求帮助，结果导致自己心情沮丧，出现学习兴趣降低等情况。

教师 D：培养幼儿的规则意识和任务意识。幼儿对小学的很多新规则适应较慢，需要在园期间强化培养。

教师 E：培养幼儿良好的劳动习惯，以及自我服务的意识。

教师 F：从学生带学科用具的问题反映出，应该让幼儿学会计划简单的事情。

教师 G：从体育教学的角度我认为还需要培养幼儿的安全意识，一是自我安全意识，二是公共安全意识，提高幼儿自护及护人的意识和能力。

问题二：为更好地顺应当前的幼小衔接需求，实施有针对性的入学准备教育，还有哪些科学有效的途径和方法？

研讨实录：

教师 A：身心准备方面，可以开展"小学体验日""我心中的小学""毕业生回园交流"等激发幼儿对小学积极向往的入学准备教育活动，还要有针对性地设置体育运动专项课程，比如跳绳、跑步、球类运动等，培养幼儿健康的体魄。

教师 B：生活准备方面，开展"小书包真整齐""整理大比拼"活动，采用游戏和竞赛等方式，鼓励幼儿自己的事情自己做，养成保管和收纳自己物品的良好习惯。

教师 C：社会准备方面，可开展多种多样的"交朋友"活动，鼓励幼儿积极主动地与同伴交往。

教师 D：学习准备方面，开展"我的课程表""一分钟"等活动，聚焦幼儿学习兴趣、学习习惯、学习能力的培养。

教师E：还可以开展"入学百日"幼小衔接特色教育成果展示，通过追踪成长的方式，记录和见证幼儿入小学后的进步和变化。

四、教研结论梳理与总结（5分钟）

主持人对两个问题的研讨观点进行梳理，利用思维导图总结每个问题关键性的研讨结论，立足实际提出指导性的研究与实践建议，帮助参研教师进一步明确入学准备的具体内容，掌握实施有针对性的入学准备教育的途径和方法。

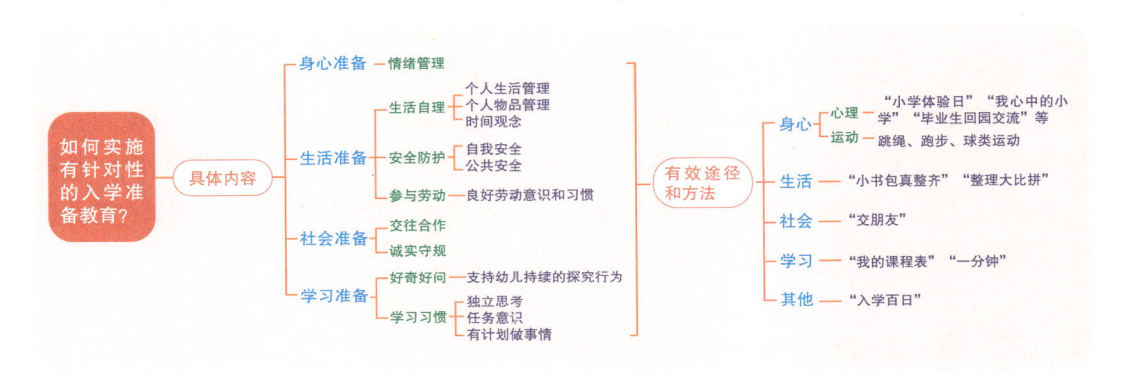

活动反思

《指导意见》中提出："加强教师在儿童发展、课程、教学、管理等方面的研究交流，及时解决入学准备和入学适应实践中的突出问题。"这为确立幼小衔接联合教研指明了方向。本次教研活动呈现以下特点：

一、以"双导向"为依据，确立教研主题

本次教研活动主题鲜明，聚焦了幼儿园、小学双方在入学准备和入学适应层面实施教育的现实需求。教研主题的确立依据具有"双导向"的特点。首先，坚持以问题为导向，从面向幼儿园、小学教师的调查中，生成了"如何实施有针对性的入学准备教育"这一教研主题。这也是幼小衔接教育中亟待解决的问题。同时，围绕这一主题提出两个讨论问题，既聚焦了幼小衔接教育课程改革与优化，也有利于满足一线园、校教师的现实需求。其次，坚持以政策为导向，从对幼小衔接相关的政

策解读中获得了教研的主题，幼儿园和小学通过联合教研活动，学习理解纲领性文件，并在教育实践中将政策落实作为推进幼小衔接的重要路径，因此依据《指导要点》和《小学入学适应教育指导要点》，生成了此次教研主题。

二、推进系统性过程，达成教研目标

教研活动将目标设定为：通过园、校双方教师联合教研方式，聚焦一年级学生入学适应现状，依据小学一年级教师观察、提炼的教育实践经验，帮助幼儿园教师有针对性地收集当前入学适应中的入学准备需求，从身心、生活、社会、学习各方面厘清在幼儿园阶段要实施的衔接教育内容要点，引导教师进一步探索科学有效的途径和方法，实施有针对性的入学准备教育。为了达成教研目标，采用了案例分享式、问题驱动式、线上交流式等教研方式，设计并实施了层层递进的教研流程，在引导教师了解园、校双方入学准备和入学适应教育课程实施现状和典型案例的基础上，探讨关键性的教研问题，用教研成果记录表等有正确导向性和操作性的工具量表进行评估，确保了预设教研目标全面达成。

三、调动全员参与，充实教研成果

教研活动呈现出了深度的参与性，教研主持人环环相扣的组织以及多种样态的教研形式，不仅带动了每个环节教研协作者的分享展示，还带动了全体参研教师的思考交流。在教研中，幼儿园教师和小学教师是共享交流、平等互助的共同体，能够围绕彼此的困惑展开合作，集体攻关教研难点。从实际效果来看，主持者和参与者共同推动了教研活动的全面实施，增进了园、校间衔接教育课程的沟通交流和互促提质，助推了园、校双方衔接教育课程的核心经验梳理与课程方案的优化。

自主游戏中低结构材料有效运用的组织与指导

大连经济技术开发区港西幼儿园　徐孝霞

新学期，教师在创设幼儿主动学习的游戏环境时更加聚焦低结构材料的投放与运用。但在游戏实践中我们发现，幼儿对低结构游戏材料的探索兴趣不浓厚，玩法比较单一，教师对如何跟进和指导幼儿与低结构材料有效互动存在许多问题和困惑。基于此，本次教研聚焦"自主游戏中低结构材料有效运用的组织与指导"，力求梳理出适宜的策略，推进自主游戏深入开展。

活动方案

教研主题	自主游戏中低结构材料有效运用的组织与指导		
教研时间	2023年5月18日 （星期四 13:00—14:15）	教研地点	幼儿园四楼多功能厅
主持人	徐孝霞	参加对象	幼儿园全体教师
教研背景	为深入践行《评估指南》精神，为幼儿创设主动学习的游戏环境，我园聚焦低结构材料的投放与运用展开了自主游戏实践探索。 通过观察幼儿与低结构材料的互动情况，教师发现部分低结构材料不能激发幼儿的探索兴趣和欲望，幼儿运用其进行游戏的玩法比较单一。为增强幼儿与低结构材料的互动，发挥低结构材料对幼儿发展的教育价值，我园组织开展本次教研活动，力求梳理出指导幼儿运用低结构材料探究多种玩法的有效策略。		
教研目标	1. 通过研讨与交流，梳理明确幼儿对部分低结构材料不感兴趣的原因，并找到解决办法。 2. 通过思想碰撞与梳理提升，梳理指导幼儿探究低结构材料多种玩法的有效策略。		
教研准备	1. 自主学习《评估指南》《游戏活动十项建议》等文件，查阅与低结构游戏材料相关的资料，丰富理论基础。 2. 制订活动方案，准备签到表、彩笔、教研PPT、过程纪实等相关材料。		
教研形式	互动研讨、分享交流、梳理提升		
教研过程	一、聚焦问题，明确教研主题（13:00—13:05） 聚焦游戏实践问题，明确教研目标和内容，引领教师思考、把握教研方向，进一步做好问题研讨与梳理准备。 二、聚焦解决，分组研讨交流（13:05—13:35） 1. 小组建设：确定组长、记录员、时间控制员及汇报员；各组在30分钟内进行讨论，并将研讨结果记录在小组研讨记录纸上，做好分享汇报准备。 2. 研讨交流：各组聚焦问题"幼儿对低结构游戏材料不感兴趣的原因及教师的指导策略"开展交流与研讨。		

（续表）

教研过程	问题一：幼儿为什么对部分低结构材料不感兴趣？如何激发幼儿对低结构材料的兴趣？ 问题二：如何指导幼儿探索低结构材料的多种玩法？ **三、聚焦思维碰撞，各组凝练汇报（13:35—13:55）** 每组派一名代表进行汇报交流，每组5~10分钟，其他组员可以补充，提炼梳理研讨结果。 **四、聚焦梳理归纳，提炼适宜策略（13:55—14:15）** 集中归纳各组汇报结果，梳理、总结、提炼幼儿对低结构游戏材料不感兴趣的原因、解决办法以及教师的适宜性策略，进行整体提升。

活动纪实

教研过程

一、聚焦问题，明确教研主题（5分钟）

主持人：在自主游戏中，如何引发幼儿对低结构游戏材料的兴趣？如何指导幼儿探索低结构材料的多种玩法，进一步提高幼儿游戏的能力和水平？针对教研前大家提出的这些问题，今天我们开展"自主游戏中低结构材料有效运用的组织与指导"园本教研活动，一起寻找能够有效指导幼儿探究低结构材料多种玩法，进行深度游戏的策略。

教研活动现场

二、聚焦解决，分组研讨交流（30分钟）

主持人：接下来，我们以教研组为单位聚焦以下两个问题进行专题研讨。研讨时间为30分钟，请每个小组做好组内分工，确保研讨效果与问题解决。研讨问题如下：

1. 幼儿为什么对部分低结构材料不感兴趣？如何激发幼儿对低结构材料的兴趣？
2. 如何指导幼儿探索低结构材料的多种玩法？

三、聚焦思维碰撞，各组凝练汇报（20分钟）

主持人：请每组汇报员汇报本组研讨结果，每组5~10分钟，待汇报员汇报结束后，同组组员可酌情进行补充，其他组可补充本组的观点或提出疑问。

教研组汇报梳理表格

困惑		第一教研组汇报梳理	第二教研组汇报梳理
幼儿为什么对部分低结构材料不感兴趣？如何激发幼儿对低结构材料的兴趣？	不感兴趣的原因有哪些？	1. 材料玩法重复、单一。 2. 幼儿缺乏经验，知识储备少。 3. 材料大多是废旧材料，无法吸引幼儿。	1. 幼儿对材料不熟悉，玩法单一。 2. 幼儿生活经验不足。 3. 部分材料缺乏游戏性。
	如何激发幼儿的兴趣？	1. 创设情境，引导幼儿交流，以幼儿视角投放材料。 2. 要留有游戏延伸和拓展的时间。 3. 要丰富知识、增加经验，开阔幼儿视野。	1. 教师引导幼儿使用部分材料开展组合搭配游戏。 2. 利用多种方式，如观看视频、照片等帮助幼儿丰富生活经验。 3. 教师在游戏前可创设适宜有趣的游戏情境。
如何指导幼儿探索低结构材料的多种玩法？		1. 教师介入指导。（直接、间接） 2. 教师语言引导。（引导幼儿思考：你想干什么？用什么材料？和谁一起玩？） 3. 及时捕捉游戏亮点。 4. 分享交流思考。（游戏结束环节进行）	1. 教师的观察 （1）捕捉幼儿游戏亮点。 （2）观察幼儿与材料互动情况以及对材料的需求。 （3）激发幼儿兴趣。 2. 交流与分享 （1）幼儿和幼儿：通过绘画、语言表达等方式，交流分享自己的游戏方式。 （2）教师和幼儿：针对幼儿游戏情况，与幼儿进行更多的交流分享，捕捉游戏的教育价值，给予幼儿下次游戏的各方面支持。 （3）教师和教师：班级之间、平行班之间共同谈论和交流。

四、聚焦梳理归纳，提炼适宜策略（20分钟）

主持人：我们把两组研讨结果进行归纳梳理，凝练提升，可以明确以下几个方面：

（一）幼儿对部分低结构材料不感兴趣的原因

1. 幼儿缺乏相关的生活经验，知识储备不足。
2. 幼儿对低结构材料不是很熟悉。
3. 教师没有引导幼儿探索低结构材料的游戏性。

（二）如何激发幼儿对低结构材料的兴趣

1. 教师可利用多种方式丰富幼儿对低结构材料的生活经验，可引导幼儿一起讨论这些材料的玩法，也可以采用观看视频、照片或材料操作示意图等方式，引导幼儿对这些低结构材料产生探索的兴趣。

2. 针对幼儿对部分低结构材料玩法单一的问题，教师首先考虑投放的这种材料适不适合幼儿，如果不适合需要马上调整。另外，教师需在观察的基础上，引导、支持和鼓励幼儿尝试运用多种材料开展组合游戏，每次游戏后开展分享活动，丰富幼儿对游戏材料的认知经验，激发幼儿持续探究的欲望。

3. 教师在提供低结构材料的同时，可考虑创设具有情境性、游戏性的背景，激励幼儿运用多种材料自主进行创造性游戏。

（三）如何指导幼儿探索低结构材料的多种玩法

1. 同伴互助策略。抓住榜样及幼儿之间互助学习的影响作用，多让幼儿进行游戏材料和游戏玩法的分享。

2. 多媒体辅助策略。提供照片和视频供幼儿分享和讨论。

3. 教师角色转化策略。观察是支持幼儿游戏的基础，教师要做幼儿游戏的支持者、合作者、欣赏者。

4. 介入指导策略。教师要善于捕捉幼儿的闪光点和困惑点，把握时机，适时介入指导。

5. 尝试鼓励策略。对每一个幼儿的游戏表现和探索行为给予鼓励和赞赏，多鼓励幼儿探索与其他游戏材料的融合玩法。

6. 谈话交流策略。各班教师要经常性地交流，共同关注并梳理班级幼儿与低结构材料互动的现状，发现问题、分析原因，采取有针对性的策略激发幼儿的探究兴趣。

7. 反思总结策略。在班级内部交流的基础上，平行班、跨年龄班的教师也要定期交流，将幼儿在与低结构材料探索互动中产生的好的想法和做法及时总结、分享和积累。

主持人小结：本次教研活动中，大家汇集了很多有价值的策略，也较全面地总结概括了本阶段的研究成果。接下来，我们各班级要研究怎样结合本班幼儿的实际，把这些提炼出来的成果再次运用到幼儿的自主游戏中，并在实践中不断地调整、优化，其间大家有任何发现和困惑，我们随时交流。

希望每位老师都能树立科学的游戏理念，找寻到适合幼儿的游戏指导策略和方法，在鼓励幼儿与低结构材料有效互动的过程中推进幼儿的深度学习，提升自主游戏质量。

活动反思

一、教研亮点

（一）教研主题落地，符合教师实际需求

本次教研活动的主题基于一线教师的实际问题，立足教师提升专业能力和提高工作实效的实际需求。教研过程中的两个研讨问题来源于教师平日对幼儿自主游戏观察和思考后的困惑。

（二）教研过程聚焦，解决教师实际问题

整个教研活动问题是聚焦的、环节是紧凑的，通过教师们的互动研讨，主持人的总结提升，大家对研讨问题达成了共识，提炼出的策略具有实际操作性，切实帮助教师解决了自主游戏实践中的问题和困惑。

（三）教研效果显著，提升教师指导能力

本次教研活动中，教师们深入分析幼儿对部分低结构材料不感兴趣的原因，积极探讨指导幼儿探究低结构材料多种玩法的策略，达成了教研目标，教研效果显著。教师在教研过程中积极思考，主动交流，切实提高了自身指导幼儿进行深入自主游戏的能力。

二、不足与改进措施

整个教研过程中，骨干教师多作为引领者和带动者，青年教师以倾听、记录与学习为主，参与度有待加强。在接下来的教研中，需通过头脑风暴、互动研讨、专题交流等方式调动每位教师参研的积极性和主动性，鼓励教师充分、大胆地表达自己的想法，思维碰撞，共享智慧。

聚焦自主游戏中低结构材料有效运用的组织与指导，教研的内容可以进一步拓展和深化，需依托《指南》《评估指南》，在理论与实践的融合中，聚焦幼儿的深度学习进行深层次的提炼与梳理，进一步提升教师指导幼儿与低结构材料互动的能力。

园本教研活动将继续从实际出发，带领教师边学习边实践，边实践边反思，边反思边调整，边调整边提高。加强理论与实践融合，不断提升教研的价值成果，真正推进幼儿游戏水平提升、教师游戏指导能力提高。

自主游戏中幼儿游戏计划制订的支持策略

长海县幼儿园　李华　梁晶

制订游戏计划是幼儿进行自主游戏的重要一环。为有效解决教师在幼儿游戏计划制订方面存在的问题与困惑，切实提升教师组织幼儿制订游戏计划的能力，从而推进幼儿在游戏中的深入学习与发展，幼儿园以"自主游戏中幼儿游戏计划制订的支持策略"为主题开展了园本教研活动。

活动方案

教研主题	自主游戏中幼儿游戏计划制订的支持策略		
教研时间	2023年6月9日 （星期五 15:30—16:40）	教研地点	幼儿园音体室
主持人	李华	参加对象	幼儿园教师代表
教研背景	《游戏活动十项建议》中指出："要尊重幼儿的游戏意愿，鼓励和支持幼儿根据自身兴趣、需要和经验水平，自主选择游戏内容、材料和伙伴，自主制订游戏计划、调整游戏规则等。"幼儿自主制订游戏计划能有效助推游戏的开展，游戏前制订计划是幼儿自主游戏的重要环节。 　　通过观察幼儿自主游戏开展情况，我们发现部分教师存在"不重视幼儿游戏计划制订""不知道如何有效支持幼儿制订游戏计划"等问题与困惑。为了提升教师组织幼儿制订游戏计划的能力，推进幼儿在游戏中的深入学习与发展，提高幼儿园自主游戏的质量，幼儿园以"自主游戏中幼儿游戏计划制订的支持策略"为主题组织开展园本教研活动。		
教研目标	1.通过谈话交流，引导教师了解制订游戏计划的必要性，分析其对幼儿发展的价值。 2.通过观摩案例视频，引发教师思考自主游戏中如何有效支持幼儿制订游戏计划。 3.通过研讨交流、专题培训，帮助教师梳理总结自主游戏中幼儿游戏计划制订的支持策略。		
教研准备	1.教师查阅自主游戏相关资料，丰富相关知识储备。 2.案例视频、专题培训PPT、多媒体设备、大图画纸、彩笔。		
教研形式	视频观摩、研讨交流、专题培训		
教研过程	一、谈话交流，引发思考（15:30—15:35） 主持人请教师围绕教研主题进行简单谈话交流，激发教师对教研活动的兴趣。 ★谈话问题：请大家结合以往工作经验谈一谈，为什么要组织幼儿制订游戏计划呢？		

（续表）

| 教研过程 | 二、视频观摩，问题驱动（15:35—15:40）
主持人请教师结合以下三个问题观摩教师组织幼儿制订游戏计划的案例视频，引发教师对如何有效支持幼儿制订游戏计划的初步思考。
★问题一：视频中的教师在自主游戏中运用了哪些策略来支持幼儿制订游戏计划？
★问题二：在日常自主游戏中，大家可以运用哪些策略来支持幼儿制订游戏计划？
★问题三：目前大家在支持幼儿制订游戏计划方面有哪些问题和困惑？
三、分组研讨，汇报交流（15:40—16:10）
主持人组织教师围绕三个预设的问题进行分组研讨和组间观点分享交流，引发教师对如何有效支持幼儿制订游戏计划的深度思考，并初步达成共识。
四、汇报总结，培训提升（16:10—16:40）
主持人对各组分享的观点进行总结提升，并通过专题培训《自主游戏中幼儿游戏计划制订的支持策略》，帮助教师明确支持幼儿制订游戏计划的有效策略。 |

活动纪实

教研过程

一、谈话交流，引发思考（5分钟）

主持人：大家都知道，幼儿在游戏前制订游戏计划是自主游戏组织实施的一个基本环节。那么，为什么要组织幼儿制订游戏计划呢？请大家结合工作经验谈一谈自己的看法。

教师A：通过幼儿的游戏计划我们能了解幼儿的游戏设想和需要的支持，这样才能有效推动游戏的深入开展。

教师B：制订游戏计划能引发幼儿对游戏过程和结果的猜测和期待，可以激发幼儿的思维。

教师C：制订游戏计划可以增强幼儿游戏的主动性，让幼儿在游戏中更有目标意识和任务意识。

主持人：感谢大家的分享。计划是幼儿行动的先导，能让幼儿对游戏有更加明确的方向。同时，计划也是评价的依据，为教师指导幼儿深入游戏做好了铺垫。制订游戏计划对幼儿、对教师都有重要的意义，但是在日常自主游戏观察中我们发现，许多教师并不重视游戏计划环节的开展，对幼儿制订游戏计划不能给予有效的指导和帮助。基于此，今天我们就一起来探讨"自主游戏中幼儿游戏计划制订的支持策略"。

二、视频观摩，问题驱动（5分钟）

主持人：请大家认真观摩L老师组织幼儿制订游戏计划的视频片段，同时思考三个问题：

1. L老师在自主游戏中运用了哪些策略来支持幼儿制订游戏计划？
2. 在日常自主游戏中，大家可以运用哪些策略来支持幼儿制订游戏计划？
3. 目前大家在支持幼儿制订游戏计划方面有哪些问题和困惑？

三、分组研讨，汇报交流（30分钟）

（一）小组研讨

主持人：请大家围绕预设的三个问题，以教研组为单位进行小组研讨，组长梳理本组观点。

（二）汇报交流

主持人：刚才我们进行了热烈的组内研讨，下面请每个组围绕预设的三个问题，汇报本组研讨梳理的观点。

小班组发言人：L老师能通过提问鼓励幼儿大胆表达自己的游戏想法，能灵活通过个人做计划和小组做计划，鼓励幼儿在交流分享中拓展关于游戏的想法和经验，进而丰富和完善计划内容。日常我们在组织幼儿做游戏计划时应该积极观察、耐心倾听、认真记录幼儿的想法。游戏计划环节存在的问题是教师不能及时地回应和支持幼儿，不能有效地推动游戏的持续发展和幼儿的深度学习。

小班组研讨观点

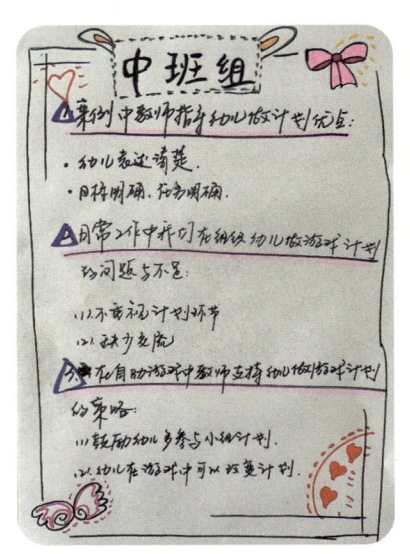

中班组研讨观点

中班组发言人：视频中的 L 老师能耐心倾听幼儿分享自己的计划，过程中注意引导幼儿清楚表达。日常在自主游戏计划环节，我们应该多多鼓励幼儿参与小组计划，并充分地尊重幼儿，允许幼儿在游戏中改变计划。自主游戏中普遍存在的问题是许多教师不重视计划环节，与幼儿缺少交流，不能及时了解幼儿的游戏意愿和需求。

大班组研讨观点

大班组发言人：视频中的老师导入上次游戏的问题引发谈话，通过适时的提问和追问引导幼儿深入思考问题解决的办法。教师日常要有意识地培养幼儿做计划的习惯，多鼓励幼儿表达交流，将幼儿感兴趣的话题记录下来并汇总，为游戏计划环节的顺利开展做好铺垫。在自主游戏计划制订环节，教师容易出现的问题是不能耐心倾听幼儿的表达，时常忽视幼儿的想法，存在过早介入的情况。

四、汇报总结，培训提升（30 分钟）

（一）梳理汇报内容

主持人：我们将三个组的汇报结果进行梳理总结，聚焦三个问题，共同明确一下相关的内容：

问题一：L 老师在自主游戏中运用了哪些策略来支持幼儿制订游戏计划？
1. 指导性语言及时到位，帮助幼儿明确游戏的目标和任务。
2. 尊重幼儿，注重引导、鼓励幼儿自己发现和解决问题。
3. 个人计划和小组计划相结合。
4. 耐心倾听幼儿分享自己的计划，过程中注意引导幼儿清楚表达。
5. 从上次游戏的问题切入引发谈话，激发幼儿的思维。
6. 师幼互动中能及时追问，启发幼儿深度思考。

主持人：L老师是一个特别有智慧的老师，能通过耐心的倾听、灵活的形式、适宜的提问等全面地支持幼儿制订游戏计划，过程中始终以尊重幼儿为前提，以促进幼儿深度学习为目标，不断地启发和鼓励幼儿。

> **问题二**：在日常自主游戏中，大家可以运用哪些策略来支持幼儿制订游戏计划？
> 1. 要尊重幼儿，鼓励幼儿大胆表达自己的计划，认真地倾听幼儿的计划，记录幼儿的游戏意愿。
> 2. 要鼓励幼儿积极参与小组计划。
> 3. 要培养幼儿做计划的习惯。
> 4. 要记录幼儿感兴趣的话题。
> 5. 要在幼儿预设计划的基础上设疑，引导幼儿积极思考，促进幼儿深度学习。

主持人：刚才大家分享了日常支持幼儿制订游戏计划的经验，大家要明确的是，计划环节要结合不同年龄段幼儿的身心发展特点和水平灵活机动地开展，要抓住幼儿游戏活动中的兴趣点，把握教育契机，探寻解读计划背后的真实需求，为幼儿提供最适切的支持，借助游戏计划助推幼儿游戏水平及能力的发展。

> **问题三**：目前大家在支持幼儿制订游戏计划方面有哪些问题和困惑？
>
> | 问题： | 困惑： |
> |---|---|
> | 1. 不能及时地回应和支持幼儿。
2. 与幼儿缺少交流，不能及时了解幼儿的游戏意愿和需求。
3. 时常忽视幼儿的想法，存在过早介入的情况。 | 小班幼儿缺乏做计划的能力，如何有效支持小班幼儿做计划呢？ |

主持人：这些问题集中反映出在日常自主游戏中，大家虽然会组织幼儿制订游戏计划，但是流于形式，没有真正发挥出游戏计划对幼儿发展的价值。大家在支持幼儿制订游戏计划方面仍存在误区和很多困惑，需要进一步明确支持幼儿制订游戏计划的策略。

（二）开展专题培训

主持人：结合大家反馈的问题和困惑，为帮助大家更系统地了解游戏计划，更具体地掌握支持幼儿制订游戏计划的有效策略，我为大家做专题讲座培训——《自主游戏中幼儿游戏计划制订的支持策略》。

专题培训现场

培训要点梳理：

1. 灵活组织。按照组织形式划分，幼儿游戏计划可以分为集体计划、小组计划和个人计划。教师要结合不同类型计划的优缺点，依据不同年龄段幼儿的身心发展特点和能力水平，灵活地组织、引导幼儿做计划。

2. 合理安排。幼儿做计划时间控制在 10~15 分钟，时间太长会造成幼儿的消极等待，也会减少幼儿的自主游戏时间。

3. 耐心倾听。在幼儿做游戏计划时，教师要耐心倾听幼儿的想法和意愿，一方面让幼儿感受到自己被尊重、被认可、被理解，激发幼儿持续游戏的自信心和自主性；另一方面，耐心的倾听是有效回应的前提，可为教师有针对性地指导幼儿制订游戏计划，助推幼儿在游戏中的深度学习做好准备。

4. 巧妙提问。教师要认真倾听幼儿的游戏计划，通过开放式的提问、追问启发幼儿深度思考，帮助幼儿进一步强化和明确游戏意图。

活动反思

本次教研基于教师教育实践中的真问题，综合多种教研方式，引导教师们积极思考、互动交流，让教师们充分认识到了幼儿制订游戏计划的重要性，提高了教师组织幼儿开展自主游戏的能力。

一、教研亮点

（一）准备充分，形式多元

在进行园本教研活动前，主持人深入班级与教师一起研究如何在自主游戏中组织幼儿制订游戏计划，并录制示范视频。在教研活动中，聚焦教研主题，通过案例观摩、互动研讨、专题培训等教研环节，层层深入地引发教师对幼儿游戏计划制订的思考和探讨，提高了教师们的专业能力。

（二）示范引领，自我改进

本次园本教研活动中，主持人提供了一段教师日常组织自主游戏计划环节的实录视频，是一个较为科学、规范的游戏计划环节组织实施案例，对照视频案例自我诊断，教师可以发现自身教育实践中的问题，进而主动纠正。同时，比起枯燥的理论，生动的视频可以让教师更直观地感受到自身的支持引导对幼儿游戏计划制订的能力和水平有着重要的影响，更容易引发教师的共鸣，唤醒教师对幼儿游戏计划制订的思考和感悟，提高教研活动的实效。

（三）聚焦问题，扎实教研

本次园本教研活动的主题来源于教师教育实践中的真问题，围绕如何支持幼儿制订游戏计划，教师们结合自身工作经验，积极交流、互动研讨，共同梳理出有效的策略，为日后更科学地开展游戏计划环节，更有效地提升幼儿自主游戏的质量奠定了基础。

二、不足与改进措施

（一）强化理论支撑，让教研更有深度

在互动研讨环节，可以要求教师结合《游戏活动十项建议》等文件更科学地对案例进行分析，对自身教育实践进行反思。引导教师有意识地将理论与实践相结合，使整个研讨从单纯的经验交流走向理论指导下的实践探讨，提高教研活动的实效性，提高教师学习理论、运用理论、发展理论的专业能力和水平。

（二）增强专业素养，让主持人提炼更有高度

本次园本教研活动中，主持人对教师们观点的回应和提升不够充分。主持人在教研活动中要善于分析和梳理各种观点，从教师们个人的有益经验和集体研讨的共同智慧中提炼出成果，针对一些存在争论、困惑和疑问的观点，主持人要善于激发教师们参研的主动性，引导教师们积极展开讨论，共同寻求问题解决的办法。

（三）开展专题教研，让成果运用更有效度

不同年龄段幼儿自主制订游戏计划的能力和水平各不相同，因此教师在支持幼儿制订游戏计划时也应有针对性地采取适宜的策略。本次教研活动中已有教师提出了相关的困惑，接下来有必要聚焦不同年龄段幼儿游戏计划的制订开展系列化的专题教研，让教研成果更具体，对自主游戏实践的指导效果更显著。

指向深度学习的自主游戏分享环节的支持策略

大连市西岗区教师进修学校　李征

为落实我区区域课题"幼儿自主游戏支持策略研究"的研究任务，进一步推动安吉游戏在我区各幼儿园推广实施，解决广大教师在自主游戏中如何开展有效的师幼互动，从而推动幼儿在游戏中的深度学习方面存在的疑问和困惑，区幼教部设计了"指向深度学习的自主游戏教育支持"主题区域教研系列活动。今天我们聚焦自主游戏分享环节的教师支持策略开展教研活动，旨在引导教师明确自主游戏分享环节的有效支持策略。

活动方案

教研主题	指向深度学习的自主游戏分享环节的支持策略		
教研时间	2023年5月23日 （星期二 13:00—16:00）	教研地点	大连市实验幼儿园四楼会议室
主持人	李征	参加对象	区课题研究核心组成员，幼儿园园长、业务园长及教师代表
教研背景	为深化安吉游戏研究，推动《评估指南》在幼儿园的贯彻落实，我们通过开展相关访谈活动，发现教师存在"不会捕捉与挖掘自主游戏过程中幼儿主动学习与发展的契机""组织游戏分享环节时，幼儿参与面不够、过于注重游戏结果"等问题，没有充分发挥自主游戏在幼儿深度学习中的重要作用。基于此，确定本次区域联合教研活动主题为"指向深度学习的自主游戏分享环节的支持策略"，旨在发挥团队教研的优势，引导教师明确自主游戏分享环节的有效支持策略。		
教研目标	1. 通过自主游戏云观摩，引发教师从自主游戏状态、交流形式、分享内容、互动方式等方面对自主游戏分享环节的适宜性进行有效思考。 2. 通过案例分享、理论提升等教研形式，帮助教师明确自主游戏分享环节的有效支持策略，提升教师的支持能力。		
教研准备	**一、精神准备** 1. "安吉游戏带给我们的转变"主题调查与分析。 2. 学习《评估指南》等政策性文件中与自主游戏分享环节教师支持策略相关的内容。 3. 区课题组实验班教师梳理的优秀自主游戏案例。 4.《观察、倾听、支持，让游戏分享有深度——指向深度学习的自主游戏分享环节的支持策略》专题讲座培训内容。 **二、物质准备** 1. 下发区域教研通知、建立腾讯会议室。 2. 区课题组成员幼儿园录制自主游戏观摩视频。 3. 会议使用的PPT、多媒体设备。		
教研形式	云观摩、案例分享、理论提升、总结梳理		

（续表）

教研过程	**一、方案解读（13:00—13:30）** 主持人从研究背景、指导思想、研究目标、研究内容等方面解读2023年西岗区"幼儿自主游戏支持策略研究"区域课题研究方案，引导参研教师明确教研目标，激发参研兴趣。 **二、观摩视频（13:30—13:50）** 组织参研教师观摩幼儿园混龄室内外自主游戏现场活动视频，引发其对自主游戏分享环节的有效性的思考。 **三、案例分享（13:50—14:50）** 区课题组成员幼儿园实验班4名教师分享自主游戏案例，帮助参研教师从实践层面了解分享环节支持策略的具体形式、做法及其引发的幼儿深度学习的故事。 ★大班自主游戏案例——《跨海大桥灯光秀》 ★大班自主游戏案例——《"户外过家家"游戏》 ★中班自主游戏案例——《小球轨迹的畅想》 ★大班自主游戏案例——《能工"桥"匠》 **四、专题讲座（14:50—15:30）** 区课题组成员幼儿园园长代表做《观察、倾听、支持，让游戏分享有深度——指向深度学习的自主游戏分享环节的支持策略》专题讲座，帮助参研教师从理论层面明确分享环节的概念界定、组织与实施策略、对幼儿深度学习的价值等问题。 **五、总结梳理（15:30—16:00）** 主持人对教研活动进行总结梳理，提出下一步教研计划。
预期成果	通过方案解读、观摩视频、案例分享、理论提升等教研形式，聚焦游戏分享环节教师支持策略，丰富教师对自主游戏支持性策略的知识储备，形成自主游戏交流分享环节的有效性策略，完善自主游戏支持策略具体实践策略清单，实现教师在自主游戏分享环节中支持能力的提升。

活动纪实

教研过程

一、方案解读（30分钟）

主持人：2022年6月，我区省级课题"指向深度学习的幼儿自主游戏支持策略研究"顺利开题，同年12月，我区被评为大连市"安吉游戏推广实施"工作优秀县区。基于这两项研究工作，我们把"幼儿自主游戏支持策略研究"作为2023年区域"安吉游戏推广实施"研究课题。

通过对幼儿自主游戏的研究，探索基于游戏情境下，教师对幼儿学习行为的支持策略，构建幼儿自主游戏支持策略的评价指标体系，促进幼儿良好学习品质的形成，实现区域教师专业发展水平和区域保教质量的整体提升。

我们将通过文献研究法、调查分析法、观察记录法、案例研究法，面向区域教师开展实践安吉游戏现状调查；聚焦游戏情境，研究教师引发与支持幼儿自我反思的途径与方法；通过撰写回溯性教案，研究教师支持幼儿自主游戏的方法与策略；通过案例分析，研究幼儿自主游戏的教师支持策略的评价指标体系，最终形成调查报告和幼儿自主游戏支持策略研究的论文以及研究报告。

教研活动现场

二、观摩视频（20分钟）

主持人：大连市实验幼儿园在安吉游戏推广实施背景下，自主开展混龄室内外环境创设、自主游戏分享环节教师策略的研究，今天我们共同观摩由教师团队录制的幼儿园室内外混龄自主游戏现场活动视频，展示各类自主游戏开展的现状，呈现幼儿真实的、常态的自主游戏活动现场。

三、案例分享（60分钟）

主持人：我区教师在自主游戏组织与实施的过程中，基于对幼儿的游戏与学习的观察，追随幼儿的成长脚步，通过多种支持策略，支持幼儿深度学习与思考，形成了鲜活生动的案例。

四、专题讲座（40分钟）

案例一：跨海大桥灯光秀（大连市实验幼儿园）

1. 播放游戏视频
2. 游戏片段分享：幼儿加长大桥和给桥安装照路灯

教师A：看到幼儿成功后，我立即组织幼儿进行分享，这样便于幼儿直观地将作品展示给其他幼儿。分享后我鼓励幼儿通过绘画的方式进行记录。当幼儿出现问题时，我们进行了集体讨论。

3. 总结梳理

教师A：教师在自主游戏分享环节采用多种分享形式，适时有效提问，及时引导幼儿自由交流遇到的问题与困惑，基于五大领域提升幼儿游戏经验。

案例二："户外过家家"游戏（西岗区福里幼儿园）

1. 阐述游戏背景
2. 游戏片段分享：三次幼儿游戏现场
3. 总结梳理

教师B：在"户外过家家"游戏中一共组织了3次游戏后分享和1次游戏中讨论。案例中，幼儿在游戏分享环节的经验和思考推动了游戏的深入。幼儿通过自我反思、小组交流、同伴质疑和建议、新材料和新方法的使用、新经验的获得，一步步解决游戏中的问题，从而丰富了游戏体验和游戏内容，拓展了游戏经验，培养了解决问题的思维方式，激发了进一步游戏的欲望。

案例三：小球轨迹的畅想（西岗区第十幼儿园）

1. 片段一：让小球自己滚动起来

教师C：在游戏进程中我与幼儿通过对话分享遇到的问题，帮助他们理清游戏过程关键点。

2. 片段二：让小球更快乐地滚动

教师C：游戏过程中，幼儿积极主动地探索，认真专注地思考，依靠自己的力量得出了"两个支柱之间的距离要刚好让积木片的两头同时搭在两个支柱上，这样轨道面才能顺利连接起来"的宝贵经验。我关注到了幼儿兴趣的聚焦点，延伸了幼儿的深度学习。

3. 片段三：小球轨迹的"私人订制"

教师C：当幼儿在游戏过程中遇到不能解决的问题时，我适时调整了分享的地点，直接回应了幼儿的游戏。

> **案例四：能工"桥"匠（西岗区第十一幼儿园）**
> 1. 片段分享：幼儿在游戏过程中提出了一些问题，如"大桥太窄了没办法来回跑车，怎么能给高架桥加宽呢？""高架桥的拐弯用什么来做呢？""怎样能多一层走更多的车呢？"
> 2. 游戏活动的分享策略
> 教师 D：整个活动我通过四步分享策略，即采用影像复盘式、回忆辩论式、绘画记录式、互动交流式不断支持幼儿深入开展游戏。

区课题组成员、幼儿园园长代表 E：游戏分享源于教师在幼儿游戏中的观察，过程是分享当中教师与幼儿的互相倾听，发展就是教师在分享之后给予幼儿的支持，今天我主要从 5 个方面分享。

（一）自主游戏分享环节的背景与意义

通过访谈调查发现，区域教师普遍存在的问题是游戏主题不知如何持续深度地推进，游戏水平不知如何提高。游戏分享作为游戏组织的三个基本环节之一，是推动游戏深入开展和幼儿深度学习的有效抓手，是教师和幼儿互相倾听游戏故事的精彩时刻，也是教师发现问题，通过有效师幼互动引导幼儿解决问题、深度学习的重要时刻。

（二）自主游戏分享环节理论构塑

问题一：什么是自主游戏分享环节？

游戏分享环节是幼儿自主游戏后在教师的组织引导下，自发地分享讨论他们在游戏中获得的经历、经验、感受、问题的过程，是对游戏的延伸和拓展，是游戏的有机组成部分。

问题二：幼儿回顾游戏过程的整体发展规律是什么？

不同年龄段幼儿回顾游戏过程的发展规律不同，整体来说，随着幼儿年龄的增长由弱到强，由低到高。分享时应了解幼儿的游戏回顾水平，再采取相应的分享形式。

（三）自主游戏分享环节组织与实施策略

问题一：平日游戏分享环节在什么时间组织？

游戏分享环节与游戏的时间间隔越短，幼儿回忆的内容就越多，细节就越丰富，即游戏后立即进行分享是最佳的时机。

问题二：游戏分享组织形式与内容有哪些？

组织形式方面，第一是通过观察了解幼儿自主游戏情况，确定分享内容与交流方式。第二是采用集体、小组和个别交流等方式。小组交流是最佳的，可以是同一小组内部交流，也可以是同一主题游戏小组内部交流。

分享内容方面，第一是幼儿新出现的创意及成功的体验，鼓励幼儿的创造性思维。第二是存在的问题，特别是矛盾的焦点，注重幼儿解决问题能力的培养。第三是要有侧重点，即不同游戏类型要从不同的角度，采用不同的交流方式。

问题三：游戏分享对象如何选择？

选择积极主动想要表达想法的幼儿，也可以选择在游戏中能专注、合作、挑战解决问题的"哇"时刻的幼儿，特别关注在游戏中看上去并不突出的幼儿，积极采取提问、追问、小组讨论等方式帮助其建立游戏经验。

（四）自主游戏分享环节中的师幼互动

第一要树立把游戏权利还给幼儿的理念。第二要学会发现幼儿在游戏中的经验和学习，而不是只看问题或不足，更不要评价幼儿的游戏。比如分享时不是问今天游戏玩得好不好或拿出作品评价，而是在幼儿游戏的过程中，关注"哇"时刻、问题和经验。第三要基于幼儿游戏分享回顾的水平及特点采取有效的支持策略。

（五）自主游戏分享环节与幼儿深度学习

分享人：分享环节是引发和实现幼儿深度学习的首要场景。教师在分享环节中的介入指导和支持也为幼儿思维发展提供了支架，助推幼儿游戏走向深度发展。

专题讲座现场

五、总结梳理（30分钟）

主持人：第一，扣题。今天区域联合教研内容丰富多样，呈现的视频、游戏案例以及专题讲座，都紧扣"分享环节的支持策略"这个教研主题。首先，内容具有适切性，同时多视角、全方位展现当前幼儿园自主游戏实践与研究现状，云观摩让全区教师看到了实验幼儿园各个混龄组正在玩的自主游戏，给大家提供了样例，解决了部分幼儿园不会提供低结构游戏材料、不会规划自主游戏场地、不会打破区域游戏界限等问题。其次，四位老师带来了精彩的自主游戏案例分享，大家基于真实具体的游戏情境，梳理出问题支架，在幼儿将一个一个问题解决的过程中，我们看到了幼儿的主动学习与发展。

第二，聚焦。今天的教研内容聚焦在分享环节的组织上，视频案例和教师发言，向我们展现了幼儿所经历的"计划—做—回顾"的游戏过程。针对如何发挥分享环节价值这个瓶颈问题，进行了难点突破，从中我们明确了分享环节的意义和价值、分享环节的时间安排、师幼分享的关系以及教师的分享策略等关键性问题，分析出教师的支持策略主要有：营造积极主动的分享环境，把幼儿带入问题情境，让幼儿有话可说；提出开放性问题，引导幼儿从不同的角度思考解决问题的方法，让分享更有价值；巧用追问，引发幼儿创造性地运用获得的经验，把游戏不断推向深入。

第三，收获。今天的教研让我们收获满满，既让我们从理论上获得提升，又丰富了实践智慧，特别是课题组成员、幼儿园园长代表带来的精彩讲座，从理论的高度对分享环节的支持方法与策略做了很好的梳理。讲座指出分享应该是一场高质量的师幼互动，教师应捕捉幼儿的"兴趣点"，助推自主游戏主题的产生，拓展游戏内容；发现游戏的"问题点"，引导幼儿反思游戏行为，将个人思维转化成集体共性思维；甄选分享的"价值点"，教师主动抛出话题，引导幼儿将游戏中呈现出来的学习行为再现出来，将深度学习自然嵌入到自主游戏中。

下一步区幼教部将带领大家把分享环节和回溯性备课紧密联系起来，通过回溯性备课研讨会，提升教师的支持与指导能力。

活动反思

一、活动亮点与教研效果

（一）问题聚焦，目标达成

教研内容丰富、紧扣主题，过程服务于目标，安排有序，凸显重点，解决了当前"自主游戏分享环节"流于形式、实效性低的问题，有效地达成了教研目标。

通过案例分享与策略提炼，帮助教师明确自主游戏分享环节的组织与实施策略，以实操案例真实聚焦教师在游戏实践中的观察、分析，游戏过程中的思考和捕捉；把握游戏分享环节中的适宜性策略，帮助教师明确自主游戏的深入实践路径，提升教师支持与指导能力；通过专题培训与专家点评指导，帮助教师梳理安吉游戏本土化推进实践中的理念与思维，提高自主游戏的理论构建能力、实践应用能力，助推幼儿在游戏中的深度学习。

（二）形式多样，多员参与

采用线上线下融合的教研方式，运用网络技术，辐射全区所有幼儿园，共有330名教师参加教研活动，充分调动教师参与教研的积极性、参与度，使教研效果最大化。

教研内容设计层层深入，云观摩展现出优秀园所自主游戏的实践研究成果，为教师提供可借鉴的样例；优秀游戏案例分享，引导教师在真实情景中理解并积累"分享环节的支持策略"；专题培训与专家点评指导，引导教师将积累的感性经验上升为理性认识。

（三）引发思考，指导实践

本次教研，进一步明确了分享环节的时长、流程、内容的捕捉点等内容，紧扣主题，引发教师深度思考，促使教师在日后的探索中总结更多的典型做法，让教师在游戏中、游戏后走近幼儿、读懂幼儿和支持幼儿。同时，正确处理好自主性游戏中的各种关系，提高游戏活动的质量，切实提升教师的课程设计与实施能力。

二、不足之处与下一步改进措施

没有充分调动线上与线下教师共同参与互动交流，也没有促进教研经验拓展与延续，是本次活动需要关注的部分，也是整个教研过程的不足之处。因此，在下一步的计划和活动中，我们将着重关注线上线下教师的互动、交流、答疑、思维碰撞，将对更多关于分享环节组织与实施的策略及深入推进自主游戏的路径进行梳理提升，帮助全体教师在教研中思考、在思考中推进对幼儿自主游戏的研究，探索基于游戏情境下教师对幼儿学习行为的支持策略，构建幼儿自主游戏支持策略的评价指标体系，实现幼儿良好学习品质的形成以及区域教师专业发展水平和区域保教质量的整体提升。

室内自主游戏中环境创设和材料投放的策略

大连市沙河口区教师进修学校　尹晓杰

为推动安吉游戏和《评估指南》在我区推广实施,切实解决我区幼儿园在组织开展安吉游戏中面临的关于环境创设和材料投放方面的问题与困惑,区学前研训部将"室内自主游戏中环境创设和材料投放的策略"作为本次区域教研活动的主题,希望大家通过现场观摩、分组研讨、专业引领等多种教研方式,梳理总结出操作性强的有效策略,做好教研经验的园本化实践研究,切实提升幼儿园自主游戏环境创设和材料投放的水平。

活动方案

教研主题	室内自主游戏中环境创设和材料投放的策略		
教研时间	2023年5月9日 （星期二 9:00—10:40）	教研地点	沙河口区爱儿坊兰亭山水幼儿学苑会议室
主持人	尹晓杰	参加对象	区安吉游戏推广实施成员 幼儿园业务园长及教师代表
教研背景	《评估指南》中指出："因地制宜为幼儿创设游戏环境，提供丰富适宜的游戏材料，支持幼儿探究、试错、重复等行为……玩具材料种类丰富，数量充足，以低结构材料为主，能够保证多名幼儿同时游戏的需要。"《评估指南》对幼儿园组织开展教育活动的环境创设和材料投放提出了明确的要求。 区学前研训部通过实地调研、问卷调查等多种调研方式，发现区域内幼儿园在实践安吉游戏过程中还存在"幼儿园环境创设重于形式""材料投放数量不多、种类不丰富、收纳不科学""教师对幼儿游戏的支持策略探索不够""教师没有结合园所实际和幼儿发展需要对安吉游戏进行本土化、园本化研究"等问题，这些都影响了安吉游戏的深入开展。 为了贯彻落实《评估指南》中对环境创设和材料投放的相关要求，切实解决区域幼儿园在开展安吉游戏中的问题与困惑，区学前研训部将"室内自主游戏中环境创设和材料投放的策略"作为本次区域教研活动的主题。		
教研目标	1.通过现场观摩，帮助教师了解幼儿园室内自主游戏环境创设和材料投放的有益经验，引发教师对环境创设和材料投放策略的有效思考。 2.通过问题研讨、专业引领，帮助教师梳理总结室内自主游戏中环境创设和材料投放的有效策略。		
教研准备	一、精神准备 1.与安吉游戏相关的教师调查问卷及结果分析。 2.进行安吉游戏线上主题教研及专题培训，学习《评估指南》中对环境创设和材料投放的要求。		

（续表）

教研准备	二、物质准备 1. 教研所在幼儿园小、中、大班室内自主游戏活动现场。 2. 签到表、参研教师观摩用表、小组研讨记录纸。 3. PPT、多媒体设备。
教研形式	现场观摩、互动研讨、总结提炼
教研过程	一、游戏导入，明确任务（9:00—9:10） 主持人介绍活动内容，组织开展破冰游戏，引导教师明确教研目标，增强参研兴趣，完成互动研讨环节的分组和小组成员任务分工。 二、现场观摩，深入思考（9:10—9:40） 主持人请承担此次教研活动的幼儿园园长介绍本园自主游戏开展经验，组织参研教师观摩小、中、大班室内自主游戏活动现场，完成观摩用表的填写，增加教师对室内自主游戏中环境创设和材料投放的感性经验。 三、思辨研讨，畅所欲言（9:40—10:00） 主持人组织教师围绕两个核心话题进行分组思辨研讨，梳理本组观点并及时记录，激发教师对室内自主游戏中环境创设和材料投放策略的思考。 核心话题： ★依据《评估指南》，请举例说明幼儿园中哪些环境创设及材料投放为幼儿自主游戏提供了有效的支持。 ★谈谈您对自主游戏环境创设和材料投放的一些思考和建议。 四、广集众智，引领提升（10:00—10:40） 主持人组织各组进行汇报交流，总结提炼小组发言，开展专题讲座《室内自主游戏中环境创设和材料投放的策略》，并布置教研作业，引导教师进一步明确室内自主游戏中环境创设和材料投放的有效策略，以及后续在园内开展相关实践工作的要求。 教研作业： ★结合幼儿园实际开展二级园本教研活动，对环境创设及材料投放开展实践工作。 ★以游戏材料的运用为出发点，形成游戏案例。
预期成果	1. 梳理总结幼儿园室内自主游戏中环境创设和材料投放的策略。 2. 形成以游戏材料运用为出发点的自主游戏活动案例。

活动纪实

教研过程

一、游戏导入，明确任务（10分钟）

主持人：请各位老师选取一个纸杯，根据纸杯颜色分组，组内运用纸杯合作或独立完成一个游戏。游戏形式可以是创编游戏，也可以是传统游戏。

主持人：大家用纸杯开展了不同的游戏，有音乐律动、益智纸杯棋、纸杯手工作品等，让我们体验到了材料在游戏中的"快乐能量"是无穷的。现在请大家观察手中纸杯的标记，明确各自的小组分工。

组内分工示意图

纸杯标记	小组职务	任务
☆	组长	带领组员思辨、提炼研讨结果
□	发言人	代表小组发表观点
△	时间控制人	控制小组研讨时间
○	记录员	记录小组研讨观点

主持人介绍游戏玩法　　　　教师参与游戏活动

二、现场观摩，深入思考（30分钟）

主持人：爱儿坊兰亭山水幼儿学苑在进行自主游戏实践研究过程中，通过问题研究、实践操作取得了阶段性成果，请园长进行经验介绍。

园长：自《评估指南》颁布以来，幼儿园围绕与教师紧密相关的关键指标如"生活照料""活动组织""师幼互动""家园共育""玩具材料""专业发展"等进行解读和学习，并引导教师在游戏实践中对照关键词与教育行为，内化《评估指南》的课程理念。幼儿园聚焦实践开展了一场游戏环境革命，引领教师注重幼儿行为的观察和解读，探索环境创设和材料投放的有效途径、策略，打造一个真游戏的幼儿乐园。

主持人：爱儿坊兰亭山水幼儿学苑聚焦实践中幼儿园环境创设和材料投放的具体做法，为我们提供了可借鉴的宝贵经验。接下来请各位老师观摩幼儿园自主游戏活动现场，并完成观摩用表的填写。观摩时间30分钟，观摩结束后，各位老师回到会议室准备研讨。

参研教师进行现场观摩

三、思辨研讨，畅所欲言（20分钟）

主持人：请各研讨小组围绕核心话题进行研讨，共同梳理本组思辨后的观点，将小组研讨结果进行梳理记录，呈现在小组记录纸上。

核心话题：

1. 依据《评估指南》，请举例说明幼儿园中哪些环境创设及材料投放为幼儿自主游戏提供了有效支持。

2. 谈谈您对自主游戏环境创设和材料投放的一些思考和建议。

四、广集众智，引领提升（40分钟）

（一）集体交流，总结梳理

主持人：请各组发言人分享小组研讨结果，相同观点不必重复阐述，着重提出不同观点。

蓝组发言人：

1. 游戏空间开放、材料丰富。自主游戏打破区域的界限，使环境空间成为幼儿游戏、探索、交流的空间，活动室、走廊、窗台、墙面处处都是幼儿探究、游戏、创作、表达的痕迹；以材料类型及幼儿兴趣、能力为依据创设各种材料主题下的游戏场所，游戏材料投放的种类丰富、数量充足，理念符合《评估指南》A3教育过程B7活动组织第21条考查要点所指出的"以游戏为基本活动,确保幼儿每天有充分的自主游戏时间,因地制宜为幼儿创设游戏环境,提供丰富适宜的游戏材料,支持幼儿探究、试错、重复等行为,与幼儿一起分享游戏经验"和A4环境创设B10、B11指标要求。

2. 材料不是教师根据单方面的预设投放的,而是基于教师对幼儿年龄特点、能力、兴趣、游戏需求的把握而科学适宜投放的。建议教师在丰富材料的同时多提供低结构、生活类、生态化的材料。

主持人小结：这所幼儿园处处是幼儿游戏的环境,满载着幼儿的游戏材料和表征,这样的环境无疑为幼儿提供了更多的发展可能。

黄组发言人：

1. 幼儿自主参与环境创设。环境中材料标记、生活要求等都是幼儿依据自己的经验设计呈现的,虽然幼儿笔触稚嫩,画风充满童趣,但其中体现了教师对幼儿的尊重和信任,体现了"幼儿是环境的主人"的课程理念,符合《评估指南》A3教育过程B8师幼互动第26条"支持幼儿自主选择游戏材料、同伴和玩法,支持幼儿参与一日生活中与自己有关的决策",同时也体现了《评估指南》中幼小科学衔接的内容。

2. 环境是游戏活动及教育活动的延伸,环境与幼儿互动共生。幼儿园中节气故事绘画作品墙、音乐故事墙、绘本故事墙,为幼儿提供想象、创作、理解、表达的机会。我们组提出一个问题：二维码心情故事是否真正能为幼儿游戏提供支持？希望与大家进行讨论。

主持人小结：刚才黄组从支持幼儿参与游戏和制订活动规则的角度,赞同幼儿在环境中自主参与的做法,同时引发二维码心情故事的话题讨论,请大家谈谈自己的看法。

发言人A：不支持,环境创设形式大于作用,对幼儿游戏没有积极支持作用。

发言人B：支持,二维码心情故事可以帮助教师回忆幼儿的游戏行为,从而对幼儿行为进行分析。

主持人小结：两位教师的观点都有道理。二维码心情故事在游戏活动中起到观察工具的作用,用短视频记录幼儿生活游戏的真实画面,有助于教师对幼儿的行为进行观察分析,同时帮助来访者如家长、观摩者,了解幼儿在幼儿园生活及游戏的真实情况。但是不能因为二维码是新鲜事物且操作简单便捷而过度使用,否则会削弱教育的功能及价值。

白组发言人：

1. 我组认为幼儿园教师特别注重幼儿自主表征的环境创设。一方面,幼儿园在环境中为幼儿创设表征的条件,如在各个场地提供可以进行绘画记录的笔、纸、桌、椅,方便幼儿随时将想法绘画、记录下来。另一方面,教师特别关注对幼儿表征的再整理和运用。首先是利用表征梳理游戏的逻辑,将表征布置在相应的游戏环境中，使表征与幼儿互动。其次将幼儿表征进行整理形成幼儿游戏故事，帮助幼儿回忆、巩固、分享游戏经验和成果，这也符合《评估指南》A3教育过程B8师幼互动第27条"认真观察幼儿在各类活动中的行为表现并做必要记录，根据一段时间的持续观察，对幼儿的发展情况和需要做出客观全面的分析，提供有针对性的支持。不急于介入或干扰幼儿的活动"以及第28条"重视幼儿通过绘画、讲述等方式对自己经历过的游戏、阅读图画书、观察等活动进行表达表征，教师能一对一倾听并真实记录幼儿的想法和体验"等指标。

2. 教师关注幼儿在游戏中的行为和话题，比如通过投票给饲养角的小宠物起名字，讨论测量植物的工具，猜想植物果实的加工过程等。

主持人小结：通过观摩自主游戏，我们真实感受到幼儿园的实践做法，以幼儿为本，注重自主游戏中表征环境的创设，关注幼儿游戏中的行为和话题，为幼儿提供游戏支持，满足幼儿学习与发展的需要。

教师分享自己的观点

（二）专题讲座，理念提升

主持人：大家分享的观点很精彩，为幼儿园今后的自主游戏开展提供了宝贵经验，现在进行《室内自主游戏中环境创设和材料投放的策略》专题讲座，帮助大家进一步归纳梳理幼儿园室内自主游戏中环境创设及材料投放的原则和策略。

主持人布置作业

（三）布置作业，明确方向

主持人：为了延伸本次教研的成果，请各幼儿园基于园本实际完成以下工作：

1. 结合幼儿园实际开展二级教研活动，对本次教研活动梳理总结的室内自主游戏中环境创设和材料投放的策略进行园本化实践研究。

2. 以游戏材料的运用为出发点，各园撰写 1~2 个自主游戏案例。

附录

附录1：环境及材料在室内自主游戏中的创设和应用观察用表

问题	思考
1. 请举例说一说幼儿园中哪些环境创设及材料投放为幼儿自主游戏提供了有效的支持，并从《评估指南》中找到依据。	
2. 谈谈您对自主游戏环境创设和材料投放的一些思考和建议。	

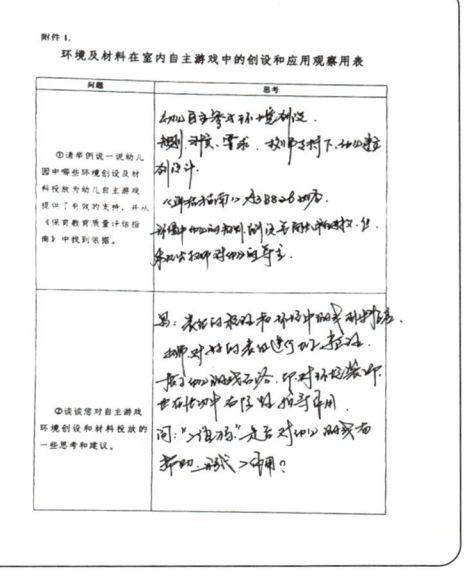

附录2：小组研讨记录

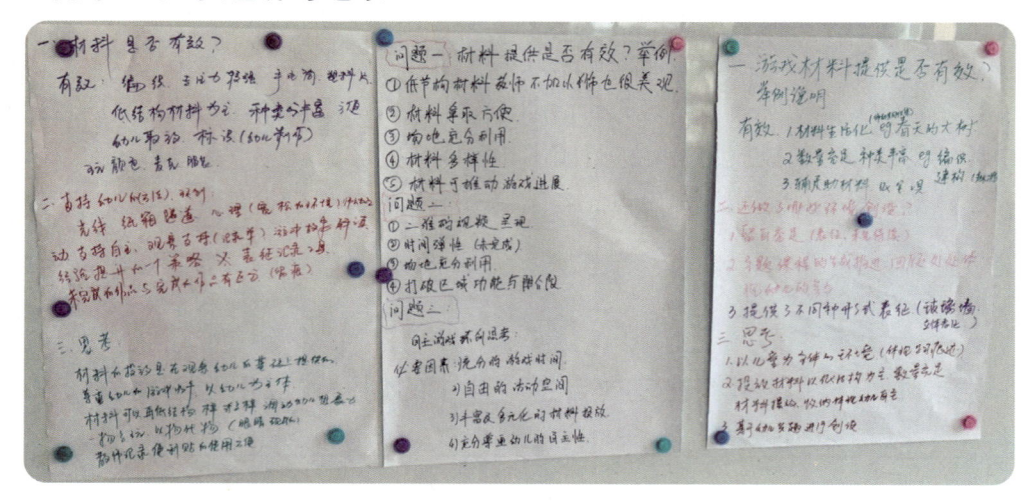

活动反思

本次教研活动以问题性、引领性、实战性、开放性为原则，实地观摩幼儿园游戏环境和幼儿游戏活动现场，探讨环境及材料在室内自主游戏中的创设和应用。通过园际联动、示范辐射、共同体研究等途径帮助教师聚焦真问题，解决真困惑，形成适宜的环境创设和材料投放策略，更有效地指导区域内项目组幼儿园基于园本实际开展自主游戏实践研究工作。

一、活动亮点

（一）任务驱动，聚焦问题

通过调查问卷、访谈和现场调研等形式面向全区开展调研，关注以教师专业成长为前提的教育实践中的真问题，在真实的游戏场景中把脉诊断，确定符合区域实际的教研主题，聚焦问题，明确教研目标，保证教研活动扎实有效开展。

（二）知行合一，磨砺以须

精心筹备、策划，为有序开展教研工作做好准备。线上主题教研及专题培训梳理了自主游戏的相关理论，有助于教师转变观念。通过理论学习和实地调研搜集了与教研主题相关的理论资料和实际素材（包括各幼儿园开展自主游戏的环境照片、视频、游戏案例等），这些教研资源为教研活动最后的引领提升提供依据和支撑。基于教研主题，围绕待探讨、待解决的教研问题设计了观摩记录单、研讨表等教研工具，为现场研讨提供了可识别读取的工具。教研场地、设备和各环节工作在教研前进行了规划、设计和准备，保证教研活动的顺利完成。

（三）锚定目标，深耕思研

教研活动共分为游戏导入，明确任务；现场观摩，深入思考；思辨研讨，畅所欲言；广集众智，引领提升四个环节。各环节递进式、环绕式展开，聚焦问题，注重实效，园际协作资源共享，参研教师整体推进。

1. 团队破冰，点燃教研热情

组建教研小组，明确组内成员分工、职责，营造成员之间熟悉、信任、融洽的氛围。纸杯的多样玩法指向教研主题，引发了成员对生活用品类低结构材料玩法的思考，激发了教师参与教研活动的热情。

2. 提供现场，引领问题研讨

开放游戏现场，为幼儿园提供辐射、引领、展示的机会。参研教师观摩、感受、体验、思考核心话题，习得幼儿园室内自主游戏中环境创设及材料投放的有益经验和有效做法。在互辩研讨中，参研教师的建议也为幼儿园今后开展自主游戏提供了新的方法和途径。

3. 共同体研究，碰撞智慧火花

围绕教研主题，参研教师思辨、互助，共同解决教育实践问题。参研教师辩论、分享、合作，最后达成研究共识，基于对幼儿年龄特点的了解和对日常游戏活动的观察，总结提炼出环境创设和材料投放的方法及策略，促进教师专业化成长。

4. 专业引领，解决实践问题

理论与实践对话，以专业理论及核心经验为基础将研讨后得出的观点进行整理和提升，形成自主游戏中环境创设和材料投放的基本原则、方法和策略。布置教研作业，开展二级园本教研活动及实践工作，以游戏材料为出发点组织教师撰写游戏案例，使教研活动得到延伸，具备纵深、可持续的影响。

此次教研活动注重教研目标人本化，即通过前期调研，了解教师实践中的困惑，制订教研目标；教研内容综合化，即突破以往过多注重理论指导的片面性，更关注教师基本教育观念的重塑和核心能力的提升；教研方式多样化，即通过经验分享、互助合作、观摩研讨等形式突出教研活动的操作性和体验性。在整个教研过程中，教师将教育理论与实践紧密结合，解决了教育实践中的真问题，为各园教师进一步研究提供了更多的支持，促进了教师的专业成长。

二、存在问题及下一步打算

教研活动虽已完成既定目标，然而我们发现区域内各成员园协作互助的教研能力还需进一步提高，主要表现在区域内各幼儿园业务管理者、教师业务水平参差不齐，自主游戏的研究实践工作存在刚刚起步或与实践有偏差的现状，个别教师由于教研经验不足，在教研活动中不主动发表观点和意见，缺少与其他参研教师的互动。为此，我们将从区域角度出发，完善教研机制和制度，通过成员园间结对互助、教师交流、经验分享、工作坊研究、园内二级教研等途径，将优质园的研究经验及成果传递到薄弱园及每个教师个体，把教师教育、幼儿园发展与项目园教研紧密结合，使项目组各园形成研究共同体，项目组成员园不脱离项目组，共同分析实践困惑，解决实践问题，实现高质量发展。

师幼互动中教师的支持性表现
——以自主游戏为例

大连市甘井子区教师进修学校　宋军

为推进我区安吉游戏推广实施研究工作的深入开展和《评估指南》在各级各类幼儿园的贯彻落实，我区以自主游戏中的师幼互动为研究切入点，通过开展问卷调查，梳理总结了广大教师在师幼互动中遇到的具体问题。今天我们聚焦"师幼互动中教师的支持性表现"，组织开展本次区域教研活动，希望通过现场观摩、分组研讨、专题讲座等多种教研形式，帮助大家梳理总结教师有效支持的表现和方法，从而提升自主游戏中的师幼互动质量。

活动方案

教研主题	师幼互动中教师的支持性表现——以自主游戏为例		
教研时间	2023年5月25日（星期四 8:30—11:30）	教研地点	大连市甘井子区教育局枫丹丽城幼儿园会议室
主持人	宋军	参加对象	全区四星级、五星级幼儿园业务园长、保教主任
教研背景	《评估指南》中明确提出了"教师保持积极乐观愉快的情绪状态，以亲切和蔼、支持性的态度和行为与幼儿互动，平等对待每一名幼儿。幼儿在一日活动中是自信、从容的，能放心大胆地表达真实情绪和不同观点"等7个师幼互动考查要点，对教师在教育过程中科学开展师幼互动提出了明确的要求。 结合安吉游戏推进实施方案，区幼教部围绕"自主游戏中教师的支持行为"，面向全区各级各类幼儿园开展抽样调查，发现教师在师幼互动中存在较多的问题，主要表现在：不敢放手，对幼儿的担心大于信任；过于放手，心中没有目标，对自主游戏的内涵认识不清晰；缺乏耐心和等待，不给幼儿思考的时间；为了倾听而倾听，为了记录而记录，没有认识到倾听对了解、分析、支持幼儿的价值…… 为了有效推动《评估指南》和安吉游戏在全区幼儿园的推广实施，切实解决教师在"师幼互动中如何有效支持幼儿开展自主游戏"方面的问题与困惑，区幼教部将"师幼互动中教师的支持性表现——以自主游戏为例"作为此次区域教研活动的主题。		
教研目标	1.通过现场观摩、分组研讨，引导教师梳理总结师幼互动中教师的支持性表现。 2.通过梳理总结、理论提升，帮助教师明确师幼互动中教师落实支持态度、支持行为的方法。		
教研准备	一、精神准备 1.围绕"自主游戏中教师的支持行为"开展问卷调查与分析。 2.重温《指南》五大领域幼儿发展核心经验、《评估指南》B8师幼互动7个考查要点。		

教研准备	二、物质准备 1. 签到表、个人观摩记录单、小组研讨交流记录单、小组汇报汇总记录单。 2. PPT、多媒体设备、参研教师个人观摩所需的电子设备。
教研形式	现场观摩、分组研讨、总结提炼
教研过程	一、活动介绍（8:30—8:40） 1. 主持人介绍本次教研活动背景及目的，反馈前期调查问卷结果，介绍本次教研活动流程，引导教师明确教研方向，激发教师教研兴趣。 2. 枫丹丽城幼儿园业务园长介绍幼儿园自主游戏开展情况及本次教研所观摩的室内外自主游戏情况，为下一步的游戏观摩奠定良好经验基础。 二、现场观摩（8:40—10:00） 1. 引导教师自主选择观摩室内外自主游戏，填写个人观摩记录单，引发教师对支持性表现的思考。 2. 室内外自主游戏组织者结合《评估指南》中师幼互动考查要点进行自评和反思，进一步激发教师对支持性表现的思考。 三、分组研讨（10:00—10:45） 教师结合个人观摩记录单，围绕以下问题进行分组研讨和组间交流： 1. 幼儿游戏行为的表现有哪些？ 2. 教师游戏支持性表现有哪些？ 3. 支持性表现的属性有哪些？ 四、理论提升（10:45—11:25） 主持人梳理总结小组研讨汇报内容，开展专题讲座《师幼互动中教师支持性表现的指导》，帮助教师明确师幼互动中教师支持的表现样态以及落实支持态度和行为的方法。 五、活动小结（11:25—11:30） 主持人总结本次活动，布置教研作业，明确下一步教研方向。
预期成果	1. 梳理总结师幼互动中教师的支持性表现。 2. 梳理总结师幼互动中教师落实支持态度和支持行为的有效方法。

活动纪实

教研过程

一、活动介绍（10分钟）

主持人：通过调研，我们发现师幼互动是教师组织开展自主游戏的焦点问题。为了精准解决大家在师幼互动方面存在的具体困惑，我们结合《评估指南》中师幼互动的7个考查要点，锁定"教师的支持"作为研讨问题点，抽取区域各层面幼儿园，下发了关于"自主游戏中教师的支持行为"的调查问卷，大家手中的调查问题汇总表是我们前期调研和问卷调查的问题反馈汇总。我们通过分析发现，大家在教师的支持方面的问题主要表现为：教师不知道什么样的行为是支持，什么时候提供支持，给予怎样的支持，支持和帮助之间的度如何把握。为了有效解决上述问题，我们通过今天的教研活动一起来分析"自主游戏背景下师幼互动中教师的支持性表现及落实教师支持的有效方法"。

主持人：下面先请枫丹丽城幼儿园业务园长对幼儿园自主游戏开展情况以及今天开放的室内外游戏活动做简单介绍和说明。

业务园长A：我们幼儿园分"从户外自主游戏入手""室内自主游戏开展""一日生活自主游戏精神落实"三个阶段推广实施安吉游戏，现阶段我园在不断完善室内外自主游戏的基础上，正在向第三个阶段迈进。为了最大程度地优化幼儿游戏空间，幼儿园自主游戏都是室内外同时开展的，今天我们所呈现的就是中、大班幼儿的户外自主游戏和小班幼儿的室内自主游戏。

二、现场观摩（80分钟）

主持人：大家可自选观摩的游戏类型和班级，有三点观摩要求：一是对幼儿游戏表现、师幼互动中教师的支持性表现做持续观察；二是结合自己的观察，认真填写个人观摩记录单，记录方式可以多元化；三是观摩时，不要干扰组织教师和幼儿的正常活动。

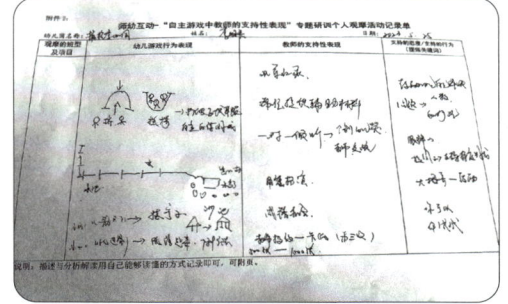

教师填写的个人观摩记录单（抽样）

主持人：下面请室内外自主游戏的组织教师代表结合《评估指南》中师幼互动的考查要点，围绕本班幼儿的游戏行为、教师给予的支持、教师支持的效果，对自己组织的游戏活动进行反思。

室内自主游戏组织教师代表B：在生成性主题活动"奇妙纸世界"中，幼儿尝试用卡纸进行第三次搭建游戏时，我对幼儿的游戏支持主要有：在材料和环境方面，投入充足卡纸，鼓励幼儿寻找大的场地进行搭建；在时间方面，保证游戏时间不少于1小时；在情绪情感方面，幼儿沮丧时进行鼓励，成功时用微笑、赞许的眼神分享幼儿的喜悦；在介入方面，做一个观察者，给幼儿试错的机会，面对不同情况，给予幼儿适宜支持，让幼儿自主解决问题，例如幼儿发生争执，我提出启发性问题，幼儿向我寻求帮助，我鼓励幼儿寻求材料和同伴的帮助等；在经验分享方面，通过绘画、拍照等不同的表征方式，采用小组、集体、个别分享的形式，推动幼儿在分享环节的学习与发展。

户外自主游戏组织教师代表C：在生成活动"搭亭子"中，我鼓励幼儿自主选择游戏材料、同伴和玩法，尊重幼儿的游戏意愿；我用肯定的手势和表情调动幼儿愉悦的情绪、激发幼儿游戏的兴趣；当幼儿找不到亭子倒塌的原因时，我没有马上介入，而是耐心观察幼儿的表现，当发现他们确实要放弃游戏时，我以合作者的身份，引导幼儿通过观察图片找到搭建的规律，从而完成作品搭建，体验成功的喜悦。

三、分组研讨（45分钟）

主持人：分组研讨之前，提三个研讨要求。
1. 教师结合个人观摩的游戏情况，对个人观摩记录单的内容进行补充完善。
2. 小组同伴从"幼儿游戏行为表现""教师游戏支持性表现""支持性表现的属性"三个方面进行分享交流，对有疑义的问题展开互动研讨。

3. 每组请一位教师对本组交流研讨的内容进行梳理、汇总并记录在小组记录单中，记录时可用本组能够看懂的方式或以关键词的形式记录。

主持人：现在请各组派一名教师分享本组的研讨结果，各组之间可以相互补充，记录员在小组汇报汇总记录单上做好记录。

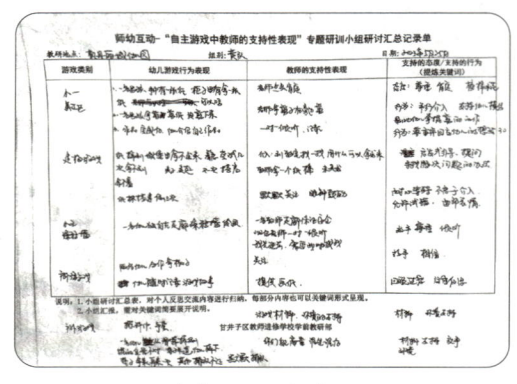

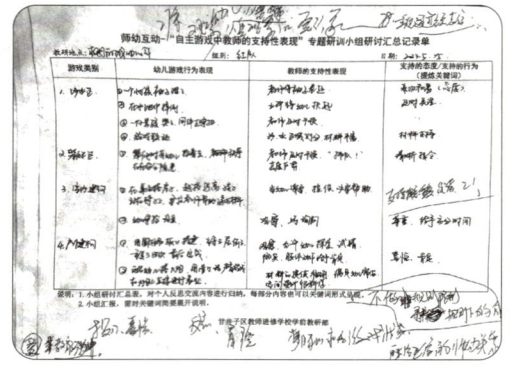

黄色组记录单　　　　　　　　　　　红色组记录单

"师幼互动中教师的支持性表现——以自主游戏为例"
专题教研各组研讨观点梳理记录单

支持性表现（支持的态度/支持的行为）关键词	幼儿的游戏行为	教师的支持性表现
支持的态度： 　信任 　尊重 　放手 　倾听 　鼓励	1. 询问教师是否可以取纸张，教师点头认可。 2. 想要用剪刀，但是不会使用，教师在旁边示范。 3. 纸张掉到缝隙里，捡拾失败后，经询问教师，使用夹子再次尝试。 4. 搭建纸杯倒了三次，邀请更多同伴一起搭建。 5. 独自在走廊涂鸦。 6. 玩滑梯。 7. 搭建不顺利，重新尝试，需要帮助。 8. 不说话。 9. 遇到争执，自己解决。	1. 点头认可。 2. 平行介入，一起操作。 3. 倾听记录，回应想法，眼神鼓励，提示引导，转变思路。 4. 启发式引导、提问，提供支持性材料，给予试错机会。 5. 耐心等待，表情支持鼓励。 6. 没有制止，眼神鼓励继续尝试。 7. 开放性语言支持继续搭建，识别有效学习。 8. 观察不干扰，尊重幼儿意愿。 9. 取走危险性材料，没有干扰幼儿。 10. 回应幼儿，尊重选择。 11. 守护幼儿，尊重个体差异，给予适当帮助。

（续表）

支持性表现（支持的态度/支持的行为）关键词	幼儿的游戏行为	教师的支持性表现
情绪情感支持： 　　微笑 　　点头 　　肯定 　　耐心等待 支持的行为： 　　提供材料 　　提问支持 　　时间支持 　　空间支持 　　同伴互动 　　提供情境 　　环创留白 　　观察幼儿 　　连续记录	10. 餐桌满了，继续摆，拿走别人的东西。 11. 户外游戏爬得高。 12. 沙水游戏，阻挡水流，寻求帮助。 13. 沙水池讨论建水池，砖垒水池，漏水，修补沙水池。 14. 小树屋游戏，幼儿害怕，鼓励后尝试。 15. 滑梯，出现问题。 16. 玩水，背带裤掉了。 17. 够不着用椅子，其他幼儿模仿。 18. 角色区医院，小动物手术，食物中毒，术前准备，语言和情节丰富。 19. 皮亚杰游戏，验证结果是否正确。 20. 剪纸游戏，剪出完整画面。 21. 圆柱形积木多次倒塌。	12. 商量，肯定幼儿，鼓励幼儿自己解决问题。 13. 持续观察，动作、眼神支持。 14. 一对一沟通，言语和精神支持，拍肩膀。 15. 追问出现问题的原因，现场提问，思想建构，同伴示范，向榜样学习，增加经验。 16. 分工明确，发现幼儿需要，帮助解决困惑。 17. 用眼神提示可以使用的工具。 18. 行为上提供材料支持，态度上尊重。 19. 问题启发，利用材料隐性指导，尊重个体差异。 20. 提供接触自然的情境，激发幼儿学习和探索的兴趣。 21. 符号标注。 22. 营造一个轻松的氛围。 23. 使用观察工具，观察幼儿的习惯和行为。 24. 规则之下开展游戏。

四、理论提升（40分钟）

主持人：通过组内研讨和组间交流，我们总结分析出教师的支持性表现样态有放手、尊重、信任、相信、关爱、微笑、提问、提供材料、空间支持、抚摸、语言支持、观察……通过进一步分析，这些支持性样态包含两个维度，分别是支持的态度和支持的行为。有的教师支持性表现既是态度又是行为。支持性的态度和支持性的行为二者是相辅相成，相互依存，密不可分的。

主持人：《评估指南》中明确指出师幼互动所包含的考查要点是："教师保持积极乐观愉快的情绪状态，以亲切和蔼、支持性的态度和行为与幼儿互动，平等对待每一名幼儿。幼儿在一日活动中是自信、从容的，能放心大胆地表达真实情绪和不同观点。"由此可见，师幼互动中教师的支持不仅要有支持的行为，还要有支持的态度。那么，教师在师幼互动中如何落实支持的态度和行为呢？我将为大家带来专题讲座《师幼互动中教师支持性表现的指导》。

教师在落实支持的态度时，可以从四个方面入手：一是学会等待，给予幼儿思考的支持；二是学会信任，给予幼儿精神的支持；三是学会尊重，给予幼儿心理的支持；四是学会悦纳，给予幼儿情感的支持。我们每天都在与幼儿的互动中度过，教师的情绪情感、行为方式无时无刻不在影响着幼儿的发展。因此，我们不但要接纳幼儿，更要以积极乐观愉快的情绪、亲切和蔼支持的态度和行为悦纳幼儿。

教师在落实支持的行为时，可以从三个方面入手：一是掌握核心经验以及观察要点，提供有支架的支持；二是关注幼儿游戏开始、游戏过程和游戏结束的表现，提供有效的支持；三是重视幼儿游戏中或游戏后的分享，提供深度的支持。

五、活动小结（5分钟）

主持人：在本次教研活动中，我们通过观摩游戏和分组研讨交流，从支持性的态度和支持性的行为两个维度共同梳理了教师的支持性表现样态，并通过理论引领明确了在游戏中落实支持性态度和行为的具体方法。我们要将支持性的态度和行为融会贯通在幼儿一日生活的各个环节中，为教师评估自身的师幼互动行为提供科学依据。回到幼儿园，各位业务园长和保教主任要将今天教研的内容在幼儿园通过多种形式进行辐射，与教师在实践中操作落实，再次发现问题、解决问题。

附录

附录1：调查问卷及分析汇总表

关于"自主游戏中教师的支持行为"的调查问卷

幼儿园名称：　　　　　　　　　填写人姓名：

一、调查背景

为了全面贯彻落实《指南》《评估指南》文件精神，各幼儿园都已开展在一日活动中贯彻落实《指南》及《评估指南》的研究，坚持"以游戏为基本活动"的理念，转变教师的儿童观、游戏观和课程观，优化游戏环境创设，放手支持儿童的自主游戏，不断提高教师观察与指导、倾听与记录能力。《评估指南》A3教育过程包含B7活动组织、B8师幼互动、B9家园共育三项指标17个考查要点，旨在落实以游戏为基本活动的要求，促进师幼有效互动，构建家园共育机制，促进幼儿身心全面发展。其中"师幼互动"关键指标包含了7个考查要点，大家仔细阅读，理解其内涵，会发现每一条都是落实《指南》的关键点，是建立新型师幼关系、提高教师专业能力、促进保育教育质量提升的指导要点。在一日活动中，师幼互动质量提升了，那么我们所提出的科学保育教育也就会落地见效。

作为业务园长，要能够通过对班级连续性的自然观察，了解班级教师师幼互动的情况，发现教师支持幼儿学习的有效行为，同时，也能够真实掌握师幼互动中教师支持行为所表现出来的问题和困惑。

鉴于此，我们以"自主游戏的组织与实施"为切入点，业务园长深入班级跟踪观察，对本园教师在自主游戏中的支持行为存在的问题和困惑进行调查。

二、跟踪观察时限

4月27日—5月10日（至少一周）

三、调查问题及困惑梳理（汇总提炼，可附页）

注：调查结果请于5月10日16点前提交至××××@qq.com。

甘井子区教师进修学校学前教研部
2023年4月26日

"自主游戏中教师的支持行为存在的问题与困惑"调查结果汇总表

类别	存在的问题	引发的现象
理念方面的问题	1. 不放手，对幼儿的担心大于信任。过于放手，心中没有目标。	认为只有教师组织才是活动，只有教师出现才是教育，只有教师指导幼儿才能学会。
	2. 缺乏耐心和等待，不给幼儿思考的时间，不允许幼儿"慢吞吞"，"见不得"幼儿出现错误。	游戏一开始教师马上扎进幼儿中间，向幼儿咨询，与幼儿交流。游戏中幼儿出现困难、问题、疑点，教师的身影主动出现，甚至伸手帮助改变。
倾听方面的问题	为了倾听而倾听，为了记录而记录，没有认识到倾听对了解幼儿、分析幼儿、支持幼儿的重要意义和价值。	倾听、记录幼儿的表达表征成为一种形式、一种负担，幼儿不得不表征，教师不得不记录，甚至把幼儿表达表征后的作品放在一旁，就算完成任务。
观察方面的问题	1. 观察时，眼里无光、脑中无形、心中无事。	不知道看什么，茫然、盲目，即使是看，也不清楚看的目的是什么，不明了所看到现象的原因是什么。
	2. 不能及时捕捉游戏中偶发的教育契机，不能及时抓住幼儿感兴趣或者有意义的问题。	教师对一天的保教工作重点、要点，每一个环节要做什么、怎样做、做到什么程度，心中没有目标，发现不了某些环节幼儿存在的问题。
认知方面的问题	1. 对幼儿的表达回应单一，重复幼儿观点，下结论式反馈、总结性陈述，就事论事，没有找到引发、激发或推动幼儿进一步学习的支点。	对于幼儿的交流分享，教师的回应匮乏，多是重复幼儿的表述，或是以"噢""嗯""你真棒""你真聪明"等回应幼儿。通过交流，幼儿既没有得到认知上的提高，也没有新经验的积累，更没有继续思考和探究的愿望。
	2. 对幼儿跑偏的交流分享，教师要么无目的地顺应，要么不得已打断或结束。	教师自身的理论素养不够高，专业能力不够强，在实施主题教育前，对主题相关内容了解太少，应变能力不够。

(续表)

类别	存在的问题	引发的现象
指导方面的问题	1. 因个体差异，有的幼儿能衍生出很多的问题，与教师的互动多，获得教师的支持就多；有的幼儿则比较沉默，这样的幼儿会被教师忽视。	教师的关注更容易被出彩的、已呈现的成果吸引，而内敛、行动较慢、不断尝试的幼儿往往容易被教师忽视。
	2. 提供的材料满足不了幼儿发展的需求。	区域材料静态的多，动态的少；知识性材料多，基础性材料少；一次性操作材料多，创造组合性材料少。
	3. 对介入的时机、介入的目的、介入的结果，心里没有方向。	有的教师始终在游戏中，不停地与幼儿交流；有的教师游离在游戏之外，无所事事。
	4. 对幼儿的游戏需求，不能恰当地提供帮助，不能依据《指南》、心理学和教育学的理论做出科学、客观的判断和分析。	指导存在主观性和盲目性。
课程认识问题	课程的生成有时不是基于儿童立场，不会抓住问题，不能将问题转化为课程。课程的实施方式单一。	对课程的理解过于狭隘。认为集中教育活动才是课程，很多教师没有认识到生活活动也是课程。

说明：此调查结果是教研部深入园所调研并开展问卷调查后，对共性的、集中的、比较突出的问题进行的梳理和汇总。

附录2：个人观摩记录单

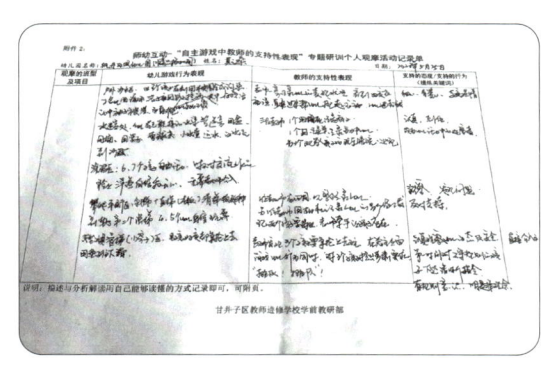

附录3：小组研讨记录单

活动反思

一、教研活动准备充分，方案设计完整

此次教研活动针对教师在实际工作中遇到的问题确立主题，制订切实可行的活动方案，背景分析清晰阐述了开展此次教研活动的目的和意义，活动目标明确、具体，可观、可测，各个环节以及游戏案例紧紧围绕教研主题合理设计。教研活动为参研者提供了个体、小组、集体学习的各种记录表，体现了多种学习形式的融合，充分调动了每个参研者的主观能动性。

二、教研内容紧扣主题，旨在解决实际问题

教研内容紧紧围绕师幼互动中如何"支持"这一核心问题，解决当下对"支持"的理解停留在显性行为认识、忽视情感层面"支持"的问题。参研者通过自身的感知体验、小组研讨和组间交流，探索梳理了支持的态度和支持的行为的表现样态，深刻理解了师幼互动的表现形式，认识到支持的态度和支持的行为是相辅相成、密不可分的。支持的行为必须建立在支持的态度基础之上，教师支持的行为不是一个动作，而是一种精神和情怀。

三、教研过程严谨，形式多元，环节紧凑

教研过程环环相扣，每个环节目的明确、任务清晰，参研者能够带着问题有目的、有计划地一步步跟进活动。通过个人观摩活动、自主思考、同伴互动研讨、集体观点共享等任务驱动形式，促使参研者独立思考、独立学习，提升其专业素养，同时，参研者在小组交流、互动研讨、集体汇报中，共享了他人的观点，拓宽了视野，提高了思辨能力。

四、专业引领基于问题，理论支架接地气

本次教研活动主题的确立来源于自上而下和自下而上对"师幼互动"相关问题的搜集。教研问题源于基层，问题解决服务于基层。这次教研活动，为参研者提供了可直观感知的活动现场，让参研者通过直接观察体验，对问题进行思考。参研者对研讨后达成共识的观点进行全面归纳、梳理，并以表格形式呈现，使"支持的态

度"和"支持的行为"一目了然。参研者不仅"知其然",还"知其所以然",在理念上深刻认识了"师幼互动"的两个维度后,身临其境地感知在教育行为中如何落实"支持的态度"和"支持的行为"。

此次教研活动既是区域推进安吉游戏的一次专题研讨活动,又是落实《评估指南》为教师提供专业引领的一次宝贵机会。活动旨在为教学管理者评估、指导本园师幼互动情况提供借鉴和参考。教研活动整体效果较好,但由于参研群体的差异性,研究的深度还不够。下一步,我们将围绕师幼互动存在的问题,开展系列化专题教研活动。

如何帮助幼儿做好入学前的身心准备

庄河市教师进修学校　董跃

从相对无忧无虑的幼儿园生活，跨入有较为严格课堂纪律和学习任务的小学生活，幼儿首先要做好的就是身心准备。这是幼儿顺利向小学过渡和适应小学生活的基础和保障。如何帮助幼儿做好入学前的身心准备呢？以问题为导向，我们生成了本次教研活动，聚焦"向往入学"和"情绪良好"这两个身心准备方面的发展目标，结合《指导要点》的相关教育建议，一起探讨身心准备的教育实践策略。

活动方案

教研主题	如何帮助幼儿做好入学前的身心准备		
教研时间	2023年4月26日 （星期三 8:30—10:15）	教研地点	庄河市将军湖幼儿园会议室
主持人	董跃	参加对象	辐射园园长、骨干教师
教研背景	《指导要点》明确指出幼小衔接需要进行四方面准备，其中身心准备居于首要地位，它是指幼儿需要在心理和身体动作发展等方面做好相应的准备。在心理方面，主要包括"向往入学"和"情绪良好"两个发展目标，这是幼儿开启小学学习生活的情感动力，也是幼儿适应小学的基础。 　　为有效落实《指导要点》中的相关教育建议，切实提升教师开展幼小衔接工作的能力，帮助幼儿做好入学前的身心准备，我们开展了本次片区教研活动。		
教研目标	1. 通过热身游戏，带领教师回顾梳理《指导要点》中身心准备方面的内容，特别是"向往入学"和"情绪良好"两个发展目标的具体表现和教育建议，夯实教师的理论基础。 2. 通过互动研讨，依据《指导要点》中关于"向往入学"和"情绪良好"的教育建议，梳理提炼具体的教育策略，指导教师科学开展入学身心准备教育。 3. 通过研讨，提升教师将幼小衔接理论知识转化为教育实践的能力。		
教研准备	1. 查阅资料，积累幼小衔接身心准备方面的理论知识和经验。 2. 教研PPT、电脑、记录板、集体记录单。		
教研形式	热身游戏、小组研讨、经验分享、总结提炼		
教研过程	**一、游戏热身，引出主题**（8:30—8:45） 依据《指导要点》内容开展集体热身游戏"我问你答"。随后抛出以下6个问题： 1.《指导要点》中提出的入学准备包括哪些方面？ 2. 身心准备包括哪些发展目标？		

（续表）

教研过程	3. 向往入学的具体表现是什么？ 4. 向往入学的教育建议是什么？ 5. 情绪良好的具体表现是什么？ 6. 情绪良好的教育建议是什么？ **二、小组研讨，互动共研**（8:45—9:25） 各组依据文件，结合教育实践经验，研讨幼儿身心准备教育的具体实施策略。研讨如何将《指导要点》中"向往入学"和"情绪良好"两个发展目标的相关教育建议有效落实到教育实践中。 **三、汇报交流，智慧共享**（9:25—10:00） 各组围绕教研问题汇报交流，梳理小组研讨结果并提出困惑和问题。 **四、梳理归纳，总结提升**（10:00—10:10） 主持人汇总各组研讨结果，归纳幼儿身心准备教育实施策略。 **五、布置任务，拓展延伸**（10:10—10:15） 1. 主持人布置教研任务。 2. 主持人做教研总结。

活动纪实

教研过程

一、游戏热身，引出主题（15分钟）

★ 热身游戏"我问你答"

游戏玩法：全体教师分成三个小组，每组选六位教师参与游戏，排成纵队。主持人发出指令后，每组第一位教师快速到黑板前选出第一题的答案贴到相应问题后，返回拍第二位教师的手，第二位教师再去贴第二道问题的答案，返回拍第三位教师的手，以此类推，最先完成且答案全部正确的小组获胜。

游戏问题：

1.《指导要点》中提出的入学准备包括哪些方面？
2. 身心准备包括哪些发展目标？
3. 向往入学的具体表现是什么？
4. 向往入学的教育建议是什么？
5. 情绪良好的具体表现是什么？
6. 情绪良好的教育建议是什么？

教师积极参与游戏

主持人：刚才我们以游戏的方式回顾了《指导要点》中提出的四方面入学准备，并聚焦身心准备，重点梳理了"向往入学"和"情绪良好"两个发展目标的具体表现和教育建议。今天我们就以这两个发展目标为例，研讨如何帮助幼儿做好入学前的身心准备，为幼儿入学适应打好基础。

二、小组研讨，互动共研（40分钟）

教师围绕问题进行研讨

主持人：刚才我们已经梳理了"向往入学"和"情绪良好"两个发展目标的教育建议，那么，如何将这些教育建议有效落实到我们日常的教育实践中呢？请各组结合实际工作研讨具体实施策略，稍后请各组派代表进行汇报。

三、汇报交流，智慧共享（35分钟）

主持人：下面请各组依次进行汇报。

第一组汇报交流内容

发展目标	表现	具体教育建议	具体实施策略
向往入学	1. 初步了解小学，对小学生活充满期待。	1. 建立积极的入学期待。	1. 在班级开展主题讨论。 2. 前期调查幼儿对小学的期待和担心。 3. 邀请小学生通过实地来园、录制视频等方式分享小学生活；也可以请幼儿扮演小记者，采访上小学的哥哥姐姐，了解小学生活。

（续表）

发展目标	表现	具体教育建议	具体实施策略
向往入学	2. 希望成为一名小学生，愿意为入学做准备。	2. 帮助幼儿初步了解小学生活。	1. 组织幼儿参观小学，体验小学的多元课堂，参观小学室内外环境。 2. 以角色游戏方式模拟小学课堂，帮助幼儿了解小学生活。
情绪良好	1. 能经常保持积极、稳定的情绪。	1. 帮助幼儿获得积极的情绪体验。	1. 组织开展育儿讲座，引导家长保持良好的情绪状态。 2. 开展家庭情绪记录，引导幼儿记录家长和自己的情绪变化。 3. 班级创设奖励墙，鼓励、引导幼儿保持积极良好的情绪。
	2. 遇到困难和不开心的事情，不乱发脾气，不迁怒于他人。	2. 帮助幼儿学会恰当表达和调控情绪。	1. 图书区投放情绪管理类图书供幼儿阅读。 2. 在班级群中分享情绪管理类书籍。 3. 表演情绪主题绘本剧，引导幼儿学会调节和控制自己的情绪。 4. 鼓励幼儿通过绘画等方式表征情绪。 5. 在班级创设私密角，鼓励幼儿大胆表达自己的情绪，教师耐心倾听并积极引导。

第二组汇报交流内容

发展目标	表现	具体教育建议	具体实施策略
向往入学	1. 初步了解小学，对小学生活充满期待。	1. 建立积极的入学期待。	1. 倾听幼儿的想法，通过绘画、讨论等方式鼓励幼儿表达对小学生活有哪些期待，捕捉幼儿的兴趣点。 2. 引导幼儿绘画《我向往的小学》，设计小学作息时间表和书包。 3. 以"向往的小学"为主题自制绘本；阅读绘本《我上小学了》，了解小学；开展绘本传阅活动，鼓励幼儿分享绘本。 4. 中、大班开展生活自理能力比赛。

（续表）

发展目标	表现	具体教育建议	具体实施策略
向往入学	2. 希望成为一名小学生，愿意为入学做准备。	2. 帮助幼儿初步了解小学生活。	1. 观摩小学生的生活方式，观察小学生学习习惯，包括书包整理、生活用品整理等，感受小学、幼儿园之间的相同和不同之处，缓解幼儿对上小学的焦虑情绪，做好一定的心理铺垫。 2. 请毕业上小学的幼儿来幼儿园分享小学生活。 3. 通过PPT讲解，让幼儿了解小学环境。
情绪良好	1. 能经常保持积极、稳定的情绪。	1. 帮助幼儿获得积极的情绪体验。	1. 邀请专家开展心理讲座，提示家长以身作则，榜样示范，不把焦虑情绪传染给幼儿。 2. 从小班开始，坚持培养幼儿静下心来和教师沟通的良好习惯。
情绪良好	2. 遇到困难和不开心的事情，不乱发脾气，不迁怒于他人。	2. 帮助幼儿学会恰当表达和调控情绪。	1. 开展角色表演游戏，引导幼儿上课时大胆举手发言，知道发言错误也没关系。 2. 及时捕捉幼儿的闪光点，培养幼儿自信心。

第三组汇报交流内容

发展目标	表现	具体教育建议	具体实施策略
向往入学	1. 初步了解小学，对小学生活充满期待。	1. 建立积极的入学期待。	1. 组织谈话活动，帮助幼儿正面认识小学。 2. 激发幼儿"我长大了，我要上小学了"的积极情感。进入大班后可以在教室里布置一面"入小学倒计时"互动墙，让幼儿了解现在距离入小学还有多少天。 3. 开展"我的小书包""文具超市""我的计划书"等系列主题活动，解答幼儿对小学生活的一些困惑。 4. 教师和幼儿一起准备入学用品，举行入学前仪式，建立期待感。

（续表）

发展目标	表现	具体教育建议	具体实施策略
向往入学	2.希望成为一名小学生，愿意为入学做准备。	2.帮助幼儿初步了解小学生活。	1.开展问卷调查，掌握幼儿对小学的了解现状和需求。 2.请已经毕业上小学的幼儿回幼儿园做经验分享，介绍小学的美食、环境、课间游戏等情况；组织幼儿参观小学，体验上课等小学一日活动，与小学教师近距离接触，提前感受小学氛围。 3.结合幼儿年龄特点，开展丰富多彩的游戏活动。
情绪良好	1.能经常保持积极、稳定的情绪。	1.帮助幼儿获得积极的情绪体验。	1.以欣赏接纳的态度对待幼儿，多鼓励肯定幼儿。 2.培养幼儿的自信心，为他们创造展示自我的机会。 3.开展家长沙龙、专家育儿讲座、毕业生家长经验分享会，组建班级微信群分享与幼小衔接相关的科学育儿理念，激励家长保持良好的情绪，进而用积极的态度及情绪引导幼儿。 4.在区域游戏中体验小学生角色，在扮演游戏中获得良好的情绪体验。 5.投放《我的情绪小怪兽》等情绪类绘本。
	2.遇到困难和不开心的事情，不乱发脾气，不迁怒于他人。	2.帮助幼儿学会恰当表达和调控情绪。	1.适当教育，正面引导。 2.通过绘画、游戏等方式，引导幼儿适当地宣泄情绪。 3.在班级创设秘密树洞，通过对树洞说秘密宣泄情绪。

四、梳理归纳，总结提升（10分钟）

主持人：刚才各组的研讨气氛都十分热烈，每一位教师都能结合自身的教育实践经验，积极思考、畅所欲言，各组提出的教育策略具体可操作，可以指导教师更加科学、全面、细致地开展身心准备教育，有利于培养幼儿积极的入学期待和良好的情绪情感。下面我们一起梳理总结一下这些策略。

幼儿身心准备教育实施策略梳理

发展目标	表现	教育建议	具体实施策略
向往入学	1. 初步了解小学，对小学生活充满期待。	1. 建立积极的入学期待。	1. 在班级开展主题讨论，利用记录单进行记录，利用图片展示小学生活。 2. 前期调查幼儿对小学的期待和担心，开展有针对性的活动。 3. 邀请小学生通过实地来园、录制视频等方式分享小学生活；也可以请幼儿扮演小记者，采访上小学的哥哥姐姐，了解小学生活。 4. 多了解幼儿的想法，鼓励幼儿独立做事，调动幼儿的积极性。 5. 实施班本课程，开展绘画设计作息时间表（或书包）、自制绘本、自理能力比赛等活动。 6. 常态化组织开展谈话活动，帮助幼儿正面认识小学。 7. 在班级设计"入小学倒计时"互动墙，帮助幼儿提前做好心理准备。 8. 开展"我的小书包""文具超市""我的计划书"等系列主题活动。 9. 引导家长和幼儿一起准备入学用品，举行入学仪式，建立期待感。
	2. 希望成为一名小学生，愿意为入学做准备。	2. 帮助幼儿初步了解小学生活。	1. 参观小学，包括观摩小学的课堂、活动课、课间十分钟、小学生的一日生活，寻找小学与幼儿园的不同之处。 2. 模拟小学课堂，帮助幼儿了解小学生活。 3. 多创造幼儿与小学生沟通交流的机会，请小学生来园分享学校的美食、环境、课间游戏等，用视频、图片等形式进行讨论分享。 4. 开展问卷调查，掌握幼儿对小学的了解现状与需求。 5. 结合幼儿年龄特点，开展丰富多彩的游戏实践活动。 6. 提前让幼儿学习系红领巾，做课间操、眼保健操。

（续表）

发展目标	表现	具体教育建议	具体实施策略
情绪良好	1. 能经常保持积极、稳定的情绪。	1. 帮助幼儿获得积极的情绪体验。	1. 幼儿园组织开展育儿讲座，让家长保持良好的情绪状态，通过亲子活动增进亲子间的互动。 2. 开展家庭记录，记录家长和幼儿的情绪。 3. 在班级内打造奖励墙。 4. 鼓励幼儿主动表达自己的心情，学会表达、敢于表达。 5. 以欣赏接纳的态度，多给幼儿提供展示的机会。 6. 组织幼儿园毕业生家长来园分享育儿经验。 7. 多在班级群分享幼小衔接的知识和经验。 8. 在区域游戏中多开展情绪体验类的角色游戏。 9. 通过多种主题活动，让幼儿表达情绪。
	2. 遇到困难和不开心的事情，不乱发脾气，不迁怒于他人。	2. 帮助幼儿学会恰当表达和调控情绪。	1. 图书区投放情绪管理类图书供幼儿阅读。 2. 在班级群中分享情绪管理类书籍。 3. 通过绘本剧表演让幼儿学会情绪管理。 4. 鼓励幼儿用绘画等方式表征自己的情绪。 5. 开展"你的心情我来听""树洞"活动。在班级设立一个私密角，鼓励幼儿表达自己的情绪，教师耐心倾听并予以积极的引导。 6. 及时捕捉幼儿的闪光点，给予鼓励和支持，帮助幼儿树立自信心。

五、布置任务，拓展延伸（5分钟）

主持人：教研活动后，请各幼儿园聚焦"向往入学"和"情绪良好"这两个发展目标，依据本次研讨的具体教育策略，制订园本化的身心准备教育活动实施方案，整理汇总后分享到微信群中，大家互相借鉴学习。

主持人：从幼儿园步入小学，幼儿面临着环境、学习、生活内容和方式等诸多变化，这对其身心适应能力有一定的挑战。幼儿只有做好身心准备，才能减少过渡中的焦虑，尽快适应小学生活。我们应在充分尊重幼儿身心发展规律和特点的基础上，针对幼儿入学后常见的诸多问题，按照国家相关政策要求，充分利用家长、社区等一切可利用的资源，有目的、有计划地开展适宜的入学身心准备教育活动，为幼儿顺利适应小学生活奠定坚实的基础。

活动反思

一、活动亮点

（一）教研主题清晰明确

本次教研活动聚焦"向往入学"和"情绪良好"两个发展目标，深研幼小衔接身心准备教育的实施策略。开场的热身游戏将与本次教研主题相关的理论要点融入其中，以游戏的方式回顾知识，以抢答的方式强化记忆，为教研活动后面环节的开展奠定了理论基础。小组研讨环节，教师们聚焦《指导要点》中与教研主题相关的教育建议，围绕如何将这些教育建议有效落实到教育实践中展开了热烈的研讨和深入的交流。研讨交流结束后，主持人结合研讨结果，围绕教研主题进行了梳理汇总和专业提升。教研主题贯穿教研的每一个环节，清晰明确。

（二）教研准备细致充分

本次教研活动的圆满完成离不开教研前的充分准备。一方面，所有参研教师通过查阅政策文件、网络资源、书本刊物等自主学习了身心准备方面的理论知识，为整个教研活动的高效优质开展做好了精神方面的准备；另一方面，这是一次区级的教研活动，涉及的园所和教师人数较多，活动前，场地的规划布置、人员的组织安排、媒体设备的使用管理等全都提前明确分工，责任到人，保证了本次教研活动的顺利开展。

（三）教研过程完整流畅

在教研过程中教师们呈现出专注思考、踊跃发言、认真倾听的教研状态，教研氛围热烈而浓厚；主持人在各组交流的基础上，精准地找到问题切入点，启发教师思考，引发教师互动交流，答疑解惑，凭借自己丰富的教育经验以及深厚的专业素养对小组的教研成果进行了梳理和引领，提炼具体的实施策略，旨在帮助幼儿为步入小学建立良好的心理准备；同时，以点带面，以本次教研为范本，带动辐射园所学习模仿，在本园开展以此为主题的教研活动，继而开展其他方面入学准备的教研，促使幼小衔接工作科学开展。

（四）教研成果多元实用

在教研活动中，参研教师能依据《指导要点》相关发展目标的教育建议，结合实际工作，梳理出具体的实施策略，涵盖了主题活动、教学活动、生活活动等，研讨的策略具体可操作，对教师的教育实践工作有很大的指导作用。主持人对教师的分组研讨结果进行了整体梳理，在教研中的专业引领具有针对性和实效性。

二、活动不足与下一步打算

（一）教研形式有待丰富

生动鲜活的案例能让教研主题更加具体可视，能更好地激发教师参研的兴趣。下一次教研活动，可以提前收集与教研主题相关的视频、文本等教育实践中的案例，聚焦案例提出研讨问题，让教师们的研讨更有针对性。

（二）教研成果有待提炼

本次教研活动中，主持人对小组教研结果的梳理总结更多的是将三个小组的教研结果整合在了一起，缺少归类和提炼。下一次教研活动，主持人要聚焦小组教研过程中的难点和疑点进行总结提升，更好地发挥主持人在教研活动中的作用。

旨在提升游戏质量的自主游戏师幼互动策略

大连市长海县教师进修学校　李霞

为深入贯彻落实《评估指南》关于师幼互动的要求，推动安吉游戏在我县的实践研究，切实解决县域内教师关于自主游戏中师幼互动方面存在的"不敢说""不敢做""教师角色缺失"等问题，增强师幼互动的有效性，从而提升幼儿自主游戏的质量，学前部以"旨在提升游戏质量的自主游戏师幼互动策略"为主题开展本次区域教研活动。

活动方案

教研主题	旨在提升游戏质量的自主游戏师幼互动策略		
教研时间	2023年4月19日 （星期三 8:00—11:00）	教研地点	长海县幼儿园四楼音体室
主持人	李霞	参加对象	县域幼儿园园长、业务园长、骨干教师代表
教研背景	《评估指南》将"师幼互动"作为教育过程质量考核的重要指标，强调要为幼儿创设自主愉悦、能获得有效教育支持的互动环境。 学前部通过调研发现，县域内许多教师在开展自主游戏时，对安吉游戏倡导的"闭上嘴、管住手"的教育理念理解存在偏差，存在"不敢说""不敢做""教师角色缺失"等问题，导致幼儿自主游戏质量不高。 为充分贯彻落实《评估指南》在师幼互动方面的要求，推动安吉游戏在县域内深入开展，切实解决区域内教师在自主游戏中师幼互动方面的问题与困惑，提升幼儿自主游戏开展质量，学前部将"旨在提升游戏质量的自主游戏师幼互动策略"作为本次区域教研活动的主题。		
教研目标	1.通过现场观摩，引发教师对自主游戏中有效师幼互动表现的观察与思考。 2.通过交流研讨、专业引领，帮助教师梳理总结自主游戏中师幼互动的有效策略。		
教研准备	**一、精神准备** 学习《评估指南》中关于师幼互动的内容要求。 **二、物质准备** 1.教研所在幼儿园室内外自主游戏活动观摩现场。 2.签到表、参研教师观摩活动记录单、大图画纸、彩笔。 3.讲座PPT、多媒体设备。		
教研形式	现场观摩、互动研讨、总结提升		
教研过程	**一、介绍流程，明确分工（8:00—8:10）** 主持人介绍活动流程，组织分组，做好任务分工，引导教师明确教研内容，激发参研兴趣。		

（续表）

教研过程	**二、任务驱动，现场观摩（8:10—9:30）** 主持人组织参研教师结合教研问题观摩幼儿园室内外自主游戏活动现场，帮助教师明确观摩要求，提高游戏观摩的针对性和效率，指导教师填写观摩活动记录单。 观摩思考的问题： ★在观摩室内外自主游戏过程中，您看到了哪些师幼互动的行为？ ★提升游戏质量的有效师幼互动策略有哪些？ **三、互动研讨，分享交流（9:30—10:10）** 主持人组织教师继续围绕提出的两个研讨问题进行分组研讨和组间交流，助推教师对自主游戏中有效师幼互动策略的思考。 **四、问题梳理，专业引领（10:10—10:50）** 主持人围绕两个研讨问题对各组的发言要点进行梳理、归纳、总结，做专题讲座《旨在提升游戏质量的师幼互动策略》，聚焦"师幼互动中有效的教师提问"和"游戏分享环节中有效的师幼互动"，帮助教师进一步明确自主游戏中有效的师幼互动策略。 **五、活动小结，加深理解（10:50—11:00）** 主持人对教研活动进行总结，帮助参研教师进一步明确教研活动的意义。
预期成果	梳理总结旨在提升游戏质量的自主游戏有效师幼互动策略。

活动纪实

教研过程

一、介绍流程，明确分工（10分钟）

主持人：今天的教研活动流程主要有五个环节：一是介绍流程，明确分工；二是任务驱动，现场观摩；三是互动研讨，分享交流；四是问题梳理，专业引领；五是活动小结，加深理解。

主持人：请大家按照任教的小、中、大班分组，每组报数为"1"的教师为小组长，最后报数的教师为分享环节的发言人。

二、任务驱动，现场观摩（80分钟）

主持人：请大家带着两个问题观摩幼儿园自主游戏活动。一是在观摩室内外自主游戏过程中，您看到了哪些师幼互动的行为？二是提升游戏质量的有效师幼互动策略有哪些？

主持人：我提三点观摩要求。一是现场观摩幼儿室内外自主游戏的时间截止到9点30分；二是小、中、大班每组教师跟随协作人员到各班级所在游戏场地进行观摩：小班组观摩一楼的班级，中班组观摩二楼的班级，大班组观摩地点为户外操场的小树林、野战区、综合搭建区，大班组每个游戏区域观摩人数不能超过5人；三是大家要定点沉浸到班级，重点围绕"游戏前的计划制订""游戏实践""游戏回顾与分享"三个环节中的师幼互动行为表现进行观察，并积极思考两个研讨问题，填写教研观摩活动记录单。

教师进行观摩活动

三、互动研讨，分享交流（40分钟）

（一）分组研讨

主持人：刚才大家分别观摩了小、中、大班室内外自主游戏中的师幼互动表现，请大家结合自己的观察和思考，围绕"在观摩室内外自主游戏中，您看到了哪些师幼互动的行为""提升游戏质量的有效师幼互动策略有哪些"两个问题进行分组研讨。请各组在大图画纸上做好重点研讨内容的汇总记录。

旨在提升游戏质量的自主游戏师幼互动策略

分组研讨教师发言情况摘录

在观摩的室内外自主游戏中，您看到了哪些师幼互动的行为？

教师A：我看到小班幼儿早餐后就自主去做游戏计划，这时教师与幼儿互动，让幼儿讲一讲他们游戏计划的内容。

教师B：我看到在小班幼儿游戏过程中，教师以游戏者的身份参与其中。

教师C：游戏后教师请幼儿观看游戏时的视频，并请幼儿点评他们的游戏玩得怎么样。教师先鼓励幼儿说说游戏中遇到的问题，再请幼儿说说解决的办法。

教师D：我看到游戏结束后幼儿绘画游戏故事，教师一对一倾听、记录。

教师E：我看到幼儿游戏时，教师拿着记录本、便签、手机，及时观察、记录幼儿的游戏行为。

提升游戏质量的有效师幼互动策略有哪些？

教师1：我觉得有效的师幼互动需要创设适宜的游戏环境，师生关系和谐，教师要尊重幼儿在游戏中的权利。

教师2：在幼儿的自主游戏中，教师要适时介入，不能干扰幼儿的游戏。

教师3：我认为在游戏的回顾分享环节，教师提出有挑战性的问题，与幼儿互动，能够提升游戏的质量。

教师4：我觉得教师要有观察的基本功，这对于及时支持、调整幼儿游戏有很大的帮助，也能提升幼儿的游戏水平。

教师分组展开研讨

（二）分享汇报

主持人：经过小组成员的交流、研讨，相信各组教师对旨在提升游戏质量的自主游戏中师幼互动的有效策略达成了初步的共识，现在请每组发言人结合提出的两个研讨问题分别阐述汇报你们小组的观点。

问题一：在观摩的室内外自主游戏中，您看到了哪些师幼互动的行为？

小班组发言人：幼儿游戏是对生活经验的一种再现，小班幼儿生活经验比较少，幼儿之间的交往能力比较弱。小班教师营造了温馨、轻松的游戏氛围，支持幼儿在游戏中大胆表达自己的想法；提供了比较丰富的同类型游戏材料，便于幼儿因互相模仿而同时选择相同的材料；在游戏前，教师分组与幼儿围坐在一起谈话、分享游戏计划，教师会询问幼儿"今天游戏打算和谁玩？""用什么材料玩？""今天有什么新的玩法？"游戏中教师有时候以游戏者的身份参与幼儿的游戏，与幼儿对话、互动，引导游戏深入开展。

中班组发言人：游戏中，我们看到幼儿之间因为看法不同发生争执时，教师没有急于介入，而是观察、记录幼儿自己解决问题的过程；幼儿邀请教师扮演观众时，教师以观众的身份，询问幼儿"观看节目是否要买票呢？"帮助幼儿打开思路，拓展游戏玩法；游戏后的分享环节，教师与幼儿谈话时，会用语言重构幼儿的回答，在支持、认同幼儿想法的同时，也使幼儿对完整、连贯的语言表达有感性的认知；此外，教师会一对一倾听、记录幼儿的游戏故事。

大班组发言人：游戏前教师分组与幼儿交流上一次游戏中遇到的问题、解决的办法以及今天游戏中增加的材料，并请个别幼儿分享他们小组及个人的玩法；游戏过程中，我看到教师退后，观察幼儿游戏中的行为、对话，并及时用便签记录下来；在户外自主游戏中，当发现幼儿用大滚筒、梯子等材料进行组合搭建存在安全隐患时，教师会及时介入制止其行为，引导幼儿思考改进组合搭建方法，提升游戏的安全性；游戏回顾环节，教师在幼儿分享游戏材料、玩法及遇到的问题时，适时提出"用什么材料更合适？""你们想到更好的解决办法了吗？"等问题鼓励幼儿思考，引发幼儿对游戏的深度思考，丰富幼儿的游戏经验，从而提升游戏质量。

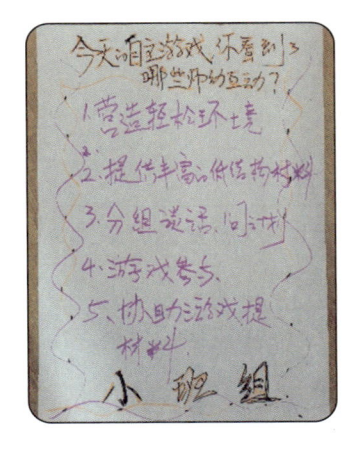

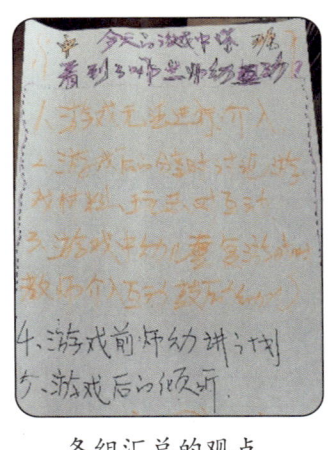

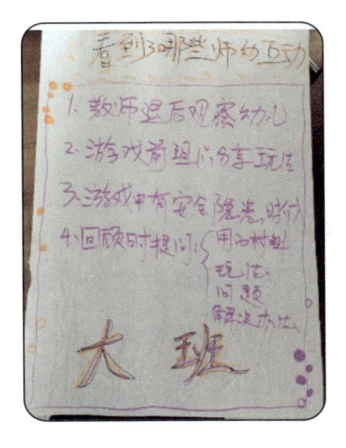

各组汇总的观点

问题二：提升游戏质量的有效师幼互动策略有哪些？

小班组发言人：教师要学会观察；不随意介入或干扰幼儿的游戏；评价方式要适时、适度，方式多样；要积极关注、回应幼儿的社会性行为；教师与幼儿互动的语言要恰当，具有规范性；创设适宜的游戏环境；关注幼儿，及时捕捉生长点。

中班组发言人：教师首先要学会观察幼儿在游戏中的行为、游戏材料的使用情况等，关注游戏的进程，其次要创设有利于幼儿游戏的环境，提供丰富的游戏材料，最后注意运用激励式、追随式、挑战式的师幼互动策略，如在游戏分享时，提出质疑性问题，引发幼儿思考，提升游戏质量。

大班组发言人：我们组也认为要重视观察，教师只有持续观察幼儿的游戏行为，才能积极回应、支持幼儿；游戏前的准备工作，如幼儿游戏前的计划、幼儿间的合作等，教师要明确、要支持，不能敷衍幼儿，要做到心中有数；教师要支持幼儿在游戏中的主导性，鼓励幼儿间的合作、交往，创设敢于表达的语言环境；教师要加强对自主游戏相关理念的学习，提升自身的专业性，才能更好地支持幼儿在游戏中的学习与发展；最后就是重视自主游戏后分享环节的讲评，帮助幼儿提升游戏水平。

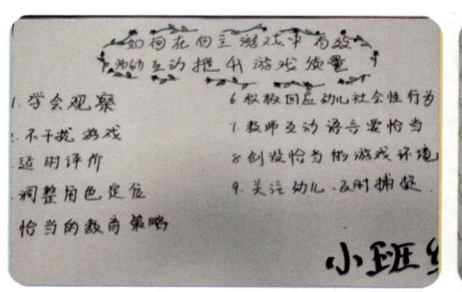

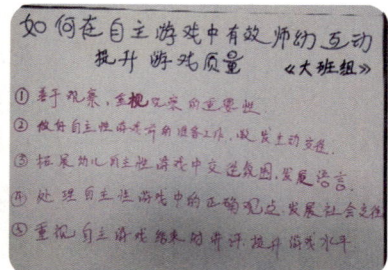

各组汇总的观点

四、问题梳理，专业引领（40分钟）

（一）观点梳理

主持人：我们一起对各组研讨结果进行梳理、归纳和总结。

研讨问题观点提炼

问题一：在观摩室内外自主游戏中，您看到了哪些师幼互动的行为？	问题二：提升游戏质量的有效师幼互动策略有哪些？
1.营造轻松的游戏氛围，提供丰富的材料；	1.创设适宜的游戏环境，提供丰富的游戏材料；
2.教师观察、记录幼儿的游戏行为；	2.观察幼儿，不干扰幼儿的游戏；
3.发现游戏中存在安全隐患时，教师及时介入；	3.游戏材料准备充足，玩法多样；
4.师幼交流分享游戏计划、材料、玩法；	4.及时回应幼儿，描述幼儿的行为，评价方式多样；
5.教师以游戏者身份参与幼儿游戏；	5.关注幼儿，发现游戏的生长点；

（续表）

问题一：在观摩室内外自主游戏中，您看到了哪些师幼互动的行为？	问题二：提升游戏质量的有效师幼互动策略有哪些？
6. 分享游戏时，教师重构描述幼儿的问答；	6. 提出引发幼儿思考的问题；
7. 教师一对一倾听、记录幼儿的游戏故事；	7. 重视游戏分享、回顾环节的讲评；
8. 游戏后的回顾环节，提出问题，引发幼儿思考。	8. 加强教师理论学习，提升专业能力。

（二）专业引领

主持人：通过观摩、研讨与交流，大家对如何开展有效的师幼互动从而提升自主游戏质量有了自己的思考并初步达成了共识。下面我聚焦师幼互动中的"有效提问"做专题讲座《旨在提升游戏质量的师幼互动策略》，希望能帮助大家进一步明确自主游戏中有效的师幼互动策略。

主持人：教师的有效提问是师幼互动的关键策略之一，是推动幼儿自主游戏高质量开展的重要抓手。在师幼互动中，教师可以遵循以下三个原则来进行有效提问：一是提"真问题"，不提"假问题"；二是限制问题的数量，连续提问不超过两个；三是提开放式的问题，而非封闭式的问题。开放式的问题一般包括聚合性问题、发散性问题、评价性问题、观察性问题、解释性问题。

主持人：教师可以通过以下三个方面的有效师幼互动来提升自主游戏分享环节的质量。一是在计划环节深入聊想法，让游戏分享植根于游戏计划与实施过程；二是在实施环节深入聊发现；三是重视游戏回顾，帮助幼儿梳理、提升游戏经验。

五、活动小结，加深理解（10分钟）

主持人：通过本次区域教研活动，我们明确了师幼互动在幼儿自主游戏开展中的重要价值，梳理总结了有效的师幼互动策略。高质量的师幼互动因情、因景、因人而灵动地发挥着作用，需要大家在日常工作中不断思考、尝试、探索、运用，使师幼互动"活"起来，真正促进自主游戏的质量提升。

业务园长、骨干教师要做好二级培训，引导本园教师转变观念，及时发现幼儿的需求，适时发起互动，构建平等、和谐、有效的师幼互动关系，有效促进幼儿的发展，提升游戏质量，让安吉游戏精神切实落地。

附录

长海县开展安吉游戏推广教研观摩活动记录单

观摩时间		观摩班级		观摩者姓名	
观摩内容	在观摩的室内外自主游戏中，您看到了哪些师幼互动的行为？				
	提升游戏质量的有效师幼互动策略有哪些？				

活动反思

本次区域教研活动具有以下特点：

一、统筹兼顾，教研赋能

结合我县全面开展安吉游戏推广工作的现状，教研牵头、行政助力，立足实际，以点带面，对园长、业务园长、骨干教师开展分层分类精准培训，参与度高，保证活动顺利开展。

教研活动准备充分，设计科学合理，组织有理有序，通过现场观摩、互动研讨、总结提升等教研形式，引领教师积极思考如何通过有效的师幼互动提升自主游戏开展的质量。

二、聚焦问题，探索思考

在主持人的引领下，参研教师能够利用观摩活动记录单，围绕教研主题和问题进行观察、讨论、交流，思维碰撞、集思广益，教研氛围浓厚。梳理总结了旨在提升游戏质量的自主游戏师幼互动策略，有效解决了教师在自主游戏实践中师幼互动方面存在的实际问题与困惑。引导教师会观察、会提问、会回应、会支持幼儿在游戏中的行为，为教师在自主游戏中进行有效的师幼互动从而提升游戏质量打下良好的经验基础，教研目标达成度较高，教研活动实效性强。

三、搭建平台，提升素养

本次教研活动也为我县安吉游戏推广实施优秀园所——长海县幼儿园搭建了展示园所和教师风采的平台。幼儿园结合本园资源特色，展现了游戏课程化理念下以开展自主游戏为背景的园本课程构建样态：生动、自然、朴实、温馨，充满着生命气息；教师们在实施自主游戏的路上，坚持"放手—观察—分析—支持"，不断践行、不断思考、不断成长；园所的环境、游戏故事分享，满满都是幼儿游戏、探究、学习、成长的足迹……

本次教研活动在一定程度上解决了教师们在安吉游戏本土化实践过程中遇到的问题，也使教师们对如何通过有效师幼互动提升游戏质量有了深刻的认识。下一步，学前部将重点围绕"如何进一步提升教师在自主游戏中的观察与支持能力""如何找准自主游戏中的生长点，促进幼儿的学习与发展"开展系列主题教研活动，进一步提升教师组织开展自主游戏的能力。

© 茅茵　2023

图书在版编目(CIP)数据

幼儿园园本教研活动设计与实例/茅茵主编. -- 大连：辽宁师范大学出版社，2023.10
ISBN 978-7-5652-4168-0

Ⅰ.①幼… Ⅱ.①茅… Ⅲ.①幼儿园—课程—教学研究 Ⅳ.① G612

中国国家版本馆 CIP 数据核字(2023)第 205644 号

You'eryuan Yuanben Jiaoyan Huodong Sheji Yu Shili
幼儿园园本教研活动设计与实例

| 责任编辑：刘臣臣 |
| 责任校对：杨芮萌 |
| 装帧设计：周佰惠 |

| 出 版 者：辽宁师范大学出版社 |
| 地　　址：大连市黄河路 850 号 |
| 网　　址：http://www.lnnup.net |
| 　　　　　http://www.press.lnnu.edu.cn |
| 邮　　编：116029 |
| 营销电话：（0411）84206854　84215261　82159912（教材） |
| 印 刷 者：大连天骄彩色印刷有限公司 |
| 发 行 者：辽宁师范大学出版社 |

| 幅面尺寸：185mm×260mm |
| 印　　张：21.5 |
| 字　　数：344 千字 |

出版时间：2023 年 10 月第 1 版
印刷时间：2023 年 10 月第 1 次印刷
书　　号：ISBN 978-7-5652-4168-0

定　　价：96.00 元